北京日報 理论周刊文存

法治前沿

北京日报社理论部 编

北京日報出版社

图书在版编目（CIP）数据

法治前沿 / 北京日报社理论部编. — 北京：
北京日报出版社, 2018.11
（北京日报理论周刊文存）
ISBN 978-7-5477-3083-6

Ⅰ. ①法… Ⅱ. ①北… Ⅲ. ①社会主义法制—建设—
中国—文集 Ⅳ. ①D920.0-53

中国版本图书馆CIP数据核字(2018)第174110号

法治前沿

出版发行：北京日报出版社
地　　址：北京市东城区东单三条8-16号东方广场东配楼四层
邮　　编：100005
电　　话：发行部：（010）65255876
　　　　　总编室：（010）65252135
印　　刷：廊坊市博林印务有限公司
经　　销：各地新华书店
版　　次：2018年11月第1版
　　　　　2018年11月第1次印刷
开　　本：710毫米×1000毫米　1/16
印　　张：17.75
字　　数：270千字
定　　价：55.00元

北京日报理论周刊文存

守正出新，宣传好当代中国马克思主义

（代序）

北京日报社社长　赵靖云

作为首都党报，《北京日报》坚定“四个自信”，坚持以内容建设为中心，扎实推进媒体融合，充分发挥传统主流媒体的政治优势、内容优势、权威性公信力优势和新媒体的传播优势，利用《理论周刊》《七日谈》《纪事》等名牌版面栏目，在弘扬优秀传统文化、坚定文化自信、传播当代中国马克思主义方面积极探索，守正出新，取得了一定成绩。

一、不“左”不右，谨守中道

党报是党的重要思想武器、执政工具，也是意识形态工作的前沿阵地和理论传播、舆论引导的重要平台。宣传贯彻好当代中国的马克思主义——习近平新时代中国特色社会主义思想，致力于“两个巩固”，是党报的首要政治任务。我们为《理论周刊》确立的办刊原则之一，叫“不‘左’不右，谨守中道”。这个“中道”，就是中国特色社会主义。中道是正道，要以中国特色社会主义为根本，来解说阐释中国的改革发展实践，用胜于雄辩的事实和事实所印证的科学理论，来讲清马克思主义与中华文化、中国实践的内在契合性，深入探究中国特色社会主义的根源，破解马克思主义中国化的文化基因，不断夯实文化自信的学理基础，凝聚文化自信的思想共识。

真理要大声讲出来，重要的话要说三遍。“三”是多的意思，正确的道理也需要反复讲。我们讲自信的底气，既来自理论本身的科学性，也来自辉煌的“中国实践”，还来自对本民族优秀文化传统的重新审视。正如《理论周刊》刊发的原中央文献研究室副主任陈晋的一篇文章所言，对中华文化的自觉和自信，从根本上有助于增强和丰富对中国道路的自觉和自信，具体而言，中华文化是中国道路的历史来源、精神支撑、高点优势。

二、守正出新，形神兼美

理论的生命力在于创新。社会总是在发展，理论所面对的新情况新问题总是层出不穷，如果不能及时地自我更新，不断地有所发现、有所发明、有所创造、有所前进，理论就会脱离现实，变得苍白无力。讲好中国故事，坚定“四个自信”，同样需要不断创新。《北京日报》理论宣传的另一原则叫“守正出新，形神兼美”。“守正”才能心中有谱、脚底有根，“出新”才能春风化雨、润物无声。

紧跟热点，直面问题。作为一个大众媒体平台，《北京日报》高度重视理论宣传的时效性和问题导向，《理论周刊》的同志们长期坚持自我加压，他们的口号是“人无我有，人有我新，人新我更新”，努力用准确权威的阐释让科学理论第一时间到达需求现场，武装头脑，释疑解惑，影响舆论。通过长期创新积累，《理论周刊》日常四块版面已涵盖“新论”“学习与答疑”“文史”“读书”“话题”“争鸣”“前沿调查”“学界万象”“特稿”“参考文选”“党史”“世界视野”“北京策论”等十几个版性，分别刊发体裁、风格不同的理论文章，形成了“杂花生树”的格局。

大家小文，深入浅出。这是《北京日报》理论宣传的另一个追求。小文就是篇幅小、切口小、能以小见大的文章。越是小文越不容易写，唯大家能要言不烦、深入浅出。要让领导讲群众的话，学术讲生活里的话，马克思主义讲中国话。经过多年经营，我们已建立起一个涵盖国内外各领域著名专家学者的“大家库”，目前有来自中央政策研究室、国务院发展研究中心、中央党史和文献研究院、中国社科院、北大、清华、人大、复旦等研究机构和高校的近千名知名专家成了《理论周刊》的铁杆作者。中央党校原副校长李君如解读《全面净化党内政治生态》的一篇文章，只有1800字；北大厉以宁教授分析判断2016年经济大势的一篇文章，仅用500字。虽然短，但很有说服力。

史论结合，史为今用。理论的说服力，不仅仅在于它严谨的学理性，还在于它是对历史经验的总结，历史规律的发现和验证。理论和历史本来就分不开，历史带给我们启示，理论是我们对历史深入思考的结果。另外从一般读者阅读体验的角度看，理论常偏于抽象艰涩，把坚硬的理论内核用易读好看的文史内容包裹起来，就更容易入口和消化。《理论周刊》的文史版、读书版，都是通过讲文史、讲党史来讲今天，讲“自信从哪里来”，讲“不忘初心、继续前进”的心路历程与历史逻辑。这些版面都深受读者喜爱，很多文章获得网上网下的广泛转载。

三、善于引导，敢于亮剑

马克思主义作为一种科学理论，本身就是在与其他理论、其他主义、其他学说的竞争中脱颖而出，显示出它的真理性的。在今天，对于担负着宣传当代马克思主义重大责任的主流媒体来说，面对一切模糊认识善于引导，面对一切错误主张敢于亮剑，自然也是应有的担当和作为。明辨是非从来都不像说起来那么容易，尤其在一个利益已经高度分化、观念思潮多元多样多变的社会。这个时候，就愈发彰显了主流媒体存在的价值。善引导、敢亮剑，本身也是基于对科学理论、正确道路、灿烂文化的自信。

近年来，《北京日报》重新审视了新传播时代自己作为一份党报的核心竞争力，提出了“三个强化”的办报方针，即强化党报功能特色、强化舆论引导和理论阐释，强化深度深读内容。有所主张要循循善诱，有所反对要直接表明，这是我们的态度。一切媒体本质上都不是纯粹的“新闻纸”“信息纸”，都是带着倾向和主张的“观点纸”“意见纸”，既然如此，党报就应该在舆论场里鲜明地发出我们的声音、宣传我们的理论，亮明底色，在众声喧哗中定基调，在思想多元中立主脑，在人潮涌动中举旗帜。

四、两翼齐飞，融而为一

新媒体大行其道的当下，一个毋庸讳言的现实是传统媒体的受众在减少，份额在缩小。对于传统媒体来说，这不是内容的失败，而是渠道的挫折。由于技术的突飞猛进，受众选择了另外的载体，这并不意味着他们不再需要内容。今天我们讲媒体融合，就是要适应这个渠道变化，把我们的内容送到新的渠道和平台上去。人群在哪里聚集，新闻宣传、理论宣传、意识形态、舆论引导的工作就要做到哪里，这才是媒体融合的要义。

《理论周刊》同名微信公众号于2015年2月底上线，推送的很多文章被朋友圈和其他新媒体转发，有的获得了近百万的阅读量。理论文章的读者本来就相对小众，在手机上读理论文章的人大概更少，由于《理论周刊》新媒体的创办，我们的理论宣传开始拓展到移动端上的人群，这是令我们十分欣慰的。下一步我们将继续强化互联网思维，改进新媒体上理论宣传的呈现方式，更短小、更贴近，主动设置话题，增强编读互动，并运用小动漫、微视频“以形象说理论”，推动报网端微深度融合，形成多层次、立体化的理论宣传格局。

目录

民主法治

法治新思

法学新论

法治新探

民主法治

让民主集中制优势进一步展现

——谈法治、协商民主在完善民主集中制中的作用

杨光斌

世界上主要有两种用“民主”把国家权力组织起来的制度：一是西式代议制民主，二是中国的民主集中制。代议制民主在美国已有“否决型体制”之称，而近几十年来发展中国家一旦实行以党争民主为核心的代议制民主，说是死路一条也不过分。与代议制民主相比，民主集中制的组织优势有目共睹。首先，在中国，民主集中制既是党组织也是国家机关的组织原则，它把党和国家领导体制有机地联结起来。其次，民主集中制作为国家机构的组织原则，体现在人民代表大会与政府的关系上，体现在中央与地方的组织原则上。

以党的领导建设法治，以法治精神完善民主集中制

但是，这并不是说中国的制度组织能力就可以固步自封了。在看待民主集中制时，至少要看到“法治—民主—集中”之间的关系及其中存在的问题。在法治化水平不高的条件下，民主集中制在一些地方很容易演变为个人专权。一些地方领导干部专横独断的违法乱纪行为，很多是在民主集中制的名义下发生的，其结果恰恰是破坏了民主集中制。因此，法治与民主集中制的关系需要得到重视和讨论。

众所周知，无论是依法治国还是依宪执政，都离不开共产党领导，是党领导下的法治。因此，法治与民主集中制关系的完整表述应该是：以党的领导建设法治，以法治精神完善民主集中制。党与法之间的关系无需讨论，现在的问题是如何以法治来完善民主集中制。这对关系的实质是党如何运用法治来建立中国共产党的领导体制，即法治与民主集中制的关系转换成如何运用法治来提高党的执政能力和领导方式问题。这样就从根本问题上的争论跳出来，变成技术性、建设性的议题。

民主集中制一般适用于党委会的人事权与决策权。这样，法治与民主集中制的关系就从一般性关系落地到党委会的具体职能上，即各级党委在履行其人事权和决策权时，如何运用法治的手段、法治的思维和建立相关的法治化制度。在这个问题上，可以出台类似约束政府经济管理权的“负面清单制度”，党委的权力也可以通过“负面清单制度”来体现。

那些实现了社会自治的国家，政府往往难有作为

虽然我国改革开放以来民主的要素越来越多，但一般人感受到问题最多的还是“民主不足，集中有余”现象。解决这个问题需要补上民主程序。从世界来看，主要的民主形式有：竞争性选举、参与式民主、社会自治、协商民主。实践已经证明，对于广大发展中国家来说，有了竞争民主就很难有权威和集中，即有了作为现代性政治的形式，就有可能丢失人类几千年积累而成的传统性即权威和集中。少了传统性，也就殃及了秩序。参与式民主和社会自治是很多国家固有的原本形态的民主，能够调动人们的积极性和能动性，都需要进一步弘扬。

问题是，参与的主体可能是不平等的，比如有房地产商的参与，有一般消费者的投诉式参与，他们的权力与权利显然是不平等的。因此，好听的术语并不意味着有美好的政治现实。就社会自治而言，中国自古就有，今天依然要在一定程度上推广。但是，应认识到，自治作为一种文化传统，就与古有的“土围子社会”“江湖社会”离不开。这一点美国历史学家孔飞力已有深刻认识：自治一旦越出县域的范围，就不管用了。这是中国文化和中国历史的一个特点，即“皇权

不下县”之下的家族政治。因此，对因社会自治而产生的合作性即公共性政治的效果，要抱有慎思的态度。目前中国虽然离真正的社会自治还有距离，但是那些实现了社会自治的国家，如印度、巴基斯坦、菲律宾以及几乎所有的非洲国家，所谓的“公民社会”变成了掩盖封建制本质的代名词，形成了“强社会中的弱国家”，政府往往难有作为。

对中国而言，最有效的民主形式应该是协商民主

虽然选举、参与、自治都重要，但对中国而言最有效的应该是协商民主。协商政治是中国最古老的一种政治传统，也是一种一以贯之的文明基因。不仅如此，中国共产党本身的革命和建设经历都充分体现了协商原则，如政协、统一战线、群众路线。协商民主既有中国历史的文化传统，又有执政党的实践基础，我们才说它具备文化基础、理论基础、实践基础和制度基础。为此，十八届三中全会决定推进全方位、多层次、全过程的协商民主，之后又具体指出实行政党协商、政府协商、人大协商、政协协商、群团协商、基层协商和社会团体协商。协商民主真正实现制度化、有效化运行，民主与集中之间的关系就趋于动态平衡了。

作为有活力又有效能的制度组织原则，民主集中制优势的进一步展现，不但需要以法治完善民主集中制，做到民主集中制的法治化，还需要以制度化、有效的民主形式即协商民主来实现民主与集中的动态平衡。有了民主集中制的法治化和更多的协商民主，中国的制度组织能力将更有权威也更有活力，与代议制民主的比较优势亦将进一步展现。

（作者为中国人民大学政治学教授、国家发展与战略研究院副院长）

民主既是一种制度，又是一种方法

——《党委会的工作方法》的核心内容是坚持民主集中制

张太原

《党委会的工作方法》是毛泽东1949 年3月13日在党的七届二中全会结束时所作的结论的一部分。当时，全国革命胜利在望，中国共产党即将由一个革命党转变为执政党。毛泽东充分认识到这是党的一个关节点：“从现在起，开始了由城市到乡村并由城市领导乡村的时期。党的工作重心由乡村移到了城市。”（《毛泽东选集》第4卷，人民出版社1991年版，第1427页）面对新的任务、新的问题，“我们熟习的东西有些快要闲起来了，我们不熟习的东西正在强迫我们去做。这就是困难”。（《毛泽东选集》第4卷，第1480页）他形象地把进入北平比喻为“进京赶考”。能否考及格，能否不当李自成，在他看来，关键在于能否保持并进一步发挥党的正确领导。而要发挥正确领导作用，作为各地区各领域最高领导机关的党委会，其工作方法乃是关键中的关键。

党委会本身就是一个实现民主集中制的机构

《党委会的工作方法》的核心内容是坚持民主集中制，第一、二、三、四、十条，讲的都是这个问题。但是，集中讲得少，民主讲得多。在毛泽东看来，民主既是一种制度，又是一种方法。党委会本身就是一个实现民主集中制的机构。

体现民主的一个重要方法是少数服从多数，党委会中书记和委员之间就是这个关系。“党的委员会有一二十个人，像军队的一个班，书记好比是‘班长’”。（《毛泽东选集》第4卷，第1440页）但是，这个“班长”不同于军队的班长，最大的不同是要坚持民主的原则。书记要当好“班长”，即是要善于发挥各委员的作用，加强集体领导。正如他在七大上曾说的：“一个人搞不完全，要依靠大家来搞，这就是我们党的领导方法。”（《毛泽东文集》第3卷，人民出版社1996年版，第398页）1948年9月，他还为中央专门起草过一个关于健全党委制的决定，其中指出：“党委制是保证集体领导、防止个人包办的党的重要制度。近查有些（当然不是一切）领导机关，个人包办和个人解决重要问题的习气甚为浓厚。重要问题的解决，不是由党委会议做决定，而是由个人做决定，党委委员等于虚设。委员间意见分歧的事亦无由解决，并且听任这些分歧长期地不加解决。党委委员间所保持的只是形式上的一致，而不是实质上的一致。此种情形必须加以改变。”（《毛泽东选集》第4卷，第1340页）

党委制设立的根本目的就是防止个人说了算。后来，他曾尖锐批评党委领导中的个人独断：“听说现在有一些省委、地委、县委，有这样的情况：一切事情，第一书记一个人说了就算数。这是很错误的。哪有一个人说了就算数的道理呢？我这是指的大事，不是指有了决议之后的日常工作。只要是大事，就得集体讨论，认真地听取不同的意见，认真地对于复杂的情况和不同的意见加以分析。……如果不是这样，就是一人称霸。这样的第一书记，应当叫作霸王，不是民主集中制的‘班长’。”（《毛泽东文集》第8卷，人民出版社1999年版，第294—295页）

在某种程度上，营造批评的环境是促使党的政策正确的一种工作方法

其实，容纳和接受批评，是发扬民主的另一个重要方法。毛泽东说：“我们都是从五湖四海汇集拢来的，我们不仅要善于团结和自己意见相同的同志，而且要善于团结和自己意见不同的同志一道工作。”（《毛泽东选集》第4卷，第

1443页）领导机关和领导人物要不犯错误，关键是要善于听取和采纳各方面意见特别是反对意见。在某种程度上，营造批评的环境是促使党的政策正确的一种工作方法。1960年12月，毛泽东向人讲，批评就是帮助，对人是有好处的。“我们之间，进行批评帮助都是好意。就是明明知道某些批评是恶意也要听下去，不要紧嘛！人就是要压的，像榨油一样，你不压，是出不了油的。人没有压力是不会进步的”。

为了让领导干部明白这一点，他多次引用历史故事加以阐发。1962年1月30日，他在扩大的中央工作会议上说：“刘邦，就是汉高祖，他比较能够采纳各种不同的意见。”比如，采纳了郦食其夺取陈留县的意见；听张良劝说，封韩信为齐王；楚汉划界鸿沟后，听张良、陈平之劝，趁机追击引兵东向的项羽；称帝后欲建都洛阳，听刘敬建议，入都关中长安。刘邦能够作出这些正确的决策，与他善于采纳不同的意见密切相关。相反，项羽失败，就是由于他“不爱听别人的不同意见”，“他那里有个范增，给他出过些主意，可是项羽不听范增的话”。（《毛泽东文集》第8卷，第295页）1963年1月3日，他批示将《史记》中的《项羽本纪》“送各同志一阅”。（《建国以来毛泽东文稿》第10册，中央文献出版社1996年版，第238页）自然，毛泽东希望领导干部吸取项羽的教训，而向刘邦学习“豁达大度，从谏如流”。领导者如果对“不同意见”和“批评”无动于衷，就等于失去了鉴戒之镜，迟早会犯错误。

在党的八届七中全会上，毛泽东批评有些领导，根本不同人家商量，不大愿意听不同的意见，只愿听相同的意见。与相同的意见谋得多，与相反的意见谋得少。“要多谋。什么叫多谋呢？你听听人家不同的意见嘛”。（《毛泽东年谱（1949—1976）》第4卷，中央文献出版社2013年版，第8页）对此，毛泽东有很多以身作则的例子。1948年，当粟裕对中央军委已经决定的“渡江作战方案”提出不同意见时，毛泽东专门请他去说明，最后采纳了他的意见。1949年，当毛泽东主持“国旗”方案的讨论时，本来他已经对另一种方案有了一定的倾向，但是，当听到张治中的意见后，又重新组织讨论，集合群智共识，最终确定了“五星红旗”方案。

党委会是一个领导集体，这个集体必须团结、和谐

在毛泽东心目中，集体决策、分工负责是党委会的一个根本原则。“班长”和委员之间要能互相谅解。“书记和委员，中央和各中央局，各中央局和区党委之间的谅解、支援和友谊，比什么都重要”。日常工作中，“党委各委员之间要把彼此知道的情况互相通知、互相交流。这对于取得共同的语言是很重要的。有些人不是这样做，而是像老子说的‘鸡犬之声相闻，老死不相往来’，结果彼此之间就缺乏共同的语言”。（《毛泽东选集》第4卷，第1441页）彼此尊重、密切协作、步调一致，既是党委会工作的要求，又是实现集体领导的必要途径。

对于民主集中制，毛泽东还有另一个说法，即多谋善断。多谋，就是民主；善断，就是集中。毛泽东多次谈到三国时曹操的谋士郭嘉。在1959年3月召开的郑州会议上，他说，郭嘉给曹操出了很多好主意，如打吕布、打袁绍、打袁绍的儿子袁谭和袁尚，都取得胜利，曹操称赞他：“平定天下，谋功为高。”可惜他38岁就死了。赤壁之战时，曹操想他，说这个人在，不会使我处于这种困难境地。《三国志·郭嘉传》值得一看。在郑州中央政治局扩大会议上，毛泽东再次讲到：“多谋善断这句话，重点在‘谋’字上。要多谋，少谋是不行的。要与各方面去商量，反对少谋武断。商量又少，又武断，那事情就办不好。谋是基础，只有多谋，才能善断。谋的目的就是为了断。要当机立断，不要优柔寡断。”（《毛泽东谈从历史文化中学习工作方法二十则》，《党的文献》2008年第1期）

其实，做领导的人都要善于学习，特别是向下级学习。“不懂得和不了解的东西要问下级，不要轻易表示赞成或反对。有些文件起草出来压下暂时不发，就是因为其中还有些问题没有弄清楚，需要先征求下级的意见。我们切不可强不知以为知，要‘不耻下问’，要善于倾听下面干部的意见。先做学生，然后再做先生；先向下面干部请教，然后再下命令。各中央局、各前委处理问题的时候，除军事情况紧急和事情已经弄清楚之外，都应该这样办。这不会影响自己的威信，而只会增加自己的威信。我们做出的决定包括了下面干部提出的正确意见，他们

当然拥护。下面干部的话，有正确的，也有不正确的，听了以后要加以分析。对正确的意见，必须听，并且照它做。中央领导之所以正确，主要是由于综合了各地供给的材料、报告和正确的意见。如果各地不来材料，不提意见，中央就很难正确地发号施令。对下面来的错误意见也要听，根本不听是不对的；不过听了而不照它做，并且要给以批评”。（《毛泽东选集》第4卷，第1441—1442页）充分尊重、吸纳下级意见，是民主方法的一个重要体现。作为党的领导机关和领导者经常向下级学习，是保证决策正确的一个重要方法。

（作者为中央党校党史部教授）

正义隐藏在细节中

刘仁文

从人类历史看，除非在剧烈的时代大变局下，细节所起的作用有限，一般意义上的国家治理，细节的力量是惊人的，正所谓细节决定成败。

细节对司法极为重要

在英语里，司法和正义是同一个词（justice），因此当我们说正义隐藏在细节中的时候，其实就等于说，细节对司法是何等的重要。

当前，我们正在推进以审判为中心的诉讼制度改革，这是一项完全符合司法规律、需要在健全和完善法庭细节上下大功夫的重要举措。我曾以兼职律师的身份代理过几起刑事案件，对法庭开庭的不规范、走过场等深有体会。以开庭不规范为例，有时在这个地方的法庭上，法官说你这个内容不要在这个环节讲，下个环节再说；等到另一个地方的法庭开庭，想在下一个环节讲，法官又说你这个内容应当在上一个环节讲，这个环节不能再讲了。再以开庭走过场为例，不要说人民陪审员陪而不审，就是有的审判长，也决定不了，他还需要向主管副院长甚至审委会去汇报。在这种情况下，律师在法庭上再努力又有何用？恐怕这也是导致一些律师想方设法去搞案外关系的一个重要原因。

几个月前，我应邀与另一位教授去观摩一个证人出庭的现场会。可想而知，当地为此是做了大量的准备工作的，办案民警也作为证人出庭接受检察官和律师的发问。开完庭后，检法两家主要领导开了一个闭门会，想听一下我们两位专家的意见。可能让他们有点失望的是，我们两位竟然都对开庭效果的评价不如他们乐观，甚至说如果严格按照无罪推定和非法证据排除的要求来看，本案是否能扎实定案都成问题。更有意思的是，在关于是否给予被告人发问出庭作证民警的机会时，我们两位专家的意见也不一致（我主张应当给）。可见，要真正实现以审判为中心，我们的法庭规则还有多少细致的工作要做！

这让我想起2009年访问台湾地区时，发现他们的书店有许多关于交互诘问的培训书籍。当时正值台湾地区司法改革，各方都需要对法庭上诘问证人的技巧和规则进行训练。后来我通过登录法院网站，成功申请到了旁听审理陈水扁一案的机会，耳闻目睹了作为一门技术活的“交互诘问”，看那轮番的“主诘问—反诘问—覆主诘问—覆反诘问”，深感不经过专业的训练是扮演不好法庭上的控辩审角色的。陈水扁虽然也是律师出身，但由于以往不曾使用过这一套规则，所以他在诘问证人时屡屡犯规，不仅频繁遭到检察官的异议，也不断受到审判长的提醒。

谈到法庭的细节，我还想起2015年访问韩国时去法院旁听一个刑事案件的情景，当时我问陪同翻译，被告人坐在哪里，她特意侧身看了下文字，指着与检察官相对而坐的两个人，用汉语写着告诉我：被告人+辩护人。当我告诉她，在中国与检察官相对而坐的只能是辩护人，而被告人却被置于另外一个单独的受审席时，这位没有任何法律知识背景的女孩惊讶地说：“那怎么行呢？他要是想与自己的律师商量一个事情不是不方便吗？”我当时就深有感触，一个有悖常识的做法在我们的法庭里实行了几十年，却至今仍改起来困难。也是在这个旁听席上，我看到检察官和法庭全体人员一样，在法官进来时一起恭敬地起立，特别是在走向法庭中央、通过多媒体出示证据的时候，检察官首先深深地朝陪审员鞠上一躬，当时的我由于还有一个最高检公诉厅挂职副厅长的身份，多少有点不适应，后来慢慢琢磨，突然有了一种顿悟：作为代表国家指控犯罪的强大力量，能在法庭面前如此谦卑，这岂不是国家之福？

走向精细化的司法

格兰特·吉尔摩曾说过如下一段话："我们的专业里有大量的枯燥的苦活；我们必须处理驾驭大量的琐碎的细节；我们必须极端重视具体细节。我们必须接受这一事实，即我们大部分的时间须花在乏味的工作上。"诚哉斯言，用它来说明司法细节的重要及我们应为此所付出的努力实在是再适合不过了。

早在1979年，我们的刑法、刑事诉讼法就明令禁止刑讯逼供，为何至今屡禁不止？就是因为律师在场权等具体制度没有跟上。有人以为办案机关讯问犯罪嫌疑人时实行录音录像制度就可以了，但实践中却不断爆出，要么关键时刻录音录像设备出问题，要么是有选择地录音录像，试想如果有律师在场，不就能从细节上堵塞漏洞吗？

过去我们说既不要有罪推定，也不要无罪推定，我们要的是实事求是。是啊，若真能在刑事诉讼中做到实事求是，既不冤枉一个好人，也不放纵一个坏人，那当然最好！问题是，当我们从口号深入到一个个具体的案件时，却发现在那些存疑的案件中，面临要么放、要么抓，甚至要么杀、要么放的两难境地，此时无罪推定就成为不得已的不二选择。

细节的完善与对一个问题的研究是否深入很有关系。我们正因为对某些问题缺乏深入研究，才会出现宏观上拥护、微观上反对的悖论（在宪法领域尤其如此）。前述刑讯逼供是一例，如果从宏观上来讲，我绝不怀疑我们的任何公权力机关都是反对刑讯逼供的，但为什么具体到犯罪嫌疑人的沉默权和律师在场权这样的制度构建，有些公权力部门和人士就反对呢？关键还是他们没有真正认识到，如果没有后面这些制度的跟上，那刑讯逼供就不能有效地防范。

2010年，全国人大宣布，中国特色社会主义法律体系已经基本建成。在此基础上，法治进程不断向前，正如法学家王泽鉴先生所说的："立法工作其实只是万里征途中最初的几步路，更艰难更复杂更细致的工作还在后面。"2014年，中共十八届四中全会又提出全面推进依法治国的总目标和重大任务，进一步重申了将法治作为我们基本治国方略的决心。现在我们最需要做的就是按照四中全会的要求，以专业的精神来“极端重视具体细节”，凡有利于实现依法治国总目标的，就是再枯燥、再乏味，也要保持定力；凡有悖于实现依法治国总目标的，就是再习以为常、再难以克服，也要排除万难。总之，理念不等于现实，从宪法如何实施，到量刑指南如何规范各种量刑情节，直至裁判文书如何说理，我们的司法还存在太多的粗线条，还需要太多的精细化。

（作者为中国社会科学院法学所研究员）

今天的中国，民主新路怎么走

叶小文

民主，是我们必须走好的一条新路，是跳出“历史周期率”的不二法门。习近平总书记说，“人民当家作主是社会主义民主政治的本质和核心。人民民主是社会主义的生命。没有民主就没有社会主义，就没有社会主义的现代化，就没有中华民族伟大复兴”。

今天的中国，民主这条新路怎么走

世界眼光正向着如日东升蓬勃发展的中国聚焦。中国，能够持续发展、避免功亏一篑吗？聚焦的眼光，有惊叹号，也有问号。中国共产党执政时间长了，事业红火了，“环境渐渐好转，精神也就渐渐放下”者不乏其人。在新环境、新常态、新形势下，我们找到这条民主新路了吗？

民主是具有历史性的。西方学者把西方民主模式称为“自由民主”，其实西方民主在很长的历史时期也都是“非自由民主”，其“普选权”也是20世纪六七十年代才得以真正实现的。许多发展中国家都在探索，主动或被动地充当西方民主制度“实验品”，结果政治动荡、经济停滞、民不聊生。一系列严酷现实告诉人们，选择适合本国国情的民主新路，是一个民族走向成熟的标志，是避免

“其亡也忽焉”的关键。

我们的民主新路，要和平、稳定的民主政治，不要暴力连连、社会动荡；要统一、和谐的民主发展，不要国家分裂、一盘散沙；要繁荣发展的民主建设，不要经济停滞、生活倒退；要干部清正、政府清廉、政治清明的民主政治，不要官员腐败、政府变质。

我们的民主新路，要有中国特色、中国创新。人民民主的实质，就是人民当家作主。中国共产党执政，不是代替人民当家作主，而是保证和支持人民当家作主，以实实在在的民主形式，在国家政治生活和社会生活之中，保证人民依法有效行使管理国家事务、管理经济和文化事业、管理社会事务的权力。

中国的民主实践和创新，既有选举民主，也有协商民主。20世纪90年代，福山提出“历史的终结”论，宣称人类社会的发展史就是一部“以自由民主制度为方向的人类普遍史”，自由民主制度是“人类意识形态发展的终点”和“人类最后一种统治形式”。但走上西式民主化道路的国家，政治分裂、国内动荡成为普遍现象。西式民主并未能像人民期待的那样，其中原因值得探究。中国道路的答案则是，推进国家治理体系和治理能力现代化有多方面的内容，其中一个重要途径，就是全面深入推进协商民主。

现代治理和协商民主相辅相成，都依托于民主的深化，都遵循“官民”合作与共治的相同逻辑。没有协商民主，就很难有有序的、有效的政治参与，就很难有持续互动的沟通对话，就很难有广泛的共识、科学的决策，政府因此而缺乏必要的权威，那自然就谈不上有效的治理，更遑论善治。

协商民主是在中国共产党领导下，通过政党协商、政府协商、政协协商、人大协商、人民团体协商、基层协商和社会组织协商渠道，就国家重大方针政策、经济社会发展重大问题，特别是涉及群众利益的实际问题进行广泛协商，以求增进共识、增强合力、拓展公民有序政治参与的人民民主的重要形式和工作机制。协商民主作为一种制度化体系，渗透到国家根本政治制度和基本政治制度运行的各个环节以及基本单位政治生活中，主要包括三个层面的协商，即：政治协商（中国共产党同各民主党派以及各族、各界代表人士就国家重大方针政策和国家重大事务进行协商）、社会协商（执政党、人大、政府等国家权力中枢与社会公众、社会组织就社会发展重大问题和涉及人民群众利益的实际问题进行协商对话）、基层协商（基层领导机构与基层广大群众之间进行的一种协商议事和对话的制度）。其中，人民政协以其鲜明的特点和独特的功能，成为协商民主的重要渠道和专门协商机构。

中国，正以一条民主新路，跳出“历史周期率”！

（作者为全国政协文史和学习委员会副主任、
中央社会主义学院原副院长）

被选举权是被动与主动的统一

浦兴祖

北京市朝阳区读者朱令超提问：近日听新闻说，今明两年，全国省、市、县、乡领导班子将陆续换届。关于选举权与被选举权，在我国是如何规定的？被选举权只是被动地接受吗？如何将被选举权落到实处？这几个问题一直困扰着我，想请专家给予解答。谢谢！

现在，我们无需思索就会把选举权与被选举权视为公民的重要“权利”。然而在现代选举权理论的发展史上，一直存在着选举作为一种权利和选举作为一种义务的争论。

“被选举权”是权利还是义务

至于“被选举权”，日本著名学者森口繁治坚持否认其为选民的一种“权利”，而认为只是“法对于具备一定条件的一般人所赋予消极的资格”。王世杰与钱端升则指出，与“选举权”一样，“‘被选举权’自然也是一种含有职务性的权利”，即兼具权利与义务双重属性。

我国宪法将“选举权”与“被选举权”设为第二章“公民基本权利与义务”之首项。这意味着“被选举权”与“选举权”一样，是我国公民最重要最基本的政治权利。

这一“权利”是否同时兼为“义务”？否。在我国宪法中，凡兼具“义务”与“权利”双重属性的概念均有明确表述，例如，宪法第四十六条规定“中华人民共和国公民有受教育的权利和义务”。宪法将“选举权”和“被选举权”规定为“权”（权利），而没有规定为“权利和义务”。可见，我国公民的“选举权”与“被选举权”只是“权利”，而非“义务”。

“被选举权”的“被动性”与“主动性”

作为“权利”的“被选举权”，一个“被”字，便表明其具有“被动”的一面，即被选举人以选举的结果当选，而选举的结果是由选举人的投票行为决定的。易言之，“被选举权”的“被动性”（消极性）表现在，作为被选举人的选民只有当“选举的（合法）结果”允许自己当选时，才有权当选。

另一方面，对于“被选举权”，既要看到一个“被”字，也要看到一个“权”字。“被”字表明其具有“被动性”（消极性），“权”字表明其具有作为“权利”的“主动性”（积极性）。而且，对于这个“权”字，也不能仅仅理解为只在选举结果允许时，才会被激活，即“有权”当选。“被选举权”的“权”字，还体现在选民可以在选举活动中主动提出“积极主张”。

我们说主动提出“积极主张”，当然不是说自己宣布自己为代表，也不是说可以强迫或者变相强迫选民选举自己，而是说主动积极地“要求选举自己为代表”。所谓“要求”，只是表达自己的愿望，可以公开表达“参选”愿望，也可以公开表达“胜选”愿望。

由上可知，作为一种“权利”的“被选举权”，是“被”与“权”，“被动”与“主动”，“消极”与“积极”的统一体。

“不被选举权”也是一种需要尊重的“权利”

需要进一步指出，“被选举权”的“主动”一面，还体现在具有“被选举权”的选民也可以主动放弃这一权利。法学家李步云、徐炳指出，“公民的法定权利是否行使，取决于公民个人的意愿，他既可享受，也可放弃”。

其实，这正是“权利”与“义务”的重要区别所在。众所周知，“义务”或者“职责”“责任”，是不可推卸、必须履行的。事实上，在有些认定选举既为权利又为义务的国家，如澳大利亚，不仅规定公民有权参加选举，而且规定必须参加选举，甚至设置了不承担义务的罚则。

在我国，既然“选举权”和“被选举权”只规定为公民的权利而非义务，那么选民既可以行使也可以主动放弃，而非“必须行使”。放弃被选举权，主要是指不愿当选人大代表的选民一旦被组织或选民推荐为代表候选人后，可以主动表明态度，拒绝接受推荐。组织或选民应当允许并尊重这种主动“弃权”行为。

客观地说，在以往的选举实践中，违背选民本人意愿，硬将其推荐为候选人，最终“赶鸭子上架”，叫人不得不当选的案例是存在的。这样做的后果不仅使当选的代表不具备履职动力，还会引起选民对选举实践与选举制度的诟病：“想当的不让当，不想当的硬让当。”说得严重一点，这只会损伤选民对我国社会主义民主制度的认同，从而松动这套制度的根基。

有学者从理论上提出，选民放弃“被选举权”也是一种需要尊重的“权利”，即“不被选举权”。这应当引起有关部门的高度重视。

切实促进“被选举权”落到实处

我们一再强调，社会主义民主应该是具有真实性的，凡是难以落实的权利，不写入宪法法律内；凡是写入宪法法律内的权利，必须创造条件予以落实。习近平总书记在纪念全国人大成立60周年大会上非常严肃地指出，要“切实防止出现人民形式上有权，实际上无权的现象”。

在全面推进依宪治国、依法治国的当下，更应当努力促进宪法法律所规定的“被选举权”落到实处，而不让其流于形式。为此，国家有必要从多个方面为选民依法行使被选举权创制各类保障性条件。

例如，从理论上阐明与宣传宪法法律所规定的“被选举权”对于实现社会主义民主的重要价值，要求各级领导干部鼓励与支持选民依法行使这一权利，坚决制止并严厉追究阻挠与打压选民依法主动行使“被选举权”的各类违宪违法行为；依据宪法规定，充实与完善选举法内有关“被选举权”的规定，包括行使被选举权的机制、规范、程序等，使选民行使“被选举权”时不仅有宪法法律的原则性规定可依，而且能有更为具体、更具可操作性的法律规定可循；切实加强与健全选举监督，依法严惩贿选、“指选”等破坏选举的行为，以保障各代表候选人公平候选或当选。

这样，才能出现依法有序行使“被选举权”的真实景象，才能“当真”“用足”我国选举制度与人大制度的制度空间，展现社会主义民主政治的优势。

（作者为复旦大学国际关系与公共事务学院教授、博士生导师，上海市政治学会副会长）

“科学”是“民主”之本

——“五四”启蒙思想运动两面旗帜关系新解

颜德如

“科学”和“民主”是“五四”启蒙思想运动的两面旗帜，妇孺咸知。二者的关系，通常认为是并举的，不存在谁是“本”谁是“末”的问题。二者究竟有无“本”“末”的关系，不妨去考察一下陈独秀当时是如何提及“科学”与“民主”的。

他在著名的《敬告青年》一文中，首先对“科学”有一个界说：“科学者何？吾人对于事物之概念，综合客观之现象，诉之主观之理性而不矛盾之谓也。想象者何？既超脱客观之现象，复抛弃主观之理性，凭空构造，有假定而无实证，不可以人间已有之智灵，明其理由，道其法则者也。”

显然，陈独秀是将“科学”置于“想象”的对立面，他所谓的“科学”是排斥“想象”的。就今天我们的所知来看，这种界说是有问题的。客观地说，陈独秀这种把科学置于“想象”的另一极也是“好”的一极的做法，无非是要提高科学的地位。这就是，“凡此无常识之思维，无理由之信仰，欲根治之，厥维科学。夫以科学说明真理，事事求诸证实，较之想象武断之所为，其步度诚缓，然其步步皆踏实地，不若幻想突飞者之终无寸进也。”姑且不追究这种对科学的极端崇拜造成的后果，而要特别指出的是，正是在这里陈独秀提出了一个著名的主张，即“科学与人权并重”。他说：“近代欧洲之所以优越他族者，科学之兴，其功不在人权说下，若舟车之有两轮焉。……国人欲脱蒙昧时代，羞为浅化之民也，则急起直追，当以科学与人权并重。”

既然最初是“以科学与人权并重”进行思想启蒙的，为何后来变成了“科学”与“民主”呢？这主要是由于陈独秀后来又把科学与民主并举。他在《本志罪案之答辩书》中说：“这几条罪案，本社同人当然直认不讳。但是追本溯源，本志同人本来无罪，只因为拥护那‘德莫克拉西’（Democracy）和‘赛因斯’（Science）两位先生，才犯了这几条滔天的大罪。要拥护那德先生，便不得不反对孔教，礼法，贞节，旧伦理，旧政治。要拥护那赛先生，便不得不反对旧艺术，旧宗教。要拥护德先生又要拥护赛先生，便不得不反对国粹和旧文学。”他还说：“西洋人因为拥护德赛两先生，闹了多少事，流了多少血；德赛两先生才渐渐从黑暗中把他们救出，引到光明世界。我们现在认定只有这两位先生，可以救治中国政治上道路上学术上思想上一切的黑暗。若因为拥护这两位先生，一切政府的压迫，社会的攻击笑骂，就是断头流血，都不推辞。”这就是“科学”与“民主”并举的由来。

时人读到这些文字，大概是折服于“科学”与“民主”之旷世奇功，又想当然地以“科学与人权并重”来“钦定”了“科学”与“民主”的关系，于是就忽略了去追问二者到底是不是“并重”的问题。大约要到20世纪七八十年代，才有学者反思这个问题。顾准就是其中的代表。

其实，早在“五四”之前，近代中国士人严复已经触及这个问题，体现在他提出的“艺”与“政”之关系。在他看来，“其曰政本艺末也，愈所谓颠倒错乱者矣。且其所谓艺者，非指科学乎？名、数、质、力，四者皆科学也。其通理公例，经纬万端，而西政之善者，即本斯而立。故赫胥黎氏有言曰：‘西国之政，尚未能悉准科学而出之也。使其能之，其致治且不止此。’中国之政，所以日形其绌，不足争存者，亦坐不本科学，而与通理公例违行故耳。是故以科学谓艺，则西艺实西政之本也”。这就是说，作为“艺”的“科学”是政治的根本与基础，而不是“末”。因此，科学与政治就不是并举的关系。这里严复并没有因为科学是政治之本，就说政治处于“末”的地位。我们由此还可以推出：一个不重视科学，科学不发达的国家与民族，要想政治民主、社会开明，也是很困难的。

陈独秀把科学与人权、民主等并重，确实突出了它们各自的重要性，他尤其将科学的重要性推到极致。但是，他仅仅看到了它们是促进欧洲兴盛的“两轮”，而没有看到和仔细探求这“两轮”的内在关联。如是做的结果就是，极有可能把其中之一“轮”夸大到无穷，进而损害了它的合理价值。

因此，在20世纪有不少学者提出要“回到‘五四’，超越‘五四’”，其想法是不错的。要“超越”“五四”，前提是要“回到”“五四”。而所谓的“回到”“五四”，也不是真要过那样的生活，不过是要尽可能地“设想”出当时的情境，尽可能理解他们有关的言论主张。因此，依据上述之分析，陈独秀把科学与人权、民主等并举，即便注意到了它们的重要性，但是并没有很好地理解彼此之间的内在关系。正确的提法应是：“科学”是“人权”“民主”之本。只有这样，才比较准确地把握了科学与民主在西方文明发展历程中的作用和价值。

（作者为西南政法大学教授）

民主分为对抗式民主和协商式民主

苏长和

每在世界历史发展的关键时期，大国的发展道路都会格外引人瞩目。当今世界，发展道路的多样化是一个潮流，这个潮流无疑为各国提供更多自由选择的可能，也为人类的发展方向提供了新的参考。

在政治学理论处于沉闷之际，中国的制度体系成为研究的重要样本

冷战结束以来，人们试过了不少发展道路，个别国家也用了不少心思对外力推其发展道路和制度模式，但是近三十年来实验表明，效果不佳，且有时还加剧当地的动荡。今天世界越来越多先觉的人士开始认为，"普世价值"以及由此派生的唯一的道路、制度模式，与多样多元的世界是不合拍的，世界对共同价值的需求，以及人们对共同价值的追求比对"普世价值"的追求，从来没有像今天这样表现得如此迫切。随着知识的普及以及世界范围内的社会政治自觉运动，人们探索不同的政治发展道路，各种不同政治发展道路有序竞争的过程，自然会改变未来世界秩序的图景。

在政治学理论处于沉闷之际，中国政治发展道路、中国政治模式或者中国的

制度体系，成为刺激学术研究和理论创新的重要样本和经验。这个问题不仅吸引政治学者参与讨论，由于中国政治发展道路具有外溢效应，同时也激发国际关系和外交学者参与讨论，以思考这种道路和制度模式对未来国际关系和世界秩序的影响。这个问题的讨论是开放的，并不只是中国学者在关注，它同样吸引国际学术界的参与。

对抗式民主日益暴露其弊端，协商式民主日益受到关注

人们以前关注美国民主，今天越来越多的人关注中国民主。人们以前读托克维尔的《论美国的民主》，现在开始读中国共产党人的经典民主文献，例如毛泽东的《党委会的工作方法》，以及理解中国共产党人在新时期的民主创新。

从政治制度的国际比较来看，有的通过对抗制衡原则来安排政治制度，有的通过协商合作原则来安排政治制度。表现在民主问题上，我将民主分为对抗式民主和协商式民主两种。

我认为，对抗式民主模式不是人们追求好的政治秩序的制度模式。在西方民主制度设计中，带有很强的对抗式的印记，大家有共识的时候，对抗式民主对国家治理的影响要小些，但是一旦共识分裂以后，国家治理就会出问题。这种对抗式民主经过包装以后还被推销到世界各地，我们看到不少国家在输入这种对抗式民主制度模式后，国家和社会陷入强烈的冲突和对抗之中，有的时候，对抗式民主甚至成为滋生极端主义的温床。现在，许多国家的治理都深受对抗式民主制度安排的消极影响，由此引发政治分裂和社会撕裂的可谓不在少数。我认为这种安排一定程度上偏离了民主的本质，使得“民主”（democracy）变成“民疯”（democrazy），虽一字之差却谬以千里。

中国民主政治模式较好地解决了这个制度弊端。中国在这方面找到的道路就是协商民主模式。协商和对抗是天然对立的，要对话不要对抗，要协商不要推诿。中国制度设计以及在政治发展进程的实践中，努力避免对抗民主的消极因素。所以，中国政治精神强调协商的“合”，不像对抗式民主制度那样强调对抗的“分”。外国政治学者研究中国如果只按照“分”而不是“合”来把握中国政

治，那么造成的误读误判误解的例子就会不少。

在国际学术交流中经常有人问我，你们中国的规划很有意思，在发展中作用很大。其实，世界上并不是中国才有规划，发达国家和发展中国家都有。但是为什么有的国家的规划执行得比较好，有的国家的规划可能很好，但是执行效果不理想？我们的规划有合理有效的政党制度为保障，是在协商民主而不是对抗民主下做出来的，这样既保证了科学性和可行性，也保证了连贯性和稳定性。

简单地说，我们规划的绩效是建立在“一届接一届干”的基础上的。在对抗民主和竞争政党制度下，经常不是“一届接一届干”，而是“一届对着一届干”，规划自然很难连贯稳定地做下去。我这样说，不是说我们的制度和规划就是世界上最好的了——我们的制度和规划也是在不断发展和完善中的，也不是否定其他国家选择的政治制度，我的意思是，我们的民主制度有其比较优势和内在优势。

世界秩序不能建立在对抗基础上，这又提出了协商的重要性

一个好的世界秩序，仰赖较好的国内秩序支撑。“民主和平论”假设世界上各国都变成所谓的西式民主国家，就会有好的世界秩序。这个假设在逻辑和经验上都存在很大的漏洞。这种认为趋同的政治发展道路就会带来一致的世界秩序的观点，是很危险的。我们在实践中可以看到，像罗尔斯的自由理论，已经威胁到世界秩序，而不是对世界秩序起建设性的引导作用。从基本的学术规范和外交规范来看，一个国家是没有权力以其界定的自由或者民主概念，将别国视为非民主、非自由的国家而予以随意干涉的。这违背国际秩序的基本道理，因为国际社会所以能有秩序，是因为它遵从一个最底线的原则，也就是任何一种国际秩序和国际法，不能建立在要求所有成员采纳相同国内制度的基础上。历史上，凡是遵从了这一底线原则，国际秩序基本上就有保障；如果不遵从这一原则，国际秩序的根基就会出问题。

这就需要我们回到中国所讲的，人们究竟是追求“同而不和”的秩序，还是“和而不同”的秩序？世界秩序不能建立在对抗基础上，这就如同国内秩序不可

能建立在对抗基础上的道理是一样的。问题的关键是，人们如何在尊重差异，特别是尊重多种政治发展道路的现实中，寻求和谐共生的秩序。在中国的国际政治文化中差异不是个问题，所谓“夫物之不齐，物之情也”，尊重差异是中国国际政治文化的一个底线，但是在有的国际政治文化中，差异却成为问题，由此总是试图以一致来代替差异，从而产生无休止的文明冲突。

这就又提出了协商的重要性。这种协商并不只是国家与国家之间的协商，还包括国内政治和国际关系的协商，因为在对抗式民主制度下，国内政治经常否定国际合作协议，这方面的例子最近特别多，导致国际合作举步维艰，全球治理寸步难行。对于国际关系来说，从中国政治发展道路、中国政治模式、中国制度体系所包含的外交含义来看，中国努力在世界上创造一个多样制度模式以实现从协商走向共生的秩序，中国道路为人类面临的共性问题以及自身面临的个性问题探索提供了新解。这方面中国一直在矢志不渝地做，但仅仅靠中国一家还不行，还需要更多的国家一起来做，这样我们或许可以走向一种更好的世界秩序状态。

（作者为复旦大学国际关系与公共事务学院教授）

民主的有效性与有限性

——从西方学者关于民主的含义说起

燕继荣

民主作为一种政治追求，其本意是要追求一个“好政府”，反对“坏政府”。“好政府”不容易界定，“好”到多大程度多大范围难以衡量和确认，而且“上不封顶”，而“坏政府”作为一种底线标准，相对来说比较容易言说。按照现代观念，法律和程序提供了政府的“底线标准”。什么是“坏政府”？用民主的观念来界定，就是背离民意的政府，换句话说也就是不能密切联系人民群众的政府。从这个意义上说，即使被认为缺乏民主精神的东方儒家文化传统中也不乏这样的诉求。所以，民主的价值理念实则体现了一种普遍性的观念。

进一步讲，民主的精神和理念是普遍的，但其实现的方式是多样的，而其实现的过程更是充满了曲折性和差异性。在不同的国家，依据其历史、文化和现实条件，民主的实现方式、程度和过程都会有所不同。

民主有两层含义

作为一种政治观念或精神，民主建立在人人平等的信念之上，通常被定义为“人民当家作主”。这里的“当家作主”，在过去主要被理解为人民要当国家的主人。其实，在笔者看来，人民要当国家的主人，那可能是民主的高标准和高追求，而民主的低标准或低要求应该是人民要“做自己的主人”。也就是说，民主有两层含义：第一，当国家的主人；第二，当自己的主人。第一层含义来自古典直接民主的传统和现代代议制民主的实践。而第二层含义则是现代民主特别是自由主义民主或自由民主理论和实践的新意。人民首先自我做主，能够对自己的行为、私人生活和社区以及社会生活做主，然后才能和才要对国家的行为和生活做主。

民主价值的实现需要一系列的制度安排，也需要有相应的决策和管理机制。在制度安排上，选举、代议、限任、分权、监督等是必不可少的；在决策方面，决策的开放、信息的公开、必要的公民参与和利益相关者的协商等是不可或缺的；在管理方面，要保障公共事务管理的公共性，实行政府与社会（社团、社区、企业和个人）的共管共治是必需的。

民主作为一种决策和管理方式，提供了解决大众参与要求以及通过非暴力方式解决社会纠纷的原则和办法。众所周知，选举是一种制度，实行了民主选举，不一定能保证决策的公共性。正因如此，在西方国家，协商民主才成为人们改进民主质量的一种补充办法而被提上日程。

民主之实现形式的核心

民主之实现形式的核心在于杜绝权力垄断和保持民意通道。英国牛津大学斯坦·林根教授在其著作《民主是做什么用的：论自由与德政》中讨论了民主的真正目的，即民主想要的是什么？或者说民主是用来做什么的？他发出了一连串的追问：民主通常被定义为人民选举政府，可是为什么非要让人民来选举政府呢？其目的是要控制作为少数的统治者。为什么非要控制统治者？经典的答案是“权力容易产生腐败”，不受限制的权力可能成为“压制统治”。那么，我们为什么要害怕压制统治的出现呢？实则是希望政府能够给我们提供保护。换句话说，我们希望一个好政府或善政能让我们享受福利和过上美好生活。

所以，民主的目的就是要照顾好生活在其治理之下的每一个人的利益。民主实现有两点至关重要：第一，杜绝权力垄断；第二，保留民意影响政府决策的通道。所以，完全可以用权力垄断的程度（或自由）和政府决策受到民意影响的程度（或德政）来衡量民主的绩效。

近年来西方民主为何表现差劲

作为实现过程的民主化通常体现为民主运动，包括民主改革和民主革命。从总体上看，民主在进步。但一些研究也指出，2006年以来西方民主开始衰退。许多事实似乎也支持这种判断，比如，2011年的“阿拉伯之春”让很多人对阿拉伯世界即将到来的结果充满期待，但局势却最终恶化，埃及出现了军事政权，利比亚、也门和叙利亚呈现无政府状态；橙色革命不仅未改善乌克兰的总体状况，反而陷入分裂困境；乌克兰、格鲁吉亚、突尼斯、埃及等国在自发性民主运动中兴起的公民社会，并未成功领导并建立稳定、运作良好的民主国家，反而激发了内部的分裂倾向；非洲几内亚、塞拉利昂或利比里亚在民主转变以后无法有效处理埃博拉疫情；欧美老牌民主国家普遍陷入严重的金融危机。

正是基于这些事实，福山写文发出提问：民主为何在全球表现如此差劲？他提出更加值得深思的问题是：全球化以及技术革命的新特点，让民主赖以生存的中产阶级受到削弱，在这种情况下，上述差劲表现是否预示着全球政治出现更加广泛的转变，是否意味着民主的替代品正在崛起？

其实，换一个角度看，民主的差劲表现也不足为奇。因为，第一，民主与其说是一个一蹴而就的目标，不如说是一个曲折渐变的过程；第二，民主本来就有低标准和高标准之分；第三，民主从来就不是包治百病的万能灵药。正因如此，民主的有效性和有限性的讨论仍然是非常必要的。

民主的理想和现实之间总是存在差距。对此，美国斯坦福大学拉里·戴蒙德教授指出：“民主架构仅仅是外表，除非人们逐渐珍惜民主的核心原则：人民主权、对统治者问责、自由和法治。如果这些核心原则不存在，那些表面上的民主体制最终会让位于独裁体制——不管是文官形式的还是军人统治形式的。”

民主的“简单定义”和“复杂定义”

戴蒙德还区分了民主的“简单定义”和“复杂定义”。“简单的”也是最狭义的民主定义，以奥地利经济学家熊彼特在20世纪40年代的概括为代表——民主是达成政治决定的体制，在该体制中，个人通过竞争来争取人们的选票并以此获得做出决定的权力。“复杂的”民主定义不仅包括自由公正的选举，还要具备大约十个方面的属性，包括个人拥有广泛的自由，种族、宗教、民族和其他少数群体权利保障等。他还提出“民主质量”或“民主品质”的概念。显然，在他看来，满足“复杂概念”的民主，应该就是高品质或高质量的民主，否则，就是“低品质”或“低质量”的民主，甚至是“虚假民主”。

（作者为北京大学政府管理学院常务副院长、教授）

中国共产党与民主、自由、人权

叶小文

当前，中国共产党带领全国各族人民为世界1/5的人口开辟了国家富强、民族振兴、人民幸福的光明前景，正向着实现中华民族伟大复兴的中国梦奋勇前进。

中国共产党为什么能……？回顾历史，可以列举很多，95年已有确证。

中国共产党为什么能……？展望未来，党中央举旗定向，布局谋篇，紧紧围绕坚持和发展中国特色社会主义这个主题，进行了一系列逻辑严密的重大理论创新，形成了一系列治国理政新理念新思想新战略。中国共产党正带领中国人民迈向新征程，创造新奇迹。

那么，西方社会喊得最响、指责中国最多的三个问题：民主、自由、人权，中国共产党也能切实地促进、维护和保障吗？

中国共产党为什么能促进民主

中国共产党95年的历史，是一个不断探索和推进民主建设的历史过程；95年的脚步，踏响的是中国民主进步的节拍。

革命时代无数共产党人抛头颅、洒热血，前仆后继，所为者何？就是为了争得民主，或曰让人民当家作主。

共产党最有资格谈民主。连当年司徒雷登在离开中国时也承认，“整个来讲，不论是对中国的民众（特别是农民），或者是对国内国外的观察家，共产党都能给他们这样一种印象：它是全心全意致力于人民事业的，它真正希望促进中国的民主事业，希望中国在世界各民族的大家庭中获得一个真正独立而强有力的地位”。

共产党取得全国政权，强调的首先是民主。我们如何跳出“其兴也勃焉”“其亡也忽焉”的“周期率”？毛泽东说，就得靠民主。只有让人民来监督政府，政府才不敢松懈，只有人人起来负责，才不会人亡政息。

共产党推进社会主义现代化事业，依然强调民主。邓小平说，我们进行社会主义现代化建设，是要在经济上赶上发达的资本主义国家，“在政治上创造比资本主义国家的民主更高更切实的民主”。

我们的民主“更高”，是因为：我们把坚持党的领导、人民当家作主与依法治国有机统一，形成了人民代表大会制度、中国共产党领导的多党合作和政治协商制度、民族区域自治制度以及基层群众自治制度。这是民主的制度保障。我们不仅重视选举民主，建立和完善有关投票、选举制度，扩大公民的选举权和被选举权；还创造了协商民主，中国有世界最大的协商民主的固定平台——各级人民政协组织，各党派、阶层、界别、民族、宗教的代表以及海内外华人代表，按照政治协商、民主监督、参政议政的要求，通过政协组织参与政治协商。选举民主加协商民主，是民主形式的创新。

我们的民主“更切实”，是因为：大多数发展中国家面临的不仅是民主的问题，更是按什么样的道路和方式实现民主的问题。俄罗斯和东欧国家一度接受西方的民主模式，希望通过激进的改革，效仿西方。经过诸多曲折之后，那里的政治人物和民众都意识到，尽管民主政治值得追求，但如果民主不能同时促进经济社会的发展，就会导致社会的不满和动乱，而政权也会处于低度合法性。那种导致社会动乱的“民主”最终害的是老百姓。前车之鉴，不可不察。中国共产党坚持把持续的经济发展和人民生活改善、和谐稳定的社会秩序、完备的法治建设与积极稳妥有序的民主建设紧密结合，为人民民主提供全面有力的法治保障和社会基础。2014年，福山修正了自己的观点：“客观事实证明，西方自由民主可能并非人类历史进化的终点。随着中国崛起，所谓‘历史终结论’有待进一步推敲和完善。人类思想宝库为中国传统留有一席之地。”

我们的民主“更高更切实”，还因为：民主建设与时俱进。当前，我国进入经济社会快速发展和改革攻坚的关键时期，经济体制深刻变革，社会结构深刻变动，利益格局深刻调整，思想观念深刻变化。党必须面对深刻变化的国际国内形势，面对改革发展稳定的繁重任务，面对各族人民过上更好生活的新期待，面对党员队伍和党的建设遇到的新情况新问题。在这种形势下，推进和加强党的先进性建设，包括积极推进党内民主建设，应着力增强党的团结统一，以扩大党内民主带动人民民主，以增进党内和谐促进社会和谐。

中国共产党为什么能维护自由

《共产党宣言》中说，取代资产阶级的社会的，“将是这样一个联合体，在那里，每个人的自由发展是一切人的自由发展的条件”。《资本论》中说，社会生产力的发展，将为未来的社会奠定现实的基础，未来社会将是“一个把每一个人都有完全的自由发展作为根本原则的高级社会形态”。社会主义核心价值观中，旗帜鲜明地包含着、追求着、高举着“自由”。

举个典型例子。旗帜鲜明地规定自己的党员不得信仰宗教的中国共产党，为什么能维护公民的宗教信仰自由?

共产党不信神，在指导思想上坚持辩证唯物论和历史唯物论（包括无神论），与一切唯心论（包括有神论）相对立。但不信神的共产党，为什么能把信教群众团结起来，把他们的意志和力量，与广大不信教群众凝聚在一起，一心一意谋发展，聚精会神搞建设?

这是因为：共产党真诚、全面、正确地实行宗教信仰自由政策。讲真诚，能说清真诚的理由让别人也让自己信服，能拿出真诚的措施促别人也促自己落实。

其一，这是党的基本观点所决定的。既然坚信物质第一、客观第一、存在第一，就必然坚信客观事物的发展和变化是由其内在规律所决定的，任何违反其内在规律的外部干预，任何对复杂问题的简单处理，都是不能奏效的。所谓客观，除了自己的思想，其他都是客观，宗教的存在也是客观。宗教作为人类精神生活中的一种普遍、长期存在的现象，有其发生和发展的社会根源和认识根源，有其不以人的意志为转移的客观规律。宗教在社会主义社会也将长期存在，其消亡可能比阶级和国家的消亡还要久远。我们既然是唯物主义者，就要承认、尊重这一客观存在和客观事实，立足长远、着眼当前，按规律去做宗教工作。

其二，这是党的根本宗旨所要求的。党的根本宗旨是全心全意为人民服务，也就是为了多数人，团结多数人，依靠多数人。党的一切努力是为了实现和维护广大人民群众的基本权利，其中当然也包括了人民群众对自己信仰的自由选择权利。人民群众（包括信教的群众）不仅是社会物质财富的创造者，其实践活动也是社会精神文明发展的源泉和动力。马克思主义宗教观与马克思主义群众观的一致性，就在于正确看待、对待信教群众，相信人民群众自己解放自己，千方百计把人民群众团结在党的周围，为自身的根本利益而奋斗。

其三，这是引导宗教在我国社会中发挥积极作用所必需的。既然宗教是不以人的主观意志为转移的长期存在，既然信教者为数甚众且都是我们必须争取、必须依靠的基本群众，当然就要引导宗教发挥积极作用而不是释放消极作用。无神论者和宗教信仰者在政治上经济上的根本利益是一致的，在思想信仰上的差异是次要的。坚持政治上团结合作，信仰上互相尊重，就能够发挥宗教在促进社会和谐中的积极作用。

其四，这也是与中国的历史文化传统相一致的。中国没有出现过政教合一的全国性政权，也没有发生过欧洲历史上那种宗教战争。中国又是一个讲求“和合”文化的国家，主张“以和为贵”，对各种文化兼容并包，包括看重若干宗教经典、教义，宗教道德、艺术中所积累着的人类生命繁衍的文化信息，所渗透着的历史积淀的体验和哲理，所孕育着的民族优秀文化因素，所镌刻着的人类精神文明发展的轨迹。宗教信仰自由政策符合中国的历史文化传统，符合信教群众的要求，也为占人口大多数的不信教群众所接受。

我国信教群众同不信教群众、信仰不同宗教群众团结和睦，宗教正在实践中发挥积极作用。在当今世界因“宗教发热”“文明冲突”而困惑的时候，中国却是风景这边独好。这是当今中国在创造经济奇迹的同时，每天都在发生着的又一奇迹。

中国共产党为什么能保障人权

人所以为“人”就应享有人权。人所以为“本”就要保障人权。以1789年法国《人权宣言》所宣称的“自由、财产、安全和反抗压迫是人的自然的和不可动摇的权利”为起点，世界上有三条各具特点的人权实现途径：一是形成于美国和法国大革命时期，激励个人意识高扬，鼓吹个性解放，重在保护公民自由免遭政府专横之害；二是形成于俄国革命、苏维埃政权时期，政府积极干预社会经济生活；三是形成于第三世界争取民族解放和国家独立富强时期，外争国权，内保人权。虽侧重不同，但反映一个逻辑：权利决不能超出社会的经济结构以及由经济结构所制约的社会的文化发展。（马克思语）

共产党保障人权，不仅因其宗旨是全心全意为人民服务，更在于能自觉按照历史逻辑，立足中国国情，在争取民族解放和推进中国经济社会发展的进程中，选择正确的人权实现途径。

共产党领导的新民主主义革命，已推进了一场推翻三座大山压迫、争取人民当家作主的伟大人权运动。新中国成立后，人口多、底子薄、外部压力大，首先是要保障生存权、发展权等集体人权，但不等于可以忽视公民个人权利，更不应误把人权当作资产阶级的专利而加以否定。痛定思痛，教训深刻。那么，改革开放三十多年来，共产党是如何保障人权的?

其一，在重申党的宗旨、明确执政理念中保障人权。经过拨乱反正，党强调实现人民的意志、愿望和利益是立党之本、执政之基。权为民所用，情为民所系，共产党执政就是领导和支持人民掌握管理国家的权力，实行民主选举、民主决策、民主管理和民主监督，保证人民依法享有广泛的权利和自由。从党的十五大开始，将“尊重和保障人权”确立为党和国家发展的重要目标。

其二，在实行依法治国、建设社会主义法治国家中保障人权。“国家尊重和保障人权”写入宪法。中国的法律体系从不同角度不同层面对公民的政治权利、经济权利、社会权利、文化权利等人权作了具体规定，从法律和制度上切实保证公民享有广泛真实普遍的人权和基本自由。

其三，在促进科学发展、建设和谐社会中保障人权。传统的人权保障要么拘泥于公民权利本位，要么强调政府管理至上，而我们要求超越这种非此即彼的思维定式，按照历史逻辑，立足中国国情，建立一条全新的、平衡的人权实现途径：既尊重人权普遍性原则，又从基本国情出发，切实把保障人民的生存权、发展权放在保障人权的首要位置，在推动经济社会又好又快发展的基础上，依法保证全体社会成员平等参与、平等发展的权利；以自由为本、秩序为用，通过维护公共秩序来保障公民自由；以人为本，力促和谐，推动经济社会全面协调可持续发展，逐步实现人的全面发展和解放。

随着经济社会发展，中国的人权事业在不断进步。

（作者为全国政协文史和学习委员会副主任）

民主性质与政治冲突有关联

杨光斌

2016年是世界民主史上极为沉重的一年。美国大选所出现的“特朗普奇葩竞选言论”和社会主义者“桑德斯旋风”，只是民主的皮毛问题，是底层百姓对美国政治制度的象征性抗议，最终也不能改变什么。严重的是，美国制度事实上已经变成了大肆牺牲公民生命权的寡头体制，为此才有奥兰多酒馆大屠杀和达拉斯对白人警察的狙击战。在英国，被认为最富有理性的选民却发动了“脱欧公投”，是一种老一代人牺牲年轻人利益的公投，用时髦的话说就是“代际正义”问题，结果400万人后悔了，要求重新公投，把公投当儿戏。连接亚欧的土耳其，被认为有伊斯兰文明中最成功的代议制民主，却发生了军事政变——拥护世俗主义的军人和伊斯兰化政权之间的流血的政治。

民主的世界为何如此波谲云诡？这就需要重新认识民主的性质。世界政治史多次表明，政治理论上存在问题必然会导致政治实践上的灾难。

在冷战时期，两大阵营都给民主营造了太多的光环，赋予了民主太多的使命，以至于民主不堪重负，很多国家因“民主”而遭殃，很多国家也以“民主”之名行不义之事。事实上，西方国家发展得好、治理得不错，绝对不能一揽子归功于选举式民主，而应归功于法治、民主、市场经济、分权、官僚制、企业家精神、殖民地掠夺、主宰性国际制度等一系列综合性因素。

民主不仅不是西方国家领先于世界的秘籍，反而恰恰引发了今天西方国家的诸多难题。比如，美国分散而相互牵制的权力结构使得美国的政体已经成为“否决型政体”，难以形成国家力量并实行有效的国内治理，别说不能凝聚大多数意志干“大好事”，就是“大坏事”也难以对付，比如在枪支管制问题上难以形成多数意志，结果每年任由三万多人死于枪支泛滥，这远远比国际恐怖组织造成的伤害更严重（死于恐怖组织的是一万多人）。今天西方的治理难题，再加上印度—墨西哥等“自由主义民主”大国的无效治理，恰恰是“反事实法”的经典案例。民主与治理的关系并不是传说中的线性正相关关系。

根源在于民主的性质。民主的性质与政治冲突有着什么样的关联呢？必须探究民主政体本身的内在问题，即本体论性质的问题，其中的关键就是如何认识“人民”。“人民”是关于“我们”而非“敌人”的同质性概念，历史经验告诉我们，即使是在同质性的“人民”内部，也有利益不同的支配阶级和被支配阶级，在支配阶级之间也存在难以调和的利益冲突。尤其对多民族的发展中国家而言，“人民”已经包括不同的种族和信仰群体以及贫富对立阶级。南美等很多发展中国家的民主政治最后都陷于民粹主义政治而难以自拔，多数人的意志和利益实现了，结果企业家用脚投票，国内经济出现了问题。在中东地区，多数暴政则以教派形式表现出来，结果是赤裸裸的暴力冲突。乌克兰的“民主”发生在东西部的两大族群之间，结果是国家的分裂。比较而言，“同质性人民”之间的矛盾是如何分配利益这样的技术性问题，可以归类为“人民内部矛盾”，而“异质性人民”谈论的是国体政体问题，是建国和谁来统治这样最根本的问题，这就是为什么很多国家发生了分裂的原因。“异质性人民”的出现，意味着同样被称为“民主”的政治在本质上则是南辕北辙的制度。为此，在民主问题上，绝不能停留在西方教科书里，而应该睁眼看世界。

和其他政治制度诸如君主制与贵族制一样，以“人民”为旗帜的民主制也有其固有的问题，绝不能满足于看上去是“人民”统治就万事大吉了。如果说西方治理得还不错的话，绝不是因为有了熊彼特—萨托利—达尔等人所论证的“选举式民主”，而是因为有了亚里士多德所归纳的最好形式的政体即混合政体，其中当然包括法治，法治甚至处于第一位，因为没有法治，任何政体其实都一样，民主制也绝不会比其他制度更好。而在现代政治中，一个古代所没有面临的问题便是“异质性人民”的政治事实，这是对民主制的最大挑战。

（作者为中国人民大学政治学教授、国家发展与战略研究院研究员）

把握民主与制度的辩证法

许耀桐　姜润彬

当前，我国的民主政治建设已站在新的历史发展起点上，迫切需要对中国特色社会主义民主政治制度的科学内涵和结构体系进行系统阐释。徐鸿武、李敬德、朱峻峰合作撰写的这部《制度自信——在习近平总书记系列重要讲话精神指引下推进民主政治建设》，是一本研究中国民主政治的专著，也是一本研究中国特色社会主义制度自信的专著，其主题在于阐述如何推进民主政治建设，旨在以民主立制度、靠制度促民主，揭示民主与制度的辩证关系，从而彰显中国特色社会主义制度自信。

用新的视角论述了中国特色社会主义民主政治制度的内涵

本书把习近平总书记系列重要讲话精神作为贯穿全书的主线，这也是本书的灵魂所在。作者强调，习近平总书记的重要论述包含丰富和深刻的社会主义民主政治建设的思想，为我国民主政治建设的发展指明了方向和目标，明确了原则和措施。

在民主问题上，作者大量引用了十一届三中全会以来我们党的代表大会报告，特别是习近平总书记强调的“人民民主是社会主义的生命”“人民民主是中国共产党始终高举的旗帜”“党内民主是党的生命”“以党内民主带动人民民主”等重要论断，来说明民主对于国家发展和党的建设所具有的重大意义。作者还把习近平总书记提出的“在一个国家的各种制度中，政治制度处于关键环节”和“坚定中国特色社会主义制度自信，首先要坚定对中国特色社会主义政治制度的自信”作为本书的主题和立论依据，并用新的视角论述了中国特色社会主义民主政治制度的内涵。

在本书中，作者深入阐述了民主政治发展的一系列问题，如关于党中央把反“四风”作为切入点进行从严治党、惩治腐败的问题，关于中国特色社会主义与国家治理体系与治理能力的现代化关系的问题；总结梳理了关于新时期好干部的重要论述和深化干部人事制度改革的重要论述，关于全面依法治国的重要论述，关于借鉴人类政治文明有益成果，关于坚持党的领导与人民当家作主、关于党的核心领导地位与人民主体地位等方面的重要观点，比较全面地梳理和展现了我国民主政治建设取得的新成果，从而初步形成了一个比较完整严密的研究民主政治建设的体系。

通过创造性民主实践来发展和完善
中国特色社会主义民主政治制度

本书所阐述的关于推进我国民主政治建设的内容中，包含了立足我国社会主义民主创造性的伟大实践基础来发展和完善中国特色社会主义民主政治制度的思想，其主要内容包括：一是深刻阐述十八大以来党中央拒腐防变的具体实践，以作风建设为切入点从严治党、以零容忍态度惩治腐败、以铁的纪律维护党的团结统一，用好巡视，筑牢拒腐防变的思想道德防线；二是在民主事业的实践过程中克服国家权力过分集中的弊端，克服权力与权利的失衡，正确处理决策权、执行权和监督权的分工和制约的关系，坚持公民权利的均衡性原则，从而形成和发展具有优越性的中国特色社会主义民主政治制度；三是在全面从严治党中整治顽疾“四风”，完善和落实党风廉政建设责任制和坚持人民监督等具体实践，不断发展我国民主政治制度。这些思想彰显了马克思主义民主理论在我国的创新发展，是中国化的马克思主义民主理论的最新经验和成果，同时也说明了总结民主实践经验的过程和指导民主实践的过程也是形成和确立中国特色社会主义民主政治制度的过程。

坚定中国特色社会主义制度自信，推动社会主义民主政治的不断发展

本书所阐述的中国特色社会主义民主政治制度的丰富内容，也蕴含了以坚定的制度自信来推动中国特色社会主义民主政治不断发展的思想。这方面的内容主要包括：其一，分析和阐述中国特色社会主义民主政治制度完善与发展的必要性，以及从"推动人民代表大会制度与时俱进""推进协商民主广泛多层制度化发展""发展基层民主"三个层面扩大公民有序政治参与的必要性。其二，论证社会主义法治是社会主义民主的体现和保障，建设社会主义法治国家、法治政府和法治社会对民主政治发展的促进作用。其三，阐述信息时代民主政治的新形式——网络民主，并将其规范化和制度化，论述网络民主是社会主义民主政治的重要内容，健康安全有序发展网络民主有助于加快我国民主事业的进一步发展。

针对当前社会上有人打着所谓"网络民主"的幌子恶意炒作、扰乱公共秩序的乱象，作者在书中予以有力批驳，并鲜明地指出：网络民主是网络技术与民主政治相结合的产物和表现，具有促进公民有序政治参与、促进权力在阳光下运行、促进协商民主发展、促进基层民主发展的作用；坚持网络自由与网络纪律的辩证统一，坚持党的领导、人民当家作主和依法治国的有机统一，坚持网络民主和网络法治的辩证统一，是促进网络民主健康有序发展的三条基本底线。

这些内容强调了民主政治制度具有根本性和关键性，发展民主事业需要中国特色社会主义民主政治制度保证，验证了中国特色社会主义民主政治制度的科学性，也反过来生动地体现了确立中国特色社会主义民主政治制度的过程是总结民主实践的过程和指导民主实践的过程。

本书总结了苏联解体、苏共亡党的历史教训和改革开放以来我国民主政治建设的发展经验，特别是十八大以来民主政治建设和反腐倡廉的进展，系统阐述了

马克思主义民主理论的基本观点和马克思主义民主理论中国化的理论成果，深入阐述了中国特色社会主义民主政治制度的内涵、特点优势，强调了推进依法治国、建设法治国家有利于民主政治建设，同时肯定了民主政治建设需要借鉴人类政治文明成果，才能发挥中国特色社会主义民主政治制度的先进性和优越性。

（作者单位：国家行政学院政治学教研部）

所谓“现代民主的精髓”的真相

王绍光

一口气读完了忆宁这本书——《探访美国政党政治：美国两党精英访谈》，感觉受益良多。很多中国人都知道美国是两党制。有的人认为，两党（或多党）轮流执政是一种巧妙的制度安排：如果人民不满某党执政，他们可以把另一个党选上台。这样一来，所有政党都不得不对选民负责。据说，这便是“现代民主的精髓”。读完这本书，仍持这种天真看法的人恐怕会大大减少。

美国的两党为何不要党纲、党员以及各级党组织的约束

本来，无论在欧洲，还是在美国，“党”（party）都是指议会内政客们拉帮结派形成的小圈子，与中文里“朋党”同义。不过，19世纪以后，随着底层民众开始走上政治舞台，美国的政党政治出现了两个与别国显著的不同。一是美国始终没有形成一个比较强大的社会主义政党（社会党或工党、社会民主党）；二是美国始终没有出现大众党（mass party）。这两个特点显然具有相关性，因为社会主义政党一般都是大众党。但其他国家的非社会主义政党往往也采取大众党的形态。美国的两大党却始终都是精英党（cadre party），将大众政治参与限定在十分狭小的时空里。20世纪50年代，以研究现代政党著称的法国政治学家迪韦尔热把

美式精英党看作落伍的象征，因为在他看来，大众党才是顺应时代潮流的产物。

大众党一般有指导自己前进方向的党纲（constitution），有按时缴纳党费的党员，有经常开展活动的各级党组织。而美式精英党却是“三无”政党：它们没有党纲，只有每次为竞选临时提出的政纲（platform）；它们没有党员，只有在选举时把票投给某党候选人的“党人”（party affiliation）；它们没有严密的党组织，只有为筹备下一次选战而搭建的平台。美国政治教科书对政党的定义可能会让其他国家的学者觉得十分怪异，因为它把政党说成是一种“有组织的行动”（an organized effort），而不是一种组织。忆宁访谈的那些美国政治精英对此都见怪不怪、安之若素，显然是因为他们不具备比较视野。本书中接受访谈的肯·马丁对此欣然承认。

大众党的组织方式使得普通党员有可能影响党的走向，从而影响国家的走向。而精英党不希望看到这种局面。他们只关心一件事，即在下一次选举中，本党政客能否上台。精英党希望看到的是粉丝型“党人”：选举时，召之即来，很热闹；选后，挥之即去，春梦无痕。它们为什么不要党纲、党员以及各级党组织的约束？这大概就是奥秘所在。

美国两个精英党绝大多数“党人”的作用是什么

在美国这种两个精英党轮流执政的体制下，绝大多数“党人”的作用限于每隔几年在选举中投一次票，其他时间便几乎无声无息，留下党派活跃分子或精英分子为下一次选举进行筹备（其关键是募款）。对这些“党人”而言，他们在政治上的唯一作用是在选举中，支持这个党或那个党的候选人。在全国大选中，他们的选择其实十分有限，要么是目前台上这个党，要么是几年前下台的另一个党。这好比朝三暮四或者朝四暮三，选民到底有多少选择的余地？如果他们把票投给其他党的候选人或独立候选人，那就等于浪费了几年才有一次的投票机会。

而在绝大部分选区，“党人”的选择余地更小，因为两党通过调整各个选区的边界，划分出大量民主党人聚集区或共和党人聚集区（见对罗德里克·希尔斯、卡拉·希尔斯的访谈）。在“共和党”控制的选区，把票投给“民主党”是浪费；在“民主党”控制的选区，把票投给“共和党”是浪费。实际上，在绝大多数选区，选举结果早在选区划分的博弈中就已经决定了。

虽然美国的民主、共和两党也自称“政党”，但正如忆宁这本书所展示的，他们与其他国家的政党太不一样了。在政治学中，对各国政党进行比较研究的主要是欧洲学者，他们比较的对象也往往集中在欧洲政党身上。在欧洲学者看来，美国的“政党”应该列入另册，不应与其他国家的政党混为一谈。反过来，美国学者似乎也不太会从比较的视角来剖析本国的政党。

美国民众选出来的政府到底代表了谁、代表了多少人

近年来，欧洲曾一度引以为傲的大众党也开始衰落了，其表现形式是各国登记为政党党员的人数大幅下降，各党党员占选民比重大幅下降，使得几乎所有欧洲政党都不得不放弃继续维持大众组织的假象。这种变化被不少观察者看作西式民主面临重大危机的证据之一。如果这个标准可以用来衡量民主质量，美国民主质量可以说从一开始便不太高，因为美国政党从来就没有真正的党员。

值得注意的是，即使使用美国自己的标准衡量其民主的质量，危机的苗头也十分明显。在欧洲政党政治美国化的同时，美国本身的政党政治也出现了新的变化：认同民主、共和两大党的“党人”越来越少。1972年以前，超过七成美国人要么认同民主党，要么认同共和党。此后，对两党都不认同的“独立人士”（independents）越来越多，但依然少于两大党中至少某个党。2009年以后，美国政党政治出现重大变化：“独立人士”的比重既超过了共和党，也超过了民主党。假如他们构成一个单独政党的话，它已是美国第一大党，占美国民众的45%左右。但现实是，“独立人士”无法形成一个政党。在书里的访谈中，恩格勒说，独立选民可以自由选择他们偏爱的候选人，受这些选民欢迎的候选人往往是选举的赢家。这种说法毫无依据，带有严重误导性。事实上，在美国那种“赢者通吃”的选举制度下，第三党候选人或独立候选人当选的机会微乎其微。不得已，独立选民只有面对两种选项：要么把选票投给自己并不中意的两大党中的某个党；要么把选票白白浪费掉。无论独立选民怎么做都意味着，美国近一半的民

众无法用选票真实地表达自己的意愿，而任何当选的政党或政客都不可能得到超过三分之一民众的真心支持。问题是，这样选出来的政府到底代表了谁、代表了多少人？

美国哪股政治势力掌控着选举政治的命脉

两大党一蹶不振，独立人士无力回天，这就是美国政党政治的现状。不过，在这个表象背后，另有一股政治势力异常活跃，这股政治势力掌控着美国选举政治的命脉——金钱。几乎所有忆宁的访谈对象都会提到钱的重要性，不少党务工作者日常工作的重心就是筹款、筹更多的款。具有讽刺意义的是，虽然选战主要在共和、民主两党之间展开，虽然两党的各级组织开足马力为选战募款，但是候选人的竞选经费主要不是来自他们所在的政党，而是直接来自那些拥有金钱的特殊利益集团。两党的政客可以不在乎一般选民，甚至可以不在乎自己所属的政党，但为了赢得一场场永不休止的选战，他们必须对特殊利益集团的诉求小心伺候。

当然，金钱在美国政治中扮演决定性角色并不是新现象。早在1895年，身兼参议员的大富豪马克·汉纳就曾说过：“政治中只有两样东西最重要，第一是金钱，第二样我记不起来了”。时隔一百多年，这句话似乎依然适用。今天，站在两大党背后的这股金钱势力俨然形成了一个法力无边的隐形政党。这个隐形政党似乎可以在很大程度上影响美国政治的走向，连号称“独立”的最高法院对这个隐形政党也不得不退避三分。本书多个访谈对象反复提到“联合公民诉联邦选举委员会案”。在这个2010年的判决中，最高法院以保护言论自由为由，允许属于这个隐形政党的非党派组织无限制地花钱参与政治。

1960年，当美国的政党政治如日中天时，时任美国政治学会主席的谢茨施耐德便在《半主权的人民》一书中指出，民主、共和两党的动员对象主要是社会的中上阶层，忽略了人口的另一半——几千万不投票的选民。他认为，真正人民主权的实现有赖于改造当时的政治体制，建立更具包容性的“政党政府”。

半个多世纪过去了，谢氏的理想不但没有实现，情况似乎变得更糟。不仅美国如此，其他西方国家也好不到哪里去。2013年，当代欧洲最著名的政党研究学者彼特·梅尔出版了一本题为《虚无之治》的书，副标题是“西式民主的空洞化”。在梅尔看来，今天，连“半主权”也似乎遥不可及，政党已变得无关紧要，公民实际上正在变得毫无主权可言。目前正在出现的是这样一种民主，公众在其中的地位不断被削弱。换句话说，这是不见其“民”的空头“民主”。

西方政党政治正在衰落，西式民主的质量正在恶化。“凡人之患，蔽于一曲，而暗于大理”（《荀子·解蔽》）。这本书最大的好处就是可以帮助我们认清并摆脱这种狭隘的思维方式。

（作者为清华大学公共管理学院长江讲座教授）

自由主义民主的死结何在

杨光斌

一直以来，国内总有人把对美式民主的反思和剖析视为“否定民主”，由此可见自由主义民主理论在中国思想界的影响。把美式民主等同于民主，这显然有违民主理论本身。此次美国大选中“分裂社会”所造就的特朗普总统，以及特朗普当选所加深的美国社会分裂，深深地伤了不少美国知识分子孤傲的心灵。未来的西方思想界，必定会有一场反思自由主义民主理论和民主制度的高潮，尽管历史上从来不乏这种反思和批判。近年来，国内理论界开始了“理论自觉”，突出表现在对自由主义民主理论的反思性研究上，其中，张飞岸副教授的《被自由消解的民主》，发现了自由主义民主理论的死结及其在政治实践上将带来的灾难性后果。

为什么以追求平等为宗旨的第三波民主化非但没有带来平等，反而使有关国家陷于更不平等的境地

《被自由消解的民主》的第一个贡献，是基本完成了对自由民主理论的解构，进而回答了为什么以追求平等为宗旨的第三波民主化非但没有带来平等，反而使有关国家陷于更不平等的境地。本书作者认为，第一波、第二波民主化都是

社会主义运动和大众运动的产物，不仅带来了社会的平等化，也带来了财产关系的变化即无产者第一次在政治上有了再分配财富的权利，西方以社会保障为中心的社会权利就是这样来的。因为民主化带来了财产关系即社会结构的变化，民主化不仅仅是普选权问题，所以，第一波民主化才显得如此漫长。相对于第一波民主化运动，以竞争性选举即普选权为特征的第三波民主化虽然很迅猛，但是什么都没有改变，社会甚至更不平等。

根本原因何在？就在于民主的去社会主义化，即过去的第一、二波次的民主都是社会主义的社会民主，而当社会民主直接威胁到既定制度时，即20世纪70年代社会民主在西方达到高峰时，亨廷顿等人写出了《民主的危机》，认为民主需要降温；以捍卫自由而非民主为宗旨的萨托利《民主新论》在冷战高峰时期如期出版。也正是在这种被我们忽视的语境下，自由民主理论成为社会民主的替代品。所谓的自由主义民主只是在以“民主”的话语追求“自由”，自由主义民主的实质是自由而非民主。

这样的理论又被1980年以来西方的语境所坐实，也就是撒切尔主义、里根主义所实现的哈耶克式新自由主义。我们也知道，新自由主义的核心就是市场自由化和财产私有化，事实上是一种市场原教旨主义运动。在滚滚向前的资本浪潮（洛克式财产权）中追求民主，民主必然被吞噬。所以，以民主化之名而行自由化之实，民主化的结果之一倒是最终消解了政府，为资本的自由流动即自由的掠夺打开了方便之门。

民主不但是政治权力结构的变化，更重要的是社会结构问题

《被自由消解的民主》的第二个贡献，则是回答了西方民主巩固理论为什么失效。在第三波民主转型国家中，成功者寥寥无几，原因何在？在《被自由消解的民主》中，作者认为最重要的还是洛克式财产自由这样的根本性经济结构和社会结构问题。也就是说，如果民主巩固理论不涉及这样的根本问题，其理论本身就毫无意义。在作者看来，民主不但是政治权力结构的变化，即所谓的普选权问题，更重要的是社会结构问题。而自由民主的核心即竞争性选举追求的仅仅是政

治结构的变化，而无视甚至刻意回避社会结构问题。在不变的社会结构上到来的民主，最终都是失败的民主或者无效的民主。要知道，在很多国家，民族独立并没有带来社会结构的改革，依然是封建制、部落制的社会结构，在这种社会结构中搞竞争性选举，只是强化了固有的社会结构，因为主宰选举过程的依然是那些旧结构的主人。

且不说第三波民主转型国家的状况，在印度这样的老牌民主国家为什么也是无效的民主？关键在于其古老的不变的社会结构。结果，在封建制社会结构内玩选举民主，社会变得更不平等，因为少数人的特权以大众选举授权的方式获得了更大的合法性，不平等得以固化甚至恶化。到底是纸面上的理论重要，还是活生生的现实更有说服力？被国内很多人认为有合法性的印度民主政权，而在著名的印裔美籍政治评论家扎克里亚看来却是千真万确的“强盗式民主”。

以社会为中心的治理理论，
如同以选举为核心的民主理论一样，都祸害了落后国家

与第二个贡献相关，《被自由消解的民主》还论及了所谓的威权政权的合法性来自绩效、民主政府的合法性来自选举制度程序这样的老生常谈却被当作“真理”的说法，不能提供基本公共服务的民选政府有什么合法性？伊拉克民选政府有什么合法性？只不过，“党争民主”是一条不归路，一旦走上了，就永无回头的可能了，老百姓也只得认栽了，难道这就是所谓的合法性？不得不说，国内一些学者关于合法性的认识还非常肤浅，总是把美丽的概念与美丽的结果相联系。

谈论民主不能不涉及“治理”，这是自20世纪90年代以来国际社会上最流行的两个概念或范式。与消解政府作用的民主化相呼应，西方人的治理概念即社会治理、非政府组织的治理结果如何？作者给予了深刻的剖析，指出以社会为中心的治理理论，如同以选举为核心的民主理论一样，都祸害了落后国家。我们知道，习惯于忘却历史的世界银行经济学家们发现，联合国援助项目由社会组织管理比政府管理更有效，由此搞出一个当代的治理概念。但问题是：第一，谁是世行项目的最好完成者？当然是中国，是中国政府，因为中国政府受世行援助最

多，也是做得最好的，怎么能说社会组织就比政府做得好？第二，在无数的发展中国家，由于长期被殖民的历史，国家力量被消解了，培育了贵族、地主、军阀等社会力量，在这些国家还强调所谓的社会作用而抑制政府的作用，不是落井下石吗？其实，也不奇怪，这一时期的民主化理论和治理理论都是新自由主义的不同形式。需要强调的是，中国人谈的治理更多的是国家治理，即由国家（政府）主导、社会参与的治理，本质上还是如何实现公共善的治国理政之道。

既发现了自由主义理论与历史逻辑的脱节，也指出了它与现实实践相悖的危险

最后要指出的是，在我们这个大时代，因为没有自己的概念而简单地用别人的话语来“关照”中国，中国如此伟大的实践和成就却被有些人认为是错误的，被认为不具有合法性。但比较政治研究的反事实法已经昭示：那些按照所谓“正确的”“合法性”的自由民主理论去做的所有发展中国家发展的希望何在？

社会科学说到底是为了回答重大社会问题，是用来“用”的，当流行的理论不符合历史逻辑时，必须被抛弃；当理论不符合现实实践时，必须根据实践而修正。《被自由消解的民主》既发现了自由主义理论与历史逻辑的脱节，也指出了它与现实实践相悖的危险，因而是国内思想界重新认识自由主义民主理论绕不开的智识成果。

（作者为中国人民大学教授）

中国新型民主观生命力日显

许耀桐

党的十八大以来，究竟应该怎么认识民主、发展民主，成为一个焦点问题。在此方面，习近平同志发表的《在庆祝全国人民代表大会成立60周年大会上的讲话》《在庆祝中国人民政治协商会议成立65周年大会上的讲话》，是论述中国社会主义民主政治的重要文献，代表着中国共产党人对民主问题的新认识。我认为，这两篇讲话深刻地、创新性地阐释了中国特色社会主义民主政治诸多理论问题，体现了一种新型民主观。

中国新型民主观建立于全新的、坚实的制度基础之上

在当代中国，发展社会主义民主政治，保证人民当家作主，保证国家政治生活既充满活力又安定有序，关键是要坚持党的领导、人民当家作主、依法治国有机统一。人民代表大会制度是坚持党的领导、人民当家作主、依法治国有机统一的根本制度安排。以人民代表大会制度作为中国发展民主政治的根本政治制度，是中国新型民主观创新的立足点。习近平同志指出："以什么样的思路来谋划和推进中国社会主义民主政治建设，在国家政治生活中具有管根本、管全局、管长远的作用。古今中外，由于政治发展道路选择错误而导致社会动荡、国家分裂、

人亡政息的例子比比皆是。中国是一个发展中大国，坚持正确的政治发展道路更是关系根本、关系全局的重大问题。”人民代表大会制度是中国发展社会主义民主政治最为正确的道路选择。人民代表大会制度是中国特色社会主义制度的重要组成部分，也是支撑中国国家治理体系和治理能力的根本政治制度。

通过体现党的领导、人民当家作主、依法治国有机统一的人民代表大会制度发展中国社会主义民主政治，是一种坚实牢靠的新型民主形式。习近平同志指出：“实现民主的形式是丰富多样的，不能拘泥于刻板的模式，更不能说只有一种放之四海而皆准的评判标准。”长期以来，由于西方国家率先通过资产阶级革命，推翻了封建专制统治，形成了民主政体和民主制度的模式。人们由此产生了根深蒂固的观念和思维惯性，以为“天下民主、定于一尊”，民主只能有一种，那就是西方民主，只有西方的民主才称之为民主，其他的民主都不能算作民主。这当然陷入了认识民主的误区。橘生淮南则为橘，橘生淮北则为枳，本来这是一个极为普通的道理。然而，人们也往往容易在常识上犯错误。现在明确民主绝非只是一种“刻板的形式”和唯一的“评判标准”，民主应该是多样化的，它在现实中会表现出各种形态。名非天造，必从其实。习近平同志高度肯定了中国特色社会主义民主“是个新事物，也是个好事物”，这就从根本上否定了民主只能是一种“西式”的冠名，为应该提出而且也必须提出不同于西方的中国特有的新民主政治观，扫清了思想障碍，确立了科学前提。

中国新型民主观符合国情基本要素，优势明显

符合中国国情的新型民主观，由以下几个基本要素构成：

其一，主张“中国共产党领导人民实行人民民主”。在西方看来，民主就是多党竞争，怎么能由一个政党来领导民主呢？这当然是一种偏见。在中国，共产党全心全意为人民服务的宗旨，善于倾听人民的声音和意见，自觉接受人民的监督，决定了它不但可以领导民主，而且能使民主卓有成效。发展社会主义民主政治，关键是要增加和扩大我们的优势和特点。我们要坚持发挥党总揽全局、协调各方的领导核心作用，提高党的科学执政、民主执政、依法执政的水平，保证党

领导人民有效治理国家，切实防止出现群龙无首、一盘散沙的现象。相比较而言，西方国家的政党只有一个功能，就是捞取选票的功能，竭尽全力取得选举的胜利、上台执政，根本没有组织和领导民主的功能。

其二，主张“保证和支持人民当家作主”。这样的保证和支持人民当家作主，绝不是一句口号，也不是一句空话，而是必须落实到国家政治生活和社会生活之中，具体地保证人民能够依法享有有效行使管理国家事务、管理经济和文化事业、管理社会事务的权力。这与西方民主表面上尊重人的自由和选择意愿、尊重人的权利和法治规则，但实际上忽视和搁置了公民的管理权力，形成了明显的对比。

其三，主张“坚持和完善人民代表大会制度，必须坚持民主集中制”。民主集中制是中国共产党实行民主政治的创造，是中国国家组织形式和活动方式的基本原则。人民代表大会统一行使国家权力，全国人民代表大会是最高国家权力机关，地方各级人民代表大会是地方国家权力机关。各级人民代表大会都由民主选举产生，对人民负责、受人民监督；各级国家行政机关、审判机关、检察机关都由人民代表大会产生，对人大负责、受人大监督；国家机关实行民主集中制，决策权、执行权、监督权既有合理分工又有相互协调；在中央统一领导下，充分发挥地方主动性和积极性，保证国家统一高效组织推进各项事业。

中国新型民主观强调协商民主，强调实行群众路线

习近平同志指出：“在中国社会主义制度下，有事好商量，众人的事情由众人商量，找到全社会意愿和要求的最大公约数，是人民民主的真谛。”协商民主是中国社会主义民主政治中独特的民主形式。只有通过协商民主，才能够把人民最广泛地、最大限度地涵盖进来、包容起来。新型民主观发展民主政治，更借重于协商民主形式。

中国实行民主，虽然包含选举民主，但两者比较起来，协商民主更为重要。当然，中国新型民主观没有也不能排斥选举民主，选举民主是不可或缺的。选举民主和协商民主，即人民通过选举、投票行使权利和人民内部各方面在重大决策

之前进行充分协商，尽可能就共同性问题取得一致意见，这是中国社会主义民主的两种重要形式。这两种民主形式不是相互替代、相互否定的，而是相互补充、相得益彰的，共同构成了中国社会主义民主政治的制度特点和优势。但是，若对这两种形式进行比较的话，显而易见，协商民主更为重要。这正如习近平同志所说："社会主义民主不仅需要完整的制度程序，而且需要完整的参与实践。人民当家作主必须具体地、现实地体现到中国共产党执政和国家治理上来，具体地、现实地体现到中国共产党和国家机关各个方面、各个层级的工作上来，具体地、现实地体现到人民对自身利益的实现和发展上来。"中国高度重视协商民主，这也与西方国家的民主形成了巨大的反差。西方国家只讲公民的投票权利，而忽视公民广泛参与的民主权利；选民只有在投票时被唤醒，投票后就进入休眠期。

从根本上说，中国发展社会主义民主政治是由党的群众路线在政治领域的实施所决定的，因为党的群众路线决定必须紧紧依靠人民治理国家。中国共产党领导民主、实践民主，也必须按照群众路线的要求，坚持一切为了群众，一切依靠群众，从群众中来，到群众中去，把自己的正确主张变为群众的自觉行动。"从群众中来"，是民主基础上的集中过程；"到群众中去"，是集中指导下的民主过程。这两个过程归根到底都是民主的过程，是人民群众当家作主的过程。由于群众路线的两个过程充分体现了民主，成为发扬民主、集思广益的过程，统一思想、凝聚共识的过程，科学决策、民主决策的过程，所以也就成为实现人民当家作主的过程。

当前，中国新型民主观作为发展民主政治的一种崭新民主理论，已经在实践中展现出强大的生命力和发展前景。

（作者为国家行政学院一级教授）

发掘民主的“新常识”

杨光斌

我把自己这些年的民主研究称为清理民主的常识——清理旧常识，发掘新常识。常识还有“新”“旧”之分吗？先让我们从常识的概念说起吧。

给“常识”一个准确界定并不容易

给“常识”一个准确界定并不容易，首先是因为常识的说法实在是太流行，比如犯常识性错误、连常识都不懂，等等，越是流行的概念越难以界定，日常生活中流行的说法就更难以界定。生活包罗万象，不同的领域有不同的常识，潘恩的《常识》讲的是人与生俱来的政治权利，而牛顿的万有引力则是自然界的常识。

所谓常识，就是对常在道理的发现并使之成为普遍观念的共享知识。成为常识的知识，事实上包括三部曲，第一是“常在性道理”即客观的潜在存在；第二是“发现”即建构，流行的常识尤其是观念上的常识都是对“常在”的发现；第三是传播“发现”，使之成为流行的观念即所谓的“共识”。

很多流行的知识即常识需要被重新认识

既然“常识”是发现和建构而来，流行的常识就并不都是理所当然的正确，并非神圣到不可挑战的地步，尤其是一些政治常识。政治常识是对常在的观念化加工的产物，而观念化加工就难免存在基于政治利益基础上的主观偏见，或者说这种偏见是为了保护特定利益的。但是，因为观念加工能力的不同，即西方人的概念化、科学化能力太过强大，把产生于特定国家特定时期特定历史经验的政治概念和观念，推广为普遍化的东西，即我们所说的常识。

即使是自然科学意义上的常识，也并非都是不容置疑的，近代以来的伪科学很常见，何况社会科学意义上的常识？以复杂性理论来看，即从概念的多样性、质的多样性、层次多样性、角度多样性、事物发生的时间性等视野看问题，很多流行的知识即常识都需要被重新认识。

遗憾的是，在政治生活中，很多人被简约论套牢，把碎片化知识、甚至没有历史基础的知识视为常识，甚至当作信仰，以为自己之所读所知就是世界的全部，就是世界的规律。把知识转化为信仰并不容易，但靠谱的信仰至少应该建立在相对可靠的知识谱系上。

第三波民主化以来发现了很多“新常识”

回到关于民主的常识问题。我们都熟悉的民主，是社会科学中的一个流行概念，很多人视之为信仰。关于民主的流行性认识即常识无外乎人民主权意义上的社会权利——个人权利，其实现形式就是选举式民主和社会自治的公民社会理论。把民主当作信仰值得称道，但问题是信仰基于什么样的知识基础之上。

近代以来，当我们谈论民主的时候，不是简单的个人权利意义上的民主，更是在政体意义上谈的民主制度，即相对于君主制和贵族制的政治制度。既然是一种政治制度，民主政体就不单单是选举式民主和社会自治问题，这些都是社会权利层面的东西，而政体必然包括国家层面的要素。如果不讲国家权力而只讲个人权利的重要性，而且个人权利的实现形式就是所谓的选举式民主和社会自治，一个国家将会变成什么样子？政治上一人一票的平等权实现了，但在社会权利上和经济权利上陷于更加窘迫境地，追求平等反而落得更不平等，出现了“民主回潮”“无效民主”甚至“政治衰朽”。这就是第三波民主化以来发现的“新常识”。民主的“旧常识”实现了，却导致了难以逆转的灾难性后果。而要避免国家建设中的灾难，就必须把“国家”引入民主理论。

原因很简单，个人权利不只是政治上的，还有作为社会保障的社会权利和基本财产权的经济权利，而社会权利和经济权利的实现，不是公民社会能够自动实现的，也不是靠投票能够解决的，在后发国家只能靠国家去推动。比较世界各国，不同权利实现的“时间性”很重要，好的顺序都是先有经济权利；而对发展中国家而言，在没有经济权利和社会权利时有了政治权利，而政治权利的主要功能是搞财产再分配，结果必然使社会陷入难以逆转的僵局。“观念战士”的思维可以海阔天空，但“观念战士”应该考虑到大众的实际需求，也应该把握制度变迁的基本轨迹。把个人权利区分为经济权利、社会权利和政治权利，是社会学家T·马歇尔发现的事关民主的“新常识”；而个人能力的实现有赖于国家能力则是阿玛蒂亚·森的福利经济学所讲的民主的“新常识”。

历史很吊诡。历史上资本主义的第二次生命来自凯恩斯主义式“国家”进场即“罗斯福新政”；同样，作为资本主义副产品的民主的重生，也需要“国家”进场来拯救。这不是你喜欢不喜欢的选择，不管你是否喜欢“国家”，人类只能在成本与收益之间权衡。民主的生命力来自国家？看上去是一种悖论，却是一种历史真实，是绕不开的民主“新常识”。

我们常说的民主条件即旧常识太笼统了

关于民主的“新常识”远不止这些。西方早发达国家玩选举式民主还不错，为什么后来很多转型国家都不灵？我们常说的民主条件即旧常识太笼统了。比如，今天大家都热议的法治与民主的关系，就存在一个“旧常识”束缚问题，有些法学学者说没有民主就没有法治，这样断言的西方文明史基础是什么？西方法制史基础又是什么？法治是西方3000年的传统，而大众民主则是100年的事。同样，热议的自由与民主的关系，西方自由至少是500年的历史。这样，一个简单的“新常识”就是，法治和自由都是民主的“历时性条件”，而没有这等条件的国家搞民主，必然是命运多舛。

更重要的是，西方选举式民主是发生在一族一国的“民族国家”之内，党争只不过围绕具体议程即哪个党得到多一些哪个党少一些的问题，这次不行下次再来。但是，对于后发国家而言，宗教冲突、种族冲突、根本信仰冲突，都是关乎一个国家的根本建制。在建国问题上搞党争，结果如何呢？就是无休止的内斗乃至国家分裂。这样，好民主需要“同质化条件”这个“新常识”。

以“同质化条件”去衡量美国，不得不说美国的民主正在变质，演变为福山所说的“否决型政体”。党派斗争极化，凡是民主党所主张的共和党都要反对，反之亦然。利益集团太多太活跃，而且能力有天壤之别，结果有利于大众的根本利益的公共议题变不成政策，比如控枪问题。

民主的“新常识”都是第三波民主化以来的故事给予我们的启迪，但却是被人忽视了的或者故意掩蔽的“常在道理”。不仅如此，民主的“新常识”还表现在对民主形式的认识上。西式民主把自由民主即选举式民主当作民主的唯一标尺，把代议制民主看作是实现人民主权的唯一形式，这就在故意掩蔽历史常在，或者说没有发现“常在”。比如，难道分权不是一种民主形式？要知道后发国家的建国路线首先是战争集权，然后分权化治理，这个过程就是民主化过程。原因很简单，不分权到地方政府、企业、社会组织乃至个人的话，人民主权就是一句空话，人民主权是通过分权来实现的。

如果西方人能把宪政作为民主形式即所谓的宪政民主，真正体现民主精神的分权更应该被视为一种民主形式。要知道，所谓的宪政，并不只是约束政府权力，首要的是约束大众的权利，比如美国宪法就是具有反民主性质的保护寡头利益的“宪政”。这就是西方人的高明之处，居然能把约束大众权利的宪法安排称为宪政。据此，那些能真正体现大众权利的制度安排为什么不能称为民主？分权是一种理所当然的民主形式。

和分权是一种民主形式一样，自由、自治都是民主固有的内涵和形式，只不过以前只谈选举而淡化了这些制度形式的民主性。

民主很重要，但更重要的还有“致治”即国家得到治理

有了民主形式的“新常识”，对中国政治性质的认识也就完全不一样了。难道中国不是民主国家吗？没有民主哪里来的活力和奇迹？只不过中国人比较诚实，说出来一套不符合西式民主而让西方人不爱听的理论来，比如“人民民主专政”和“民主集中制”。其实，哪个国家不是以强制力政权为基础的？哪个国家的决策只有民主而没有集中？中国以自己的实实在在的民主形式实现了民主政治的根本即“民享”。吵架是政治家和知识分子的事，而老百姓则要安居乐业，实实在在地拥有。我经常说，与人口过亿的其他8个发展中国家比较，尽管中国的难题很多，困难重重，但在治理意义上，中国输给了他们没有？我们不能只待在观念的笼子里而不放眼世界。

民主很重要，但更重要的还有“致治”即国家得到治理，“致治”让民主更实在，更饱满，也更可爱。没有治理的民主，民主最后必然被污名化，空喊民主最后反而败坏了民主的声誉。当然，为了让中国更美好，拿放大镜看中国问题也未必是一件坏事，执政者的治理能力也会因为社会压力的存在而得以提升。事实如此，执政者执政能力的一路提升，是应对一个又一个、一波又一波看似危机性质的事件的结果。

民主的“新常识”意味着民主并不是简单的事。民主本来就不简单，民主的简单化认识已经让众多国家陷于泥淖而难以自拔。还有难以回避的“新常识”是，近代以来，民主从自由主义的精英民主，催生了社会主义的大众民主，大众民主进而演变为民族主义民主、伊斯兰主义民主和民粹主义民主。民主与国内冲突和世界政治冲突如影随形，“文明的冲突”表现为民主的冲突。《观念的民主与实践的民主》一书，在清理民主旧常识的基础上，发现和建构民主的“新常识”，以期把中国民主理论的研究推上一个新的层次。

（作者为中国人民大学教授）

高扬“全人类共同价值”的旗帜

钟国兴

“和平、发展、公平、正义、民主、自由，是全人类的共同价值，也是联合国的崇高目标”，2015年9月，国家主席习近平在联合国的演讲，引起了人们的广泛关注。同时人们还注意到，习近平9月25日在华盛顿与美国总统奥巴马共同会见记者，在谈到民主和人权问题时也指出，民主和人权是人类的共同追求。这些都是站在人类文明的高度对基本价值理念的强调，无疑得到了国际社会包括国内舆论的普遍赞同。但是，人们也在进一步关注一个问题：“全人类共同价值”和“普世价值”（也有译作“普适价值”）究竟是一种什么关系，为什么高度肯定前者却否定后者？

这表面看来似乎是矛盾的，但如果弄清楚概念的根本差异，了解问题背后的实质，就会发现其实并不矛盾。

没有也绝不可能站在现代文明的对立面

翻开中国共产党近些年来的诸多文件，民主、自由、平等、人权等概念并没有消失过，也从来没有否定过，更不用说批判了。相反，21世纪之初就开始探讨的，在十八大文件中明确的社会主义核心价值观，其基本内容包含民主、文明、自由、平等、公正、法治等。习近平也在多种场合对其进行强调，在一些讲话中，他也一再强调平等、民主、人权等的重要性。在2013年“两会”上，习近平讲道，“我们要随时随刻倾听人民呼声、回应人民期待，保证人民平等参与、平等发展权利，维护社会公平正义”，表明了对平等、公平、正义的高度重视。在2014年全国人民代表大会成立60周年大会上，他讲道，“人民民主是社会主义的生命”“要拓宽人民监督权力的渠道”。2015年，习近平接受《华尔街日报》采访，讲到自由和秩序的关系时说：“自由是秩序的目的，秩序是自由的保障。”这句话把自由和秩序两者关系讲得非常清楚，也讲明了对自由问题的认识和态度。“2015·北京人权论坛”在京开幕时，习近平在贺信中强调说：“实现人民充分享有人权是人类社会的共同奋斗目标。”“近代以后，中国人民历经苦难，深知人的价值、基本人权、人格尊严对社会发展进步的重大意义，倍加珍惜来之不易的和平发展环境，将坚定不移走和平发展道路、坚定不移推进中国人权事业和世界人权事业。”态度之鲜明，无可置疑。

无论在领导人的讲话还是在文件中，自由、平等、民主、公平、正义、法治、人权等，都是一再被强调的。这些属于人类现代文明的基本价值观词汇并没有远离我们。也就是说，中国共产党并没有也不可能站在人类现代文明之外，更不用说对立面。

“全人类共同价值”和“普世价值”之别

如果不考虑政治特别是国际政治的因素，似乎“普世价值”和“全人类共同价值”就是一回事。因此，国内有一些人就认为中国共产党也在强调自由、平等、民主、人权等，这些不就是“普世价值”的内容吗？并由此质疑：既然如此，为什么就不能承认“普世价值”呢？

表面上看，这个问题似乎很明确，这种观点似乎很有道理，但问题的实质在于某些国家之所以把这些价值观综合起来叫作“普世价值”，并不仅仅是几个概念的简单相加，而是其背后带着长期形成和倡导的某些具体模式，而且其潜在之意是这些模式是“普世”的，因此“普世价值”和“普世模式”是连在一起的。

世界上一些国家发生的所谓“颜色革命”，就有西方某些国家推行“普世模式”的因素，或者说是其重要的因素。因此，值得警惕的是：第一，把自由、平等、民主、人权等一系列价值观统称为“普世价值”；第二，把这些价值观理解和解释为某种特定的模式；第三，把这种特定模式作为这些价值观实现的标准；第四，公开或者隐蔽地向别国强行推销这些模式。

为什么要反对“普世价值”，而承认“全人类共同价值”？概括来说，是因为所谓“普世价值”带有某些国家把自己认可的价值观及其模式说成世界普遍适用之意，是他们用自己的尺子来衡量世界，不管你的情况如何都必须接受。因此，“普世价值”概念的主动权并不在每个国家自己手里，而是在西方某些国家那里，这才是问题的实质。“全人类共同价值”在这一点上就大不相同了，其含义在于自由、平等、民主、人权等，这些是现代国际社会普遍地共同承认的价值观，是人类社会共同努力的方向。也就是说，这些大家都认可，都在为之而努力，哪个国家都不要简单地否认别国的努力，把自己的模式强加到别国头上。所以，在“全人类共同价值”面前，每个国家都是平等的主体，都是自主的，这正是中国领导人提出“全人类共同价值”的实质所在。

一句话，在中国共产党人看来，自由、平等、民主、人权等本来就是当代“全人类共同价值”，而不是需要某些国家专门对外推行的“普世价值”。这就是问题的关键。

主动、大力宣传“全人类共同价值”

针对西方某些国家的“普世价值”概念，中国提出“全人类共同价值”，是十分必要、十分重要的。这一概念包含了自由、平等、民主、人权、法治等各种属于当代文明的价值观，避免了价值观上表述的不必要的含糊和矛盾，澄清了国内外舆论界对中国在这方面的误解，有利于推进社会主义核心价值观的建设和宣传，有利于形成社会共识，有利于社会主义政治文明建设，有利于推进国家治理体系和治理能力现代化。

在国际上，“全人类共同价值”的提出，是中国建立自己的话语系统、建构自己的表达方式的重要一步。这既表明了中国在价值观上的基本而明确的态度，又可以化解某些西方国家对中国在价值观上的攻击，破解他们在价值观上的语言表达优势。中国的这种表达，会获得国际社会的广泛认可。中国必须进一步打造“全人类共同价值”的优势，擎起这面价值观的旗帜，争取在这方面持久地赢得世界的尊重与呼应。

“全人类共同价值”是对当代人类文明基本价值观的一个总的表述。在这一概念之下，我们还有许多事情要做。第一，要进一步明确“全人类共同价值”的基本内涵，明晰和丰富其基本内容，在这些方面可以有带有中国文化色彩的某些表述。第二，要通过外交和对外交流、宣传等途径，让国际社会充分理解这一概念，尤其是理解它和“普世价值”的实质性区别；在国际场合加强对“全人类共同价值”的表达和阐述，提高其国际认同度。第三，国内理论研究和舆论宣传上，要引导学者特别是媒体对“全人类共同价值”的充分理解，分清它和“普世价值”的区别所在，尤其要避免把本来属于前者具体范畴的东西（如平等、自由、民主、人权等理念）简单地作为“普世价值”去否定，去批判，从而防止造成国内外舆论上的误解和被动。

（作者为中共中央党校报刊社总编辑、教授）

滥用“民粹主义”已成西方掩饰政治真相的手段

杨光斌

最近一段时间里，伴随着特朗普当选美国总统，“民粹主义”一词在西方社会也空前地流行起来，包括美国著名政治评论家扎卡里亚、福山在内的西方精英分子，都不约而同地把矛头指向“民粹主义”。在政治学中，“民粹主义”是指一种民众被动员起来而出现的非理性的、情绪化的政治思潮，而政府无法满足其政治诉求。但值得注意的是，“民粹主义”在美国已成为西方精英掩饰政治真相的工具，成为一种无视历史事实的概念游戏。

在西方精英那里，“民粹主义”已成为一个掩盖了政治真相的、空洞化的因而不能解释任何实际问题的概念

在我看来，西方精英分子的这种表现意味着他们在错误的道路上越走越远，并没有因为错判美国大选而反省自己。错判美国大选是不切实际的观念的结果，精英们以为自己的观念就代表真实的世界，代表美国人的观念和利益。事实证明，精英的观念和民众尤其是底层民众的世界距离很远。美国大选之后，西方精英们不但不反省自己，反而开始讨论美国乃至世界范围内的“民粹主义”，把自己的观念称为“民主”，而把支持特朗普的称为“民粹”。事实上，在美国，

“民粹主义”是一个掩盖了政治真相的、带有傲慢气息的、空洞化的因而不能解释任何实际问题的概念，是西方精英们自己制造的“我们”与“他们”的“想象”，西方精英们依然生活在自己的“观念的世界”，把不符合自己观念的诉求视为不合理的“民粹主义”。

不难发现，在西方精英中，不少人眼中的“民粹主义”有所谓的“左翼民粹主义”“右翼民粹主义”之分，把追求社会公正的无权无势者的诉求贴上“左翼”的标签，而把有些排外的带有民族主义情绪的无权无势者的诉求贴上“右翼”的标签。有的走得更远，认为“右翼民粹”是“左翼民粹”的产物。历史成了随意拿捏的面团，但无视历史逻辑的概念游戏是无法解释现实的。在西方这波“民粹主义”政治中，无论是“左翼民粹”还是“右翼民粹”，都是西方“全球化”浪潮的结果，而这次全球化浪潮的始作俑者便是“新自由主义”。

在西方精英看来，无论“左翼”或“右翼”民粹主义都是底层百姓的不合理要求

在严格意义上，“新自由主义”是一个经济学概念，特指经济的私有化、市场化、自由化。但是，从1980年到2008年，在“新自由主义”滚滚向前的过程中，在政治上则是所谓的第三波民主化浪潮，而在文化上则是多元主义。这样，过去几十年的“全球化”是一个包括了政治自由化、经济自由化和文化自由化（即多元主义）的“自由化运动”。以自由化为核心的“全球化”，实际上就是一场拆除“国家围墙”的运动。需要强调的是，“全球化”的本质是“美国化”，以便更多地实现以美国为首的西方利益，他们想要排除的乃是边缘国家的“围墙”。2008年全球金融危机爆发以来，美国已经在“反全球化”。

谁最不喜欢“国家”（政府的作用）？当然是那些靠自己的能力能主宰自己命运、甚至能主宰别人命运的强者，如过去的洛克菲勒和今天的华尔街金融寡头。“去国家化”或者“国家是必要的恶”是农业社会后期、工业经济年代的新兴资产阶级的呼唤。在反对王权的斗争中，对于创造财富的新兴阶级来说，这一点似乎也是可以理解的。但是，时代发生巨变了。到了信息化的金融资本时代，

所谓的“创造财富”实际上是华尔街金融寡头利用各种金融杠杆而进行的“分配财富”游戏，从而使得金融从业者与农业劳动者和工业劳动者之间的贫富差距空前恶化。财富再分配是完全不同于创造财富的游戏，没有国家的规制将会如何呢？只能是强者更强，弱者更弱，职业本身就是地位和阶层的符号，结果，美国的“民治、民有、民享”成为1%的美国人的“三民主义”。二战之后，凯恩斯主义使得西方国家趋向平等化，比如到了1980年，一个企业的收入差别不会超过50倍；到了今天，居然500倍还多。而在本国居民饱受贫富差距之苦的同时，多元主义文化下的“外国人”蜂拥而至，不但名正言顺地享受各种福利，还抢走了本国居民的工作机会。

这就是“自由化运动”推动的“全球化”的结果。到了2008年金融危机爆发，西方国家有很多年轻人找不到工作，因此才成为社会主义者桑德斯的拥戴者，他们被西方精英们戴上“左翼民粹主义”的帽子；而深受墨西哥移民之苦的美国中南部的农民，则是特朗普的拥戴者，被西方精英们戴上“右翼民粹主义”的帽子。无论“左”“右”，在西方精英看来都是底层百姓的不合理的要求。

西方精英阶层使用不伦不类的“民粹主义”概念，其实是一种鸵鸟政策

如果这样看政治，结果只能是西方精英阶层离政治的真相越来越远，使自己与民众对立，西方精英阶层本身构成了自己的世界。这里且不说民众诉求的合理性问题，站在自己臆想的道德高地上去这样污名化民众，既是长期以来精英阶层制造的“政治正确”原则而事实上最终狭隘化自己的表现（即只有自己的观念才代表世界潮流），也是知识退化的表现，是知识的形式化而非本质化。其实，在美国，关于外国人的问题不就是传统政治学上所说的民族问题吗？关于底层人的社会公正问题不就是传统政治学上所说的阶级问题吗？把阶级、民族问题一讲出来，不但政治家，所有老百姓都会一目了然，知道应该怎么办，而他们所谈论的“民粹主义”则让人不知所云，如坠云雾之中。但是，“政治正确”让人忌讳“民族”概念所衍生的很多次生性问题，担心被扣上“种族主义”的帽子；民主

平等的“政治正确”让人忌惮“阶级”概念所衍生的次生性问题，担心被扣上“马克思主义”的帽子。结果，西方精英阶层只能使用不伦不类的“民粹主义”概念，这其实是知识精英的鸵鸟政策。

除了“民粹主义”概念之外，二战之后西方政治学建构起来的当代政治思想的诸多概念，比如自由、民主、人权、宪政、公民社会、合法性等，都存在概念滥用现象，概念滥用其实掩饰了政治真相，让人生活在虚幻的世界里，产生错觉，产生政治误判。因此，当务之急是基于世界政治的真相而“重述”这些概念。

（作者为中国人民大学政治学教授）

法治新思

“法治中国”与“法治社会”的关系

姜明安

“法治中国”是中国实行依法治国，建设法治国家和法治社会的统称或简要表述。我们在这里之所以用“法治中国”而不用“法治国家”表述中国实行依法治国的治国方略和目标，是因为“国家”有两重含义：地域意义的国家和政治意义的国家。就地域意义的国家而言，“法治中国”等同于“法治国家”，“法治中国”指在中华人民共和国这个地域范围内建设法治国家。但就政治意义的国家而言，“法治中国”则不等于“法治国家”，而是包括“法治国家”和“法治社会”，法治社会建设在法治中国建设中占有重要的地位且具有重要的作用。

法治国家建设是法治社会建设的基础

法治国家建设是法治社会建设的基础，理由主要有以下五点：

其一，建设法治社会需要法律，需要良法为人们的行为提供规范，确立社会关系准则。而建设法治社会所需法律，所需良法，需要法治国家供给。没有法治国家，没有人大的科学立法为法治社会建设提供良法基础，法治社会不可能生长、存在。尽管建设法治社会所需法律，所需良法并非完全由人大立法（硬法）供给，社会自治过程中形成和产生的软法也是法治社会建设的重要法源，但人大立法（硬法）毕竟是基本法源。

其二，法治社会需要相对稳固的经济基础和相对稳定的社会秩序支撑，而相对稳固的经济基础和相对稳定的社会秩序有赖法治政府的保障。没有法治政府，国家经济基础不可能稳固，社会秩序不可能稳定，从而法治社会也就难以存在和运行。

其三，法治社会需要国家公正司法提供有效的解纷机制。法治社会虽然能自生一定的多元化解纷途径，能够通过自治化解大部分社会矛盾和纠纷。但是，国家正式司法制度毕竟是解决争议，维护社会公正的最后一道防线。如果没有国家的公正司法，社会稳定受到影响，法治社会将难以维继。

其四，法治社会公民自治主体的生长、发育需要获得政府的宽容、支持和保障，而能宽容、支持和保障公民自治主体生长、发育的政府只能是法治国家的法治政府。

其五，社会公权力也需要法治国家、法治政府予以一定的监督、制约。因为社会公权力也是一种权力。凡是权力，就必须有监督、制约，否则，同样可能产生腐败（如中国足协就曾经产生过严重的腐败）。对于社会公权力可能的腐败，有两种最基本的监督、制约途径：一种是社会共同体内部及其成员的监督、制约；另一种即是国家和政府的监督、制约。毫无疑问，能有效监督、制约社会公权力的国家、政府只能是法治国家、法治政府。

建设法治社会是建设法治国家的条件

建设法治社会是建设法治国家的条件，理由主要有三：

其一，法治国家建设需要法治社会建设的配合、支撑。只有在加强法治国家建设的同时加强法治社会建设，法治国家建设才能获得适宜的环境。法治国家不可能在虚无缥缈的空间建设，而必须在现实社会中建设。现实社会是法治国家建设的无可选择的空间。很显然，只有不断打造整个社会尊法、信法、守法、用法的法治社会环境，才可能不断推进法治国家的建设。试想，如果我们的整个社会都不尊奉法律，不信仰法律，我们的大多数国民都不懂法、不信法、不守法，在这样的社会环境中，我们还能建设法治国家，建成法治国家吗？在这样的社会环境中建设、建成法治国家即使不是完全不可能，也会是非常非常困难的。当然，法治社会与法治国家的建设是一个互动的过程，法治社会的建设也有赖于，而且更有赖于法治国家的建设。

其二，法治国家建设有赖于法治社会建设为之提供一定的协助治理机制。现代国家治理不同于传统的国家管理，需要社会的广泛参与。所谓“国家治理现代化”，最重要的特征就是治理主体的多元化。而在多元治理主体中，最重要的主体就是社会公权力主体。另外，像社会公权力需要国家公权力的监督、制约一样，国家公权力同样需要，而且更需要社会公权力的监督、制约。为此，必须加强法治社会建设，促进各种社会自治组织的生长、发展，提高其参与国家法制监督的能力。

其三，法治国家建设的主体是人民，而人民是生活在各种不同的社会共同体之中的，他们同时是各种不同的社会共同体的成员。各种不同的社会共同体的成员的素质就是人民的素质。建设法治国家需要有高素质的人民，高素质的人民只能源于各种社会共同体的供给，源于法治社会的供给。没有法治社会培养、锻造高素质的各种社会共同体成员，高素质的人民就没有来源。而没有高素质的人民，就不可能，或至少是难于建设法治国家的。

（作者为北京大学法学院教授）

发展法治更好地稳定社会预期

丁国强

在社会转型时期，社会多元、利益分化导致社会预期的复杂性，迫切需要通过发展法治来稳定社会预期。稳定预期不仅可以保证社会发展的安全和效率，而且可以激励更大的创造性。

可预期性是法治的基本特征

可预期性是法治价值的重要体现，也是人的自由和权利的前提。没有预期性，就没有权利的稳定性和合适的生活安排。法律预期是建立在规则认同基础上的理性预期。法律对人们的行为具有指引、评价、预测等功能作用，正是这些功能作用保证了国家和社会生活所必需的稳定性、一致性和确定性。法律的确定性是由国家强制力和法律程序保障的，它可以克服道德判断的模糊性而造成的判断和选择困难。哈贝马斯说："法律规范都必须把不确定性——假如交给纯粹的道德调节的话会产生出来的那种不确定性——消化掉。"社会预期不是静态的，它产生于沟通、协商、博弈和妥协之中，是一种动态的共识，而非凝固的常识。没有稳定的社会预期，社会就会缺乏聚合力，社会成员就会变成盲目、狂热、随波逐流的"乌合之众"。社会预期体现了社会成员对自身命运的思考和把握。对社会生活的预期性越强，人们获得的自由和机会就会越多。当然，法治并不能保证预期的准确性，它只提供社会预期的制度环境和正当程序。

社会预期体现生活信心

法律的清晰、明确、稳定以及法律解释的明了、法律程序的正当，使人们对行为的法律后果和风险有事先预知，一方面防止自由和权利随时被限制，另一方面可以使人们保持安静的心境。保持对日常生活的常识性判断，可以使人们生成内心的安全感。失范的生活是可怕的，它将人置于无所适从的境地。有学者认为："法治的价值意义就在于保障和促进公民的权利，并且要创造一个正常的社会生活条件，使个人的合法愿望和尊严能够在这些条件下实现。"一个漠视或者怠慢自己权利的人，往往对生活缺乏热情信心，听天由命，麻痹冷漠，得过且过。放弃权利无疑就是放弃把握生活的机会。生活的预期性在很大程度上表现为对自我权利的敏感度。生活的价值和意义在一定程度上来自期待。没有期待，就没有生活的信心和奋斗的动力。美国联邦法院大法官布伦南在一则判决书中写道："法院里法官的角色就是保护每一个人的正当的期望，保护每一个人的人性尊严与自我价值。"可见，"保护每一个人正当的期望"是何等重要的司法责任。

安全是社会预期的底线

安全来自建立在常识理性基础上的可预测性。缺乏对未来态势的预测和判断，就会对灾难和风险失去警觉和预知，这其实也是一种无知。苏轼说："天下之患，最不可为者，名为治平无事，而其实有不测之忧。"安全是生活的底线，对安全风险实施预测和控制，与外部进行有效的信息沟通，可以使人免于恐惧和慌乱的生活，平静面对各种生活风浪。陌生人社会是一个充满不确定性的社会。没有法律规则的约束，陌生人之间交往就会失去稳定的依据，对话交流就会受阻。转型社会的发展不是一个直线过程，充满了随机性和复杂性。在庞大驳杂的复杂社会里，唯有依赖于法治，才能够建构"合理的生活"，做到以不变应万变。

制约权力是社会预期的核心

有西方学者认为："权力可以宽泛地定义为达到期望的结果的能力。"遏制权力的不可预期性，是防止权力恣意和滥用的题中之义。权力专制造成人人自危。权力的公共性决定了权力运行须臾不能脱离公众视线，也不能过于偏离公共期待。权力者不能让公众感到陌生、神秘、捉摸不定，公众有理由以苛刻的目光质疑和监督权力。哈耶克说："法治意味着政府的全部活动应受预先确定并加以宣布的规则的制约——这些规则能够使人们明确地预见到在特定情况下当局将如何行使强制力，以便根据这种认知规划个人的事务。"正当程序对恣意因素进行了制度性排除，使人们对权力的态势和幅度有所预期，从而避免被权力操纵或迷惑。公民只有积极获取信息、主动参与公共事务，才能获得生活预期。政务公开、司法公开通过尊重公众知情权、消除权力暗箱操作、实现信息对称，使公众对权力的过程和结果形成合理预期，从而做出合理选择，实施个人的风险管理。法庭是一个召唤性空间，法槌、法袍等司法符号给人以安定感，仿佛告诉人们，在这里，一切都有所遵循，一切不可捉摸的事情在这里都会得到法律的规制。司法审判具有公共政策功能，司法的社会公信力直接决定社会预期程度。信任是一种机制，而非主观印象，是基于对秩序和环境的依赖而产生的集体无意识，是一种看不见的"制度安排"。法治更有利于普遍信任和多元合作的形成和持续。一个信任匮乏的社会，必然是一个法治缺失的社会。

守法是社会预期的根本

社会预期是社会共识的一种体现形式，而法律则是最基本的社会共识。只有严格遵循法律才能获得生活的最大预期。法治思维的一个重要出发点是法律允许我做什么。如果不这样做，会承担什么样的法律后果。这就要求公民以足够的兴趣去了解法律，事先预知法律后果。李步云说："法不能用人们并不知道的内部规定去处罚人们的行为，也不能用现在的规定去处理人们过去发生的行为，否则是不公道的。这也决定了法的正义性。”刑罚是以最严厉的手段制裁危害社会的行为，目的在于打破犯罪分子对逃避法律惩罚的预期，粉碎他们的侥幸心理，使他们为违反规则的行为承担代价，从而形成刑罚的强大必然性。一旦“侥幸”不再是一种小概率事件，法律的社会控制功能就会面临丧失的危险。

（作者为西南政法大学特聘教授）

法治是保驾创新驱动发展的重器

马一德

2012年以来，党和国家领导人多次强调，要实施创新驱动发展战略，依靠科技进步推动经济社会发展的转型升级。创新驱动发展离不开良好的社会环境，尤其是良好的市场交易秩序，而法治正是营造和规范自由竞争的市场秩序的利器。

创新驱动的破与立带来的纷争与博弈，最终都要在法治的框架下得到解决

习近平总书记指出，创新是引领发展的第一动力。抓创新就是抓发展，谋创新就是谋未来。适应和引领我国经济发展新常态，关键是要依靠创新转换发展动力，敏锐把握世界科技创新发展趋势，紧紧抓住和用好新一轮科技革命和产业变革的机遇，依靠科技创新支撑和引领产业转型升级，实现创新驱动发展。

创新驱动发展，这在中国历史上是前所未有的经历，也是当前中国经济必须要走的路。在经济新常态下，要实现国家发展目标，达成国人向往的中国梦，必须对增长动力升级换代，依靠创新强化内功，最终在世界经济之林中立于不败之地。在这个过程中，破与立带来的纷争与博弈，最终都要在法治的框架下得到解决。作为治国之重器，法治是国家治理体系和治理能力的重要依托。以法治推动

实施创新发展战略，将创新驱动发展的各方面因素都纳入依法治理的轨道，是党领导人民实现治理体系和治理能力现代化的重要体现。

法治具有根本性、全局性、长期性的特征。完善的法律法规和知识产权保护体系是推动创新的必要前提。因此，实施创新驱动战略，提高经济领域的创新速度和能力，实现发展方式的转变，必须建立健全与之相适应的法律法规和政策规章体系，推进创新驱动战略的法治化，在法治的框架下，依照法律程序解决经济发展过程中的各种矛盾和纠纷，从而维护良好的商业环境和法治秩序，助推创新发展战略纵向深入实施。归根结底，创新经济迈出的每一步，都离不开法治的保障。法治是实施创新驱动发展战略，实现政治经济体制改革和社会管理创新和促进经济全面、协调、可持续发展的重要保障。

法治对于构建有利于科技创新和新兴产业发展的环境至关重要

创新能力是一个企业或一个国家核心竞争力的充分体现。它不仅决定着企业的兴衰，也决定着一个国家经济的兴衰。200多年前，美国逐渐取代英国成为世界头号强国，并一直保持世界科技强国地位。按照美国经济学家的说法，美国花了100年的时间才赶上了英国。在这个过程中，技术的进步和创新成为美国发展的强大动力。有研究表明，20世纪美国经济增长的4/5来源于技术的进步。回溯历史，美国早在建国之初就颁布了《专利法》，一直奉行将“利益之燃料添加到天才之火上”的美国专利制度，燃起了科技创新的热情，并在漫长的历史中极大地推动了技术的巨大进步。

能驱动经济增长、提高生活标准之举，是谓创新。当前，党和国家把实施创新驱动发展战略摆在了一个十分突出的位置，凸显了党和政府对科技创新和科技进步的高度重视，而法治作为激励创新、保护创新成果、改革制约创新体制机制的重要性也显著提升。法治对于构建有利于科技创新和新兴产业发展的环境至关重要。有自由竞争和良好的法治环境，才会有真正的创新和企业家精神，才会有持续地增长。

毋庸讳言，科技创新是一项社会系统工程，本质上是知识的创造、转换和应用，离不开人员、资金、技术、管理等各个要素，有赖于投入、研发和应用等，需要社会制度、尤其是法律制度的激励和保障。我国目前正处于创新进程中，实施创新驱动发展战略必须紧紧围绕科技治理体系和治理能力现代化展开，创新立法应把重点放在完善激励创新的产权制度、知识产权保护制度和促进科技成果转化的体制机制上，破除制约创新的机制体制障碍，在法律规章制度框架内遵循法律法规规定的程序和步骤解决产学研用各主体要素的纠纷，让一切劳动、知识、技术、管理、资本的活力竞相迸发，释放巨大的发展潜能，让创新驱动发展成为拉动内生增长的动力源泉。

法治为创新驱动发展战略保驾护航

以法治方式推进实施创新驱动发展战略，需要处理好以下几个方面的问题。

一是要求加快体制机制改革。体制机制改革涉及产权制度、知识产权制度、投资融资体制机制、收入分配制度、人才引进和培养制度等方方面面，法治必须贯穿体制机制改革的始终，为其提供框架和指引，激发创新热情，保护创新成果，从而激发市场经济的活力，鼓励市场各类主体自主创新，引发全民创新的热潮。

二是要处理好政府与市场的关系。一方面要求政府依法加强对科技创新的保护和管理，优化创新环境，着力完善鼓励技术创新和科技成果转化的法制保障和政策体系，激发科技创新的活力，形成多元化、多渠道、高效益的科技投入格局。另一方面要求市场主体充分利用鼓励创新的政策支持，发挥以市场需求为主的导向作用，积极培养创新型法治人才，在法治社会更好地发挥其解决纠纷，避免资源浪费，实现资源的优化配置。

三是要增强全民的法治观念，让法治成为人民的信仰，成为实现和谐社会的指南针。社会主义法治理念要求在各个领域和环节都坚持权利本位，坚持维护社会公平正义，着力解决人民群众最关心、最直接、最现实的利益问题。加强创新主体的权利保护是最基础的公正，以法治方式实施创新驱动发展战略，让全民知法、守法、用法有利于营造良好的创新氛围。

四是要紧跟世界科技发展趋势，积极参与重大国际科技合作规则的制定，加强科技外交和科技国际化布局的顶层设计，统筹国内国外两种资源，全面提升国际科技合作水平，以全球视野谋划和推动创新，提高原始创新、集成创新和引进消化吸收再创新的能力，更加注重协同创新和联合攻关，消除科技创新中的“孤岛”现象，提升国家创新体系整体效能，推动经济转型升级，实现经济的创新驱动发展。

（作者为北京市社会科学院法学所研究员）

再论法治政府建设

姜明安

法治政府建设是全面推进依法治国整体工程中的一项子工程。没有法治政府这项子工程建设，全面推进依法治国总工程就是残缺不全的，法治政府这项子工程建设不成功，全面推进依法治国总工程就不可能成功。

就立法而言，法治政府建设主要表现在人大立法和行政立法两方面

对于人大立法来说，人大的立法绝大部分要靠政府执行、实施，法院、检察院直接执行、实施的人大立法是很少的。政府如果不依法行政，有法不依，执法不严，人大制定出再多再好的法律也没有意义。没有法治政府，即使人大制定出来的都是“良法”，这种良法也只能停留在纸面上，而不可能在实践中实施，政府如果在执法过程中自觉或不自觉偏离立法的目的和宗旨，良法将变成仅仅给人民的空头支票，人民不可能从人大制定的良法中获得实际的利益。

对于行政立法来说，法治政府建设的作用更是直接的。在国家整个立法体系中，人大立法只是法的一个很小的部分（当然是最重要、效力最高的部分），行

政立法（包括行政法规、部门规章、地方政府规章）的数量大大超过人大立法的数量。因此，如果不建设法治政府，不解决行政立法的民主性、科学性的问题，整个科学立法无从谈起，整个立法体系的良法亦无从谈起。

就司法而言，法治政府建设是实现公正司法、独立司法和权威司法的保障

公正司法的最重要的条件是司法机关不受行政机关、社会团体和个人的干涉，保证人民法院依法独立行使审判权，人民检察院依法独立行使检察权。司法机关要公正司法、独立司法就必须排除外部干预，而从可能干预司法的三类外部主体（行政机关、社会团体和个人）的情况看，行政机关干预的可能性最大，对司法可能的影响最大。因此，要排除司法的外部干预，保证司法公正，最重要的是建设法治政府，保证政府部门尊重司法，不对司法施加各种影响。当然，要解决司法公正的问题，推进司法体制、机制、制度本身的改革，防止内部干预同样非常重要，但加强法治政府建设，解决公正司法外部环境的作用更加重要。

就执法而言，政府依法行政是保障执法严格、公正、文明的最关键和最基础的环节

广义的执法包括行政机关的执法和司法机关的执法，狭义的、一般意义的执法则仅指行政执法。要解决依法执法、文明执法和严格执法的问题，必须推进法治政府建设。只有加强法治政府建设，特别是加强行政程序法制建设，才可能避免或防止钓鱼执法、养鱼执法、野蛮执法和暴力执法的现象不断发生。因为依法执法、严格执法和文明执法不只是确立执法规则的问题，而是要解决执法体制、机制、制度和执法理念、执法文化和执法环境等一系列与执法紧密相关的问题。

就执政党依法执政而言，法治政府建设也是其重要条件

执政党对国家的领导必须通过国家机关，特别是通过政府实现。党的方针、政策，党在不同时期确立的治国理政目标、路线，都有赖政府去贯彻和实施。改革开放以后，特别是十八大和十八届三中全会、四中全会以后，党确立了依法治国，建设法治国家的治国方略，要实现这种方略，执政党自身必须依法执政，同时也要求党领导的各级政府必须依法行政，建设法治政府。没有法治政府建设，没有各级政府的依法行政，执政党依法执政的目标和任务不可能实现。同时，法治政府建设对于执政党依法执政还能够构成一种制约性的保障。如果我们的政府、政府部门、政府公职人员具有法治思维、法治理念，即使执政党的某些组织、某些领导干部违法执政、违法决策、违法领导，他们在执行中也会以适当的方式予以抵制。很显然，有了法治政府，执政党依法执政就多了一道保障。

就守法和法治社会建设而言，法治政府的作用也是多方面的

其一，政府是社会的管理者，社会建成个什么样子，政府起关键性甚至决定性的作用。政府应是社会的表率，政府要求公民守法，政府和政府公职人员，特别是领导干部必须带头守法。实践一再证明，没有政府守法，就不可能有老百姓的守法，不可能有全民守法。其二，政府是人民民主实现的工具，只有加强了法治政府建设，才能保障人民知情权、参与权、表达权、监督权的实现……才能让人民真正监督行政权力，让行政权力在阳光下运行。其三，社会的法治化有赖于政府行为法治化的引导与推进。只有政府依法治标准建设，才有可能培植法治社会的环境。其四，法治社会建设有赖政府的指导和推动，而政府要指导和推进法治社会建设，就必须首先使自己的行为法治化。其五，作为法治社会基本要素的社会公平正义必须通过建设法治政府，由法治政府提供相应的“公共物品”（如社会保险、社会救济、公共交通、义务教育等）而实现。没有法治政府建设，社会公平正义就难于保障，从而不可能有法治社会。

法治政府建设对于法治经济、法治文化和法治生态环境建设也有着重要的保障和促进作用

法治经济、法治文化和法治生态环境建设包括两个方面的重要内容：一是经济、文化和生态环境建设管理、治理方面的法治，二是经济活动、文化活动和生态环境建设本身的法治。

第一方面的法治——管理、治理的法治，实际就是对政府（或主要是对政府）的法治要求，例如，法治经济首先要求政府依法管理经济，依法治理市场；法治文化首先要求政府依法管理文化产业、文化产品和文化服务，依法治理文化市场；法治生态环境建设首先要求政府依法管理生态环境保护，依法治理环境污染和依法改善生态。

第二方面的法治——经济活动、文化活动和生态环境建设本身的法治，也与政府的法治密切相关。例如，经济活动的法治，市场主体是否依法经营、公平交易、诚信履约在很大程度上取决于政府是否依法行政、公正办事、诚实守信。没有政府的依法行政、公正办事、诚实守信，要保障市场主体依法经营、公平交易、诚信履约几乎是不可能的。在某种意义上，我们可以断言，没有法治政府，就没有法治经济，就没有公平竞争的市场。至于文化活动和生态环境建设本身的法治，同样与法治政府建设密切相关。如果政府和政府公职人员不崇尚法治，不以法治思维和法治方式取代人治思维和人治方式，要实现文化市场的法治化和环境生态保护、治理的法治化是不可能的。

（作者为北京大学法学院教授）

司法的人民性已然过时？

韩　伟

如果从1931年中央苏区时期算起，在中国共产党八十多年的法治建设历程中，人民司法一直是法治的核心特征。随着改革开放的推进，法治也在不断进步，法治中国被提上全面深化改革的日程。在司法的程序化、专业化不断提高之时，一些学者提出，随着社会的变迁，源自陕甘宁边区的马锡五式的人民司法已经过时。司法的人民性是否已然过时？这个问题值得深思。

人民性是当代中国基本的政治伦理，反映在司法之中，就要求司法体现人民意愿，维护人民权益，亦即司法者要以“为人民服务”的道德良知，在司法工作中贯彻群众路线，实现每一个案件中的公平正义。不仅如此，在当代中国倡导司法为民，具有深刻体察中国社会现实、推进现代中国法治的重要意义。

司法人民性的本质是司法民主，与现代司法规律不矛盾

“人民司法”源自陕甘宁边区的司法实践。革命期间的司法强调其人民性，也就衍生出边区司法的若干重要特点：一方面，陕甘宁边区实行简单便捷的司法，方便人民诉讼。1941年4月，《陕甘宁边区政府工作报告》指出：“取消讼费及官僚手续；法庭对诉讼当事人无任何限制，诉讼状词不拘形式，不能以不合

格而不受理，不能写的口头申诉，由书记记录，即为有效。一切抄写传讯、侦查、检验等费用，均由司法机关负责，不得向当事人需索分文。同时在进行诉讼中也尽量顾到人民的便利，不使人民费时费事。”司法的简单便利，大大便利了底层民众提出诉讼，进而通过司法保障其权利。

另一方面，人民性内在地要求群众对司法的参与，即广泛地施行“司法民主”。司法民主表现之一是对调解的积极倡导，各种民事的甚至刑事的案件也被允许进行调解，从而确保人民群众的参与。1944年12月5日，《解放日报》曾这样评述调解：“司法方面，也创造了民主作风，推行了调解为主、审判为辅的政策，执行了以教育为主的监狱政策，使司法工作有了新的转变。”因此，司法便民与司法民主就成为“人民司法”的根本价值取向。

如果不能在司法中贯彻人民性，反而可能造成不平等

实现司法为民，有助于构建司法的正当性。1941年4月，《陕甘宁边区政府工作报告》指出：“法庭是代表人民进行审判而不是离开人民的特殊机关，不仅审判案件绝对公开，于必要时还得组织民众法庭或准许人民派代表直接参加审判”，“法庭是政府的一部分，他的审判对人民（代表人民的各级参议会）负责，同时也对政府委员会负责……人民对司法不满，可向参议会或政府控告，或依法改选法官，扫去资本主义国家司法名独立实受统治阶级操纵的弊病”。

司法中始终坚持人民性，有利于促进司法中的实质正义。回到历史的原初，我们不难发现，司法的人民性虽然指向广义的包含各个阶层的“人民”，实际上更多地体现对底层民众疾苦的深切同情，从政权到司法的“平民化”取向，展现了革命时期中国共产党对底层民众的同情。

在新的时代，虽然在法治的层面更强调人人平等，但却不能对政治、经济上的不平等视而不见。如果忽视这一点，那么一些在政治和经济上居于优势的群体，就可能通过“资本的力量”，获得更多的法律资源，从而可能在司法中获得“超待遇”，而那些最需要法律保护的弱势群体就难以获得理想中的“公平正义”。司法当然应该保持客观、中立，但是如果不能在司法中贯彻人民性，司法

就会与当代中国“执政为民”的政治伦理相背离，更与群众路线的根本要求相违背。

以人民性为内核的人民司法，远远没有过时

当然，随着当代中国法治的不断进步，实现司法的人民性，不是要违背现代法治的基本精神，而必然是一种基于法治的司法方式。现代法治要求“法的确定性”以及“可预期”，虽然现实生活纷繁复杂，但这一矛盾并非不可调和。

古罗马以“拟制思维”保障法律的灵活性，现代英美法则以“衡平法”实现个案的公正，以萨维尼为代表的历史法学派，强调民族精神和“共同信念”之于法治进步的重大意义，归根结底，西方国家的法治都通过某些方式，将现实社会中的“情理”纳入司法过程。

当然，在法治现代化的当下，司法引入“情理性”的判断时，还是应该严格遵循法定的程序，使得各种情境化的判断能更规范地融入司法裁判，从而在正当程序中体现出司法的公正。这一目标的实现，有赖于实体法律和程序法设计中人民性的体现，但更有赖于一批有良知、有信仰的专业司法人员。

正如一位基层法官所言：“时代在变，司法的形式在变，但我们党在陕甘宁边区留下的优良传统没有变，人民司法的情怀没有变。”就此而言，以人民性为内核的人民司法，远远没有过时。贯彻司法为民的“人民司法”传统，不仅值得我们倍加珍视，而且应该在现实的法治实践中不断发扬光大。

（作者单位：陕西省社会科学院）

不能靠一个制度解决所有类型的腐败

姜明安

所谓制度反腐，是指通过推进国家政治、经济、社会等制度的变革，消除产生腐败的制度根源，营造保障廉政的制度环境，以达成腐败现象逐步减少，最终消除腐败的目标。腐败是个慢性病，短期内想消除腐败很难，是要打持久战的。所以，制度反腐只能是逐步减少腐败现象。

制度反腐应遵循四个基本路径

制度反腐应遵循四个基本路径：第一是要对现实情况进行调查，梳理腐败的主要形式和类别。有的腐败发生在干部提拔、晋升环节，属于买官卖官性质的腐败；有的发生在行政许可、行政审批等履行公务活动的环节，属于设租寻租性质的腐败；有的发生在官员八小时工作时间之外，属于私生活性质的腐败。腐败类型是多种多样的，不能靠一个制度解决所有类型的腐败。所以，首先要进行调查，把腐败的各种类型梳理清晰；其次再来探讨应对和解决每一种类型腐败的办法和制度。

第二个基本路径是要进行分析，找寻、发现形成和产生各种腐败的原因，然后才能对症下药。就如同医生一样，治疗感冒首先得分析你是热感冒还是风寒感冒。不同的感冒吃不同的药。腐败有很多种原因，你开一个药方子肯定解决不了所有的问题。中央提出的八项规定能解决一些腐败问题，我们讲的官员家庭财产申报、审核、公开制度也能解决一些问题，但是都不能解决所有的腐败问题。

第三个基本路径是要进行研究、探讨古今中外治理腐败的各种药方。例如，朱元璋是怎么治腐败的，林肯是怎么治腐败的，撒切尔是怎么治腐败的。这些药方都要把它拿出来研究一番，看哪一种药方可以解决哪些腐败问题。

第四个基本路径是要进行制度设计。顶层设计作为一种高层设计，既要考虑横向的层面，还要考虑纵向的层面；宏观设计可以不从考虑解决某一具体问题出发，而是通盘考虑诸如政治、经济、文化等整体架构的问题，要考虑整体性的相互联系；在顶层设计和宏观设计之下才是具体制度设计的问题。没有顶层设计和宏观设计，单纯进行具体制度设计可能事倍功半。制度在表面上可能设计得很好看，但是在整体上可能作用有限甚至还产生负作用。顶层设计、宏观设计、具体制度设计是我们反腐应遵循的基本路径。

建立和完善对公权力的监督、制约机制

从法治的角度讲，有权力必须要有监督。没有监督、制约的权力就必然导致滥用和腐败。但实践中我们对执政党各级党组织的权力监督还不够完善。当然，党的纪委监督可以形成一定的制约，但是光有这种制约是不够的，如果没有民主法治的保障，是很容易出问题的。

现在执政党自身正在进行改革，探索更有效的监督制约机制，有的地方正在进行党代会常态化的试验。党代会不是五年开一次，而是年年开。在这些地方，不是每年仅开两会：人大和政协，而是开三会：人大、政协和党代会。但是党代会是党自己内部的会议，监督力度也有所不足。

把会议公开制度逐步运作起来

1989年制定的《全国人大议事规则》第18条，对全国人大会议公开作了明确规定："全国人民代表大会会议公开举行。全国人民代表大会会议期间，代表在

各种会议上的发言，整理简报印发会议，并可以根据本人要求，将发言记录或者摘要印发会议。大会全体会议设旁听席。旁听办法另行规定。全国人民代表大会会议举行新闻发布会、记者招待会。”

现在媒体对人大会议的新闻报道过于简略，会议中的辩论、讨论的详情可适当公开。这不但对官员是很好的监督，对人大代表自身也是很好的监督，可以让人大代表更加积极地履行自己的职能而不是讲官话、套话。所以，政务公开一定首先要把人大会议公开，特别是把人大质询、监督官员的会议公开，让官员和人大代表均受到人民的监督。其次，政府、党委的会议也应适度公开，允许媒体适度报道和公民旁听。湖南省省委曾规定开会允许公民凭身份证旁听。有些会不是特别敏感的，我认为可以电视和网络转播，让公民看一看官员是怎么讲话的，某个官员发言是不是出于公心，是不是偏向某个企业、某个群体？这是很好的监督。所以，可以把会议公开这个制度逐步运作起来。

鼓励人大代表质询问责对腐败、失职官员形成有力的监督

宪法、组织法和人大代表法都规定了质询制度，但是全国人大和人大常委会很少启动过。地方层面有启动的，但是也不多。我认为，对官员进行质询对于反腐有重大意义，这也有利于锻炼人大代表的监督能力。现在我们有这个制度，不能让它长期处于休眠状态。我们对官员的问责，不能主要靠党政系统，还要靠人大，否则难免“大事化小，小事化了”。如果媒体炒得厉害就问责，就处理有关人员；媒体不发声就不了了之。如果鼓励人大代表质询问责，对腐败、失职官员就会形成有力的监督。

加强新闻媒体对腐败的监督

我们对新闻媒体揭露腐败应加以鼓励，这对政权巩固是有好处的。对媒体行为进行规范，关键是要通过法律去确立媒体监督的权限、手段和规则。这样既能保护监督的自由，又能保护被监督者的隐私权和其他合法权益。当然网络反腐也有可能伤害到公民的隐私权，这需要法律来规制，尽量消除网络监督的副作用。

（作者为北京大学宪法与行政法研究中心主任、教授）

正视地方政府法治悖论

陈国权

法治中国建设是国家建设的关键目标，是实现国家治理体系和治理能力现代化的核心内容。然而，就我国法治建设的现状来看，地方政府尤其是市县两级政府在法治建设中往往表现出相互矛盾的双重角色。一方面，地方政府都规定明确的法治建设目标，承担法治建设的主要责任，是我国推动法治建设的关键力量；另一方面，地方政府的不少治理活动违背了法治要求，存在有法不依、执法不严、违法不究的现象，与法治精神严重不符，因而又是破坏法治建设的主体部分。我们把这个矛盾现象称为地方政府的法治悖论。

为什么会存在地方政府的法治悖论？这与地方政府三重治理逻辑密切相关。地方政府的治理目标多元，主要包括政治、经济、法治三个目标。地方政府的三重目标常常通过三种不同逻辑来实现，于是政府治理就不同程度存在政治逻辑、经济逻辑和法治逻辑。政府需要遵循不同的逻辑实现不同的目标，问题是这三重治理逻辑不仅存在内在的统一性，也存在内在的矛盾性。

地方政府的法治悖论现象，就是治理三重逻辑矛盾冲突的一种表现。更具体地说，在我国现实政治活动中，一旦法治逻辑与经济逻辑发生矛盾冲突，经济逻辑会优先于法治逻辑；一旦法治逻辑与政治逻辑发生矛盾冲突，政治逻辑会优先于法治逻辑。

经济逻辑主导下的地方政府治理导致“唯GDP主义”盛行，一些地方政府围绕经济建设这一中心工作，官员面对来自GDP考核的压力，高于法制、公平等其他指标的考核，从而深刻影响了政府官员的行为导向，具体表现为官员以GDP增长率为核心的政绩追求。对于官员来说，发展经济和依法行政的关系，类似于管理双因素理论中的激励因素和保健因素，官员遵循法治逻辑不会犯错误，但无法证明自己的能力与业绩；官员遵循经济逻辑才能出政绩，才能展现能力。仍然难于放弃的GDP刚性考核以及客观上存在的“经济锦标赛”，导致经济逻辑主导地方政府的治理选择，官员为了发展经济往往置法律于不顾，导致地方政府选择性执法，甚至违法行政。

政治逻辑、经济逻辑与法治逻辑同时存在，共同影响着地方政府的治理活动。由于不同情况下地方政府的重点目标不同，主导性的治理逻辑也会不同。三重治理逻辑具有统一性，也存在矛盾性。在政治矛盾突出的情况下，会特别强调政治逻辑而不顾及经济逻辑与法治逻辑，从而导致经济发展与法治建设受到影响。而经济逻辑形塑了地方政府行政集权化的治理结构，破坏了法治建设的分权基础。与此同时，官员为了追求经济发展的政绩而屡屡突破法律限制，进一步加剧了地方政府对法治建设的破坏。这些现象的共同作用，导致了地方政府法治悖论的形成。

（作者为浙江大学中国地方政府创新研究中心主任）

从“法治新十六字方针”看社会治理法治化

刘作翔

社会治理是国家治理体系和治理能力现代化的重要一环。社会治理应该走法治化的道路，这已经成为一种社会共识。党的十八大对于法治提出了新的表述，即“科学立法、严格执法、公正司法、全民守法”十六个字，我将此概括为“法治新十六字方针”。研究社会治理法治化，离不开法治的几个基本要素和环节。“法治新十六字方针”对社会治理法治化具有极其重要的意义。

“科学立法”的提出，对于立法和政策制定都有重要意义

谈到立法，一般人会理解为国家级的立法，但是现在的立法已经是多层次了。我将中国的立法结构概括为“一元两级多层次”。“一元”是指整个中华人民共和国是统一的立法体系；“两级”就是指中央和地方两级；“多层次”是指在中央和地方有不同的立法层次。对于有立法权的主体，在立法过程中要不要讲科学立法，这就是我们首先要考虑的问题。除了立法以外，我们还在思考当代中国的规范体系问题。除了法律规范以外，在社会生活中还存在着起重要作用的其他一些规范类型，比如政策，党委要制定政策，政府要制定政策，各级党委和政府都在制定政策，这个政策也是一个规范体系，那我们就要考虑，在制定政策

的过程中要不要考虑法治化的问题？政府的决策、党委的决策，要不要体现科学的问题？因为“科学”这个概念包含着非常丰富的内容，包括党委在制定政策的时候，政府在制定政策的时候，要和宪法做一下对照，要和法律做一下对照。

这些年在研究过程当中我们发现，中国的法律冲突现象严重，政策和法律冲突的地方更多。我看到一个报告，也是社会上议论比较多的问题，中国现在有1300万黑户，就是没有上户口的孩子。为什么会出现1300万黑户呢？按照《户口登记条例》，在户口登记环节其实是没有任何附加条件的，但是我们另一方面也有一个计划生育的国策，而且有法律。计划生育这样一个政策在执行的过程中，给出生的孩子上户口附加了很多条件，比如社会抚养费的问题，黑户大部分是由于超生产生的，没有交社会抚养费就不能上户口。这样一来就有一个问题，如果国家关于户口登记的专门法即《户口登记条例》没有附加任何条件，按道理任何一个孩子都应该能够得到登记，但是我们另外出台的计划生育政策，在执行这样一个政策的过程中设置了很多条件，没有达到这些条件的孩子就上不了户口。所以这就是政策和法律打架的问题，这就说明了法律和政策制定过程中没有注意科学要求，最起码的要求就是互相一致。

所以，科学立法的提出，对于立法和政策制定都有重要意义。经常有人问我，法律冲突现象的原因是什么？从立法理论上和我国的立法制度上来讲，不应该出现法律冲突的现象。我们有一个立法原则，每一个下位法在制定过程中都要考虑和上位法有没有冲突，有冲突的话这个下位法律就不能制定。但是在实践中为什么会出现这么多冲突的现象？就是因为我们的立法工作者在立法观念上不善于去寻找这个法律和上位法律有没有冲突，符不符合宪法的总原则和相关条款，这是立法者最起码的一个功课。

“严格执法”是社会管理最重要的一块，这个环节做得很好的话，对实现社会和谐会有很大帮助

“法治新十六字方针”的第二句话是“严格执法”，我比较了一下，它是和原来的十六字方针最接近的一句话。原来的十六字方针是“有法必依”，严格执

法和有法必依是最接近的。“严格执法”针对的是我们现在的法律实施状况。法治国家建设的重点是法律实施，而执法是法律实施的重要环节。所谓法律实施，就是指法律制定出来以后怎么在社会中贯彻下去。这些年有个问题，我们的法学界对司法的问题关注比较多，而对行政执法关注得不是很多。我经过分析认为，司法对法律的实施所占的比例是很小的，不论是刑事案件还是民事案件，都是不告不理。中国现有的法律240多个，我们有的立法专家说70%都没有被法院适用，所以他得出一个结论，这70%的法律都是“闲法”，对这个说法我是不能认同的，作为一位立法专家得出这样的结论我感到诧异。什么是法律？我们怎么判断法律？按照他的标准，只有被法院适用了就叫法，没有适用就不叫法，那我们很多的法是靠行政执法去执行的，算不算法？最近我和一位专家讨论，我们的组织法体系本身就是处在一种运行状态，宪法到现在没有一个案件被法院适用，我国这样一个组织架构，政权结构靠什么组织起来的？人大靠什么来建立？国务院靠什么来建立？最高人民法院、最高人民检察院靠什么来建立？不就靠宪法和组织法这样一套法律体系建立起来的吗？所以有人讲宪法在实践中没有被实施，这是不符合实际的一种说法。

所以，行政执法承担着法律实施很重要的任务，什么叫行政执法？警察在大街上执行公务就是行政执法，而不是纠正违章了才叫执法。户籍警察在派出所给居民办理户籍关系、出入境手续，每办一个就是在行政执法。工商、质检都是在执法，只要是有执法依据的这些主体所做的行为都是一种执法行为。从这样一个角度观察，执法在法律实施中承担着更重要的任务。在很大程度上，执法是社会管理最重要的一块，所以讲社会管理的法治化，执法是一个重点，司法的特点决定了它是事后的，而执法是主动的行为。

严格执法对实现法治化是非常重要的，尤其对于地方政府。我们一提起社会治安、社会治理，大家首先想到的是城管，城管是浮在面上的，但是社会治理其实是涉及非常广泛的，几乎无所不包，医患关系、民生问题、网络管理，包括犯罪问题，它都是社会治理的范畴。上访、信访，都是社会治理所要关注的领域。在这样一个领域里面，如果按法治化的方式来处理，可能是一种结果；如果按照非法治化的方式处理，又会是另外一种结果。所以在社会治理领域坚持法治化，尤其在严格执法的环节如果能够做得很好的话，对实现社会和谐的局面会有很大帮助。

“公正司法”是要让公民在每一个案件中感受到公平正义，这是对司法很高的要求

“法治新十六字方针”的第三句话是“公正司法”。以前我们提出的有法必依、违法必究，它没有提出价值要求，这次的十六字方针提出司法必须公正，这个“公正”就是一个经典的价值概念，其实就是对司法提出了一个价值命题。关于司法的目标，最开始确定为公正，后来发现效率有问题了，2003年提出了公正和高效两大目标，后来发现司法权威有问题了，十七大提出了建立公正、高效、权威的社会主义司法体制，十八大承续了这个提法，即公正、高效、权威的司法体制。

什么叫公正司法？习近平同志讲要让公民在每一个案件中感受到公平正义。这是一个非常高的标准和要求。怎么才能让每一个公民在每个案件里感受到公平正义呢？原告被告利益不一样，败诉方会觉得享受不到公平正义，甚至我们还看到即使是胜诉方胜诉了也感受不到公平正义。所以公正司法就要建立很多标准，公正司法主要是针对法院和检察院的。怎么才叫公正？个案里面有没有公正？个案和个案比较的时候，你那个案件和我这个案件情况一样，你那个那样判，我这个这样判，行不行？最高人民法院从2010年实施案例指导制度，截至目前一共发布了11批56个指导性案例，就是为了实现同案同判。为什么要同案同判？因为它体现了司法公正，同案不同判就不能体现司法公正。在统一的中华人民共和国的法律体系和司法制度之下，如果同案不能同判，有违司法公正。在司法中，公正是对司法很高的要求，公正如何具体地体现在每一个案件里面，是要进行具体的案件分析的。

“全民守法”的提出，解决了我们长期争论的“法律到底是治官还是治老百姓”的问题

“法治新十六字方针”的第四句话是“全民守法”。全民守法在原来的十六字方针里面是没有的，有法必依，这个“必依”里面隐性地包含着守法，但“必

依”主要还是指执法和司法的领域。“全民守法”是“新法治十六字方针”的一个亮点。此前关于依法治国有很多的争论，其中有一个最大的争论就是法到底是治谁的。有两种观点：一种观点是法律就是治老百姓的，大家在现实生活中亲身感受到好像法律就是治老百姓的；另外一种观点认为法律就是治当官的。我觉得这样的命题不符合法理学的基本原理。法律是一种普遍性规则，法律是有其适用对象的，这种普遍性规则有它适用的主体，法律作为一个普遍的行为规则，对所有的公民平等适用，怎么可以说法是适用于当官的或适用于老百姓？当然，有一些特殊主体法有其具体的调整对象，比如教师法是调整教师关系的，高等教育法就是调整高等教育关系的，公务员法就是调整公务员的权利义务关系，我们叫特殊主体法。如果今后我们制定一个反贪污法，贪污的主体一般来说是公职人员，会计也可能贪污，所以它是一个特殊主体法，针对不同的主体来适用的。但是如果把法律归结为治当官的命题，实际上是对法治理念的误导性宣传。“全民守法”的提出，解决了我们长期争论的法律到底是治当官的还是治老百姓的问题。

“法治新十六字方针”强调全民守法，同我们过去提出的“全社会守法”这个概念很接近。全民守法，字面的意思是只要是中华人民共和国的公民，都要守法。但我们对全民守法应该做一个解释，“全民”不只等于全体公民，我们社会结构中除了公民以外，还有法人，比如政党、社团等法人，法人是一种法律拟制，也要守法。在全民守法中，政党、政府机关、公职人员、领导干部应该带头守法，因为只有你带头守法，才能带动老百姓守法。但是我反对另外一种论调，说政府都不守法，老百姓怎么守法呢？我们不能因为政府不守法老百姓就不守法，这种论调是极为有害的，煽动性是极强的。有一些学者经常讲这个歪论，我一听到这个问题，就说，我们不能因为有杀人犯存在我们就去杀人，这是很荒谬的。所以法治理念应当是一种理性的、科学的理念。

（作者为中国社科院法学所研究员）

法治是一种核心国力

丁国强

胡建淼的《走向法治强国》一书，对全面依法治国背景下的法治强国战略进行了论述。走向法治强国，既是历史使命，也是现实目标，是建设社会主义法治国家的新征程、新步伐。

法治是国家的常态治理方式，强国是法治的应然状态

法是国家政权意志的表现，是国家和社会生活的基本准则。法律是治国之重器，它反映了经济社会关系的要求，体现了治国的基本理念和价值。法治的真义在于通过法律治理国家和社会，依法调整社会利益和社会关系，从而为国家繁荣富强奠定基础。可以说，依法治国既是国家长治久安的保证，也是国家兴旺发达的动力。法治强国不仅体现了法治的工具理性，也体现了法治的本体价值。

法治强国是对法律与国家关系认识的深化。马克思主义认为，法律离不开国家，依附于国家；没有国家，就没有法律。法律是国家赖以统治的工具，是治理国家的制度安排和程序规范，也体现了国家治理的价值取向、目标方向，使得国家富强、人民幸福的路径更加清晰、更加稳定。马克思说："规则和秩序本身，对任何取得社会固定性和不以单纯偶然性与任意性为转移的社会独立性的生产方

式来说，都是一个必不可少的要素。”党中央着眼于实现中华民族伟大复兴的中国梦、实现党和国家长治久安的长远考虑，提出了全面依法治国的战略部署。习近平总书记指出：我们提出全面推进依法治国，坚定不移厉行法治，一个重要意图就是为子孙万代计、为长远发展谋。法治强国不是权宜之计，而是基于历史经验教训之上的战略选择。法治是强国的内生性需求，只有法治发展与经济社会发展相同步，才能不断增强发展动力和社会活力。

法治强国是历史经验，也是一个历史过程

从人治走向法治，是人类文明发展的历史轨迹。中国古代许多思想家都把法治当作强国之道。荀子曰：“明德慎罚，国家既治四海平。”（《荀子·成相》）韩非子曰：“奉法者强则国强，奉法者弱则国弱。”（《韩非子·有度》）在法家看来，法律既可以定分止争，也能够兴功禁暴，法治既是治国之道，也是强国之道。中国古代的“盛世”，往往是法治昌明。张晋藩在谈到贞观之治时说：“由于贞观法制约束了贵族、官僚、地主的恣意横行，缓和了社会矛盾，稳定了全国的形势，从而为经济文化的发展提供了有利的条件，出现了‘天下帖然，人人自安’的局面。由此可见，法治与盛世的关系极为关切。”历史告诉我们，法治与强国是高度统一的有机体，富强须臾离不开法治。改革开放以来，中国的发展和治理踏上法治轨道，依法执政、依法行政和公正司法方面取得的巨大进步促进了经济社会发展和公民权利的保护和增长，强国梦想与法治精神越来越契合，强国目标与法治共识越来越凝聚。诚如胡建淼所言：“强国梦的关键在于法治，只有依法治国才能成就一个在当今全球化时代的强国。”

法治强国是历史经验的总结，法治强国本身也是一个历史过程。胡建淼梳理了法治立国、法治稳国、法治救国、法治强国四个阶段，这个过程既是法治演进的过程，也是国家发展的过程。他指出：“法治虽不像刀枪棍剑那样能对社会治理起到立竿见影的效果，然而它却在潜移默化中积蓄着巨大的力量，最后把这种力量固化在社会的各个层面，最终国家就像吃饭睡觉一样水到渠成地强大了。”法治对于国家和社会发展的推动是渐进的、积淀性的，在点滴积累中蕴含着强大的力度。

法治既要回应社会需求，又要实现强国目标

胡建淼指出：“法治立国、法治稳国、法治救国、法治强国，是人类文明发展的经验总结。”从大国走向强国，法治是必经之路。法治实践只有与强国梦想结合在一起，才能形成强大的推动力量。法治的中国道路实质就是一条法治强国之路。王振民说：“一个国家强大与否，不仅要看经济、看政治、看文化，还要看法治，法治是核心国力的重要组成部分。”由此可见，法治不仅是强国之源、强国之基，也是强国的题中之义、强国的重要标志，也可以说，法治是现代强国的固有形态。

改革开放以来，中国的法治建设与其他各项工作一样，以经济建设为中心而展开，同时又伴随着经济发展而不断向前发展，特别是经济体制改革的每一步，都对法律制度创新、法治政府建设、司法体制改革等提出了新的要求。改革和完善社会主义的经济制度和政治制度，发展高度的社会主义民主和完备的社会主义法制。经济增长与法治发展相互作用，推动法治建设驶入了快车道。党的十八大报告确定了全面建成小康社会的法治标准：依法治国基本方略全面落实，法治政府基本建成，司法公信力不断提高，人权得到切实尊重和保障。法治小康看起来是个软目标，实际却具有举足轻重的作用。胡建淼说：“‘小康社会’固然是个与经济指标翻两番、人民生活水平的提高密切相关联的目标概念，但它无疑是个包括法治在内的综合标准概念。从法治视角看，小康社会是法治社会；小康社会应该是，必须是，也必然是法治社会！”法治既要回应社会需求，又要实现强国目标。这是由法治的目的性和工具性所决定的。法治通过规则的构建而使国家和社会生活有预期、有期待、有未来。强国关键要看整个社会是否有持续发展的能力。真正的国家实力来自有效的国家治理。法治是国家治理现代化的重要标志，也是国家实力的核心内容。从依法治国基本方略到全面依法治国重要战略，从治国安邦到强国兴邦，法治的历史使命随着政治、经济、社会、文化的发展而有了新的内涵，法治在国家发展全局中的地位和作用得以凸显，对于巩固全面深化改革成果、促进社会公平正义、确保国家长治久安具有举足轻重的意义。

（作者为西南政法大学特聘教授）

走上近代法制变革前台的法学留学生

郝铁川

纵观中国法制史，不难看到一个有趣的现象：在中国封建社会，外国派遣留学生来中国学习法律，然后把《唐律》或《明律》移植过去；而在中国近代，则是中国派遣留学生到西方学习法律，然后把西方的法律移植过来。在中国近代法制变革的舞台上，活跃着一大批海外归来的法学留学生。

鸦片战争一声炮响，从总体上宣告了中华法系的结束

之所以出现上述现象，是因为中华法系自身没有走出中世纪，鸦片战争一声炮响，总体宣告了它的结束，而西方列强则用枪炮押送来了资本主义近代法律体系，像沈家本那样能从旧的律学中走出来的法学家毕竟是少数，中国法制近代化主要是一个移植、转化西方近代法律的断裂与接续的过程，这一历史重任无可选择地落在了走出国门又学成归来的法学留学生这一群体的肩上。

中国近代社会出现到国外留学的现象，是从自费留学开始的，时间大约是在19世纪50年代。例如，容闳在1850年考入耶鲁大学文科，1854年毕业回国；伍廷芳1874年赴英国入林肯法律学院留学，三年期满取得了大律师资格；何启1879年入英国林肯法律学院学习，1882年毕业。这些自费留学的人，在直接学习了西方

的民主法律文化后，深刻意识到留学教育的重要意义，所以便竭力鼓动政府公派出国留学。其中，贡献卓著的是容闳，他曾研究改造中国之教育计划，以为留学最为重要。他的计划于1870年冬由曾国藩牵头，李鸿章等联名上奏朝廷，不久获准。1871年由容闳拟定章程，筹组上海预备学校。在他的主持下，从1872年到1875年，先后有120名少年儿童被派赴美国留学，计划学习15年，选修科目既有理工，亦有文科。这是中国历史上首次公派出国留学，之后出国留学者接踵相继。

据统计，从1905年至1908年，赴日的公费法学留学生有1145人；从1872年至1908年，赴欧美的公费法学留学生约有几十人（有姓名可考的28人）；从1908年至1911年，赴欧、美、日的公费和自费法学留学生有958人；从1913年至1917年，赴欧、美、日的公费法学留学生有1050人；从1929年至1936年，赴欧、美、日的法学留学生有1049人；从1937年至1946年，赴欧、美、日的法学留学生有346人。1946年以后，因国民政府外汇支出困难，原打算隔两年一次的公费留学考试被搁置了。这样统计下来，中国近代有案可稽的法学留学生人数有4500余人。

近代法学留学生对中国法制的几大贡献

近代法学留学生对中国法制的贡献，主要表现在以下几个方面：

其一，传播近代法治理念。他们翻译了不少西方法学名著。例如，本来赴英学习工科，但却潜心研究西方法治的严复，历时5年翻译了孟德斯鸠的《法意》（即《论法的精神》），介绍西方的法治思想，同时结合中国传统文化，在译书中写下了167条按语，在中国思想界产生了巨大的影响。除了翻译西方法学名著外，法学留学生还大量创办法学杂志，传播西方法律知识，如清末民初法科留学生先后创办了《译书汇编》《法政交通社杂志》等。这些刊物介绍各国法制思想，精阐法理，如《法律评论》就明确规定创刊宗旨为“以灌输法律新思想为己任”。

其二，制定近代法律。清末修律被视为中国法制近代化的开端，在参照各国法律制定新法的过程中，有留学背景的修律大臣伍廷芳、修律成员董康等发挥了重要作用。伍廷芳曾先后参与新刑律草案和中国法制史上第一部民律草案的拟订工作，受清政府之命负责起草商法，先后编定《商人通例》《公司律》，起草了《诉讼法草案》等，董康参加了《大清新刑律》《大清民律草案》的起草。法学留学生在六法全书制定过程中贡献很大。例如，王宠惠、胡汉民等人主持起草了《中华民国训政时期约法》（1931年）；张知本、吴经熊等人主持起草了《中华民国宪法》（1946年）；王宠惠、戴季陶等人主持起草了《民法》《公司法》《票据法》《海商法》《保险法》（1929年—1930年）；王宠惠还独自主持起草了《刑法》。此外，《民事诉讼法》《刑事诉讼法》和大量的行政法规也多是在胡汉民、居正、吴经熊、张知本、郑毓秀、杨兆龙等法学留学生主持参与下制定的。1928年第一届国民政府立法委员有4个是法学留洋博士，第二届有3个，第三届有5个，第四届有7个，1948年行宪第一届立法委员中有27个。

其三，主持各级法院的司法工作。据王伟《中国近代留洋法学博士考》一书介绍，担任民国政府各级法院院长、庭长、检察长、最高法院法官的留洋法学博士有29个，从民国到新中国，在国际司法机构（国际常设法院、远东国际军事法庭、联合国法院等）任职的留洋法学博士有7个。此外，陈体强、贺其治担任联合国国际法委员会委员，梁鋆立担任联合国法律事务厅编纂司司长。

其四，外交和教育方面的贡献。据统计，担任民国政府（1912年—1949年）外交部部长的留洋法学博士有32人，担任外交官员的留洋法学博士有15人，民国期间担任大学校长、法学院系主任的留洋法学博士有43人。

近代法学留学生为新中国的法制事业做出了探索和努力

近代法学留学生不仅为民国时期的法制事业做出了贡献，也为新中国的法制事业做出了探索和努力：

一是担任新中国法制建设组织领导机构的重要成员。新中国成立初期，我国法制建设的组织领导机构，是政务院下设的政治法律委员会和法制委员会。在政治法律委员会和法制委员会担任委员的法学留学生有：董必武，日本法政大学留学生，政务院副总理兼政治法律委员会主任；张奚若，美国哥伦比亚大学留学生，政治法律委员会副主任；陈瑾昆，日本东京帝国大学留学生，法制委员会副主任委员；何思敬，日本东京帝国大学留学生，法制委员会委员；戴修瓒，日本中央大学留学生，法制委员会委员；张志让，美国加利福尼亚大学留学生，政治法律委员会委员、法制委员会委员；等等。

二是参与婚姻法的起草。婚姻法最初是由中共中央法律委员会和中共中央妇女运动委员会负责起草的。1950年10月，起草工作移交政务院法制委员会。陈瑾昆、李祖荫等为起草婚姻法做了大量工作。

三是参与第一部宪法的制定。1953年1月，中央人民政府委员会第20次会议决定成立中华人民共和国宪法起草委员会，聘请周鲠生、钱端升为法律顾问，中央领导同志对周鲠生提出的意见甚为赞赏，董必武同志的秘书沈德纯告诉武汉大学的韩德培："董老曾说周老对这次宪法的制定，做出了很大的贡献。"

四是参与民法草案和刑法草案的草拟。新中国成立初期，政务院法制委员会就启动了我国民法典的起草工作。陈瑾昆、李祖荫、李浩培、吴传颐、汤宗舜、王之相、蔡枢衡（均为法学留学生）等人是进行这项工作的骨干人员。他们于1954年下半年正式开始民法起草工作，1962年至1964年又进行了第二次民法起草工作，并于1964年最终完成了一部民法典的试拟稿。20世纪50年代初，政务院法制委员会的陈瑾昆、蔡枢衡、李浩培、李祖荫、王之相等人便先后草拟出了《中华人民共和国刑法大纲（草案）》（1950年7月25日）和《中华人民共和国刑法指导原则草案（初稿）》（1954年9月30日）。这两个草案稿本为后来《中华人民共和国刑法》的起草打下了良好的基础。从1954年开始，以他们为主，起草了刑法草案第一稿。

五是参与新中国的国际法活动。法学留学生担任过我国外交部顾问或在外交部任职的有周鲠生、梅汝璈、史久镛、张鸿增、毕季龙、李浩培、陈体强、宦乡、贺其治等。

六是为新中国的司法工作和法学教育做出了贡献。新中国成立初期，我国司法机关的不少主要领导人都是法学留学生，如沈钧儒、董必武先后担任了最高人民法院院长，张志让担任了最高人民法院副院长。当时法学留学生担任法学院、系负责人的有：盛振为、杨兆龙先后担任过东吴法学院院长；钱端升1952年任北京政法学院院长；周鲠生任武汉大学校长；韩德培任武汉大学副教务长、法律系主任；潘念之任华东政法学院副院长；陈文彬任复旦大学法律系代理主任；曾昭琼任中山大学法律系主任；王铁崖任北京大学法律系国际法教研室主任。

需要强调的是，上述绝大多数法学留学生基本上没有“全盘西化”的倾向，都非常强调要根据中国的国情借鉴西方法治。

（作者为上海文史馆馆长、华东政法大学博士生导师）

法学新论

辩证看待“法不容情”

王利明

情与法是人类社会发展过程中的一对矛盾

古人说，“王法无情”，这句话最早出于元代郑廷玉的《后庭花》第四折：“这两个都不待秋后取决，才见的官府内王法无情”。国家的法律是不讲情面的。因此，古往今来，我们确实看到，一个尊重法制的国家，人们都按照规矩来办事，的确不能够掺杂太多的个人情感。法家认为，“法度者，政之至也。而以法度治者，水可乱也”（《经法·君正》）。因此，“法家不别亲疏，不殊贵贱，一断于法”（《史记·太史公自序》）。但法家又主张严刑峻法，按照法家的主张，导致严刑重罚，徒刑遍地，缺乏必要的人道和人文关怀。在这点上，儒家学说主张道德教化，“仁者爱人”“孝悌为先”，实行德主刑辅，注重人道和人文关怀。所以，在情与法之间关系的协调上，法家与儒家的主张存在一定的冲突，法家更注重法，而儒家更注重情。中国古代判案，讲求“天理国法人情”，强调人情对法制的影响，这也在一定程度上体现了儒家学说的主张。

“法不容情”主要包含以下几层含义，一是人与人之间应当按规矩办事，不能够跑关系、拉关系、讲人情。“故立法明分，而不以私害法，则治”（《商君书·修权》）。法网恢恢，疏而不漏，对违法行为应当严格依法处理，不能够法外开恩。二是严格依法办事、执法如山、不徇私情。中国历史上，历朝历代都不乏秉公执法之人，如汉朝不畏权势、不徇私情的张释之，秉公执法、主持正义的“强项令”董宣，唐朝“南山可以改移，此判终无动摇”的京兆尹李元，宋朝铁面无私铡亲侄、为民请命的“包青天”包拯，明朝有一个一生刚直不阿、有如包公再世的“海青天”海瑞，清朝也有被称为“于青天”的于成龙，等等。千百年来，人们传颂着他们的故事，其实也是歌颂和赞美那些秉公执法、刚正不阿的清官，歌颂古代执法官员秉公执法、不徇私情的行为。

法外求情是社会中常见的现象

中国社会也是一个人情社会。梁漱溟称中国社会是“伦理本位”社会，费孝通先生也认为，重人情是传统社会的固有特点，他在《乡土中国》中提出了著名的“同心圆”比喻，认为传统社会中的人是人际关系同心圆的核心，不同关系的亲疏远近就像水的波纹一样，一圈一圈推出去，越推越远，也越推越薄。重人情是中国传统农业社会的重要特征，这是因为传统农业社会是典型的熟人社会，人口流动性较小，人与人之间的联系较为密切。在这样的社会环境下，人情大如债，接受他人人情都要找机会偿还，“投之以桃，报之以李”。这种人情交换法则与法治显然是相冲突的，因为讲人情实际上就是要徇私情，报答人情就不可能严格秉公执法。法外求情是社会中常见的现象，古时候，某人作奸犯科，一旦要被官吏打板子，此人便跪拜求情，常说，“上有八十岁的老母，下有嗷嗷待哺的孩子”。企图以情感打动执法者，以求轻判。

这种人情观念在当今社会依然影响深远。有人一旦违法，其第一反应并不是考虑其依法应当承担何种责任，也不是积极找律师提供法律意见，而往往是找各种关系，力图在法律规则之外解决纠纷。社会流行的潜规则就是“案子一进门，两头都找人”，公关打点成为人情世故的表现。受人情的影响，一些执法者手下留情，“不看僧面看佛面”，或者徇情枉法、法外开恩等。实践中出现的选择性执法大量都和“灵活通融”“网开一面”有关，而一些枉法的裁判则与“法外施恩”直接关联。

法律是理性的，也是情感的产物

人情和法治存在明显的冲突，这主要表现在，法律具有一种非人格化的权威和制约，法律规则的设计不因人而异，对同样的行为规定同样的法律后果，其适用的准确性就在于它是无差别地对待每个人。而人情则会对法律规则的适用产生影响，同样的行为可能产生不同的法律后果。按照亚里士多德的看法："法律是一种'没有感情的智慧'。" 在他看来，不凭感情治事的统治者总比感情用事的人治更为优良，依人类本性，谁都有感情，会徇私情，要克服私情，实现正义，唯有依靠法律制度，因为法治优于依私情而作的一人之治，正如亚里士多德所言，"一个人可能因感情冲动而做错事情，但所有人不可能因感情冲动而做错事情"。而人情则必然使规则的适用过程中掺杂私情，这必然影响规则适用的结果。法律在实施中要求法律面前人人平等，每个人都平等地受到法律规则的约束，因此，其具有平等性、一般化的特征，不能因个人关系的亲疏远近而实行差别对待。所谓"刑过不避大夫，赏善不遗匹夫"。平等对待也是正当程序的基本内容。如果因为人的关系的亲疏远近，因为讲人情、讲交情而适用法律，则法律的严格实施与准确执行将无从谈起。

但这并不是说，法律完全忽视人情，罔顾人情。在古希腊经典戏剧《安提戈涅》中，剧中主人公安提戈涅高呼"法律之内，应有天理人情在"，这句话曾经影响深远。虽然重人情充分体现了传统社会的团体性特征，但这并不是说，二者是绝对对立的，一味将二者对立，可能会产生一些问题。在立法和司法过程中都应当充分体现对人的关怀，这也是当代法律发展的重要趋势。

一方面，"法为人而立"，法律应当具有一定的人文关怀精神，这也有利于法治的实施与遵守。法律是理性的，也是情感的产物，因为法律也要尊重人的感情。正如约翰萨茫德爵士在《法理学》中所言："'法律'一词，含蕴着强烈的情感内涵。"立法者只有洞察人情世故，了解人性特点，其所制定的法律规则才能取得良好的社会效果。例如，我国继承法对于尽到赡养义务的继承人，在分配遗产时可以适当多分；对于丧失劳动能力和生活来源的法定继承人，规定了特留份制度，这在某种程度上也可以看作是“人情”的法律化。当然，立法者也必须区分法律调整的领域和道德、情感调整的领域，在个人的感情领域，法律不应当过多地介入，例如，夫妻之间、家庭成员之间发生口角，一概将此类纠纷作侵权处理，不仅不利于家庭关系的和睦，反而可能激化矛盾。

另一方面，司法活动的过程也应当体现对弱者的关爱。法官在解释、适用法律规则的过程中，也应当秉持人文关怀的理念，体现对弱者的关爱。即在某一法律规则存在多种合理的解释时，法官应当尽量选择对弱者有利的解释。这在某种程度上也可以说是体现了“人情”。当然，在司法活动中的人文关怀应当在法律规定的自由裁量范围内进行，不得以人文关怀为由逾越法官自由裁量的范围，即不得为了“人情”而枉法裁判。人文关怀是法律人应当秉持的一种情怀，秉持此种情怀可以拉近法官、检察官与民众的距离，使司法为民不仅仅体现在口号上，更体现在具体的案件裁判活动中。

总之，法律与情感密切关联，法不远人，法律自然要因应人的感情，法律规定应当与人内心的情感标准相一致。但在法律适用过程中，应当严格依法裁量，尽量摒弃感情执法，更不能因情枉法，“法立，有犯而必施；令出，唯行而不返”。法与情存在一个辩证互动的关系。我们需要通过法与情的良性互动，建设一个充满人情味而又崇规尚法的社会。

（作者为中国人民大学常务副校长）

软法也需有一定的“刚性”

姜明安

建设法治社会，必须加强社会行为规范建设。社会行为规范包括国家法律规范和社会自治规范。国家法律规范由国家制定或认可，并由国家强制力保证执行。这些规范即是我们通常所称的“硬法”。硬法既约束国家行为，也规范社会行为。但规范社会行为的规范更多的是社会自治规范，如中共十八届四中全会决定提到的市民公约、乡规民约、行业规章、团体章程等。现代社会的治理日益显现出多元化的特征，硬法虽然能够为社会提供基本的秩序，但不足以保证善治的实现。从而社会层面的各种主体越来越多地制定各种约束其成员行为的规范。这些规范分别调整一定范围人群的行为，但它们不具有国家强制力，我们通常称这些规范为“软法”。

考查历史，硬法与软法的关系随着国家与社会关系的变动曾经历过若干次变迁。在原始社会，社会的规范多为软法规范，硬法规范较少，作用有限。而在专制社会，社会的规范多为硬法规范，软法的生长和作用受到国家的限制，人们的行为和社会关系主要受国家硬法调整和规制。到现代社会，人们开始组建各种各样的社会团体、组织，逐步形成广泛的社会共同体。社会共同体除了要遵循国家硬法的规范运作外，更多地要遵循各自共同体内部自然形成和自觉制定的软法运作。

当然，硬法和软法虽然呈现出此消彼长的关系，但是，在当下和今后相当长的一段历史时期内，二者间仍应是互相补充的关系，而不是互相替代、互相排斥的关系。

我国当下法治社会建设常见的软法规范的法源形式主要有五：一是各种社会共同体的章程。相应社会共同体的章程可以认为就是该共同体的“宪法”，如政党的章程就是政党的“宪法”，大学的章程就是大学的“宪法”，等等；二是各种社会共同体制定的调整其特定内部关系，规范内部成员特定行为的规则，如律师协会制定的规范律师事务所和律师行为的规则，注册会计师协会制定的规范注册会计师事务所和注册会计师行为的规则，等等；三是多个社会共同体共同制定的调整和规范其相互关系、行为的联合公约、协议、规则，如几个村民委员会协商制定的处理其土地、林木、水流等争议的协议、规则，几个大学协商制定的联合自主招生的协议、规则，等等；四是政府和社会共同体通过协商共同制定的社会治理规则，如政府与居民委员会或社区签订的社会综合治理协议、政府与志愿者团体签订的志愿者行为规范，等等；五是网络服务提供者和互联网用户协商制定的网络服务规则和网络使用规则等。

虽然所有这些软法规则对法治社会的建设具有重要的和不可替代的作用，但是，这种作用并不能完全自发地产生和发挥。要充分有效地发挥软法对于推进国家治理现代化，建设法治社会的作用，我们有必要改进和完善软法，使之进一步正当化、规范化和系统化。从一方面看，由于软法的形成途径和制度主体具有多元性特征，导致其内容可能会良莠不齐，甚至与硬法的基本原则相抵触。这类软法已经超出社会自治的限度，应该定期对其进行清理。另一方面，软法之所以具有优势，是因为社会共同体成员对软法的形成或制定的广泛和直接参与。如果软法的形成或制定缺乏甚至排斥了共同体成员的参与，就可能沦为相应组织、团体、机构负责人专制和滥权的工具。这样的软法就不再具有合法性和正当性。因此，为保证软法的民主性和规范化，对于软法形成或制定的基本程序应通过硬法加以确定，使之具有一定“刚性”。

（作者为北京大学法学院教授）

司法公正，司法者自身需积极作为

方　工

2016年4月18日，中央深改组第23次会议强调，任何单位或者个人不得要求法官、检察官从事超出法定职责范围的事务，非因法定事由、非经法定程序，不得将法官、检察官调离、免职、辞退或者做出降级、撤职等处分。对干扰阻碍司法活动、暴力伤害司法人员及其近亲属的行为，要依法从严惩处。

在司法实践中，坚持宪法和法律至上，克服权力干预给公正司法带来的阻力和造成的危害，努力让人民群众在每一个司法案件中都感受到公平正义，是司法者责无旁贷必须完成的政治任务、职业责任和历史使命。但同时，对于维护司法公正同样重要的是，司法者自身有必要强化权利意识，明确依法行使司法职权不受干涉是自己的正当权利，并且积极地维护自己这项正当权利。

近年来中央和地方各级司法机关制定了不少保护司法者权利的规范性文件，但同时还需要运用法治思维，根据司法实践的经验，大力探索和推进符合司法规律，有利于使司法去行政化、地方化，提高司法者公正司法的自觉性和积极性，强化法治权威和司法公信度的司法改革。如完善司法行为责任制，使司法者责权利清晰明确；实行法官、检察官员额制，促进司法职业化和专业化的改革等。尽管如此，仍需要司法者自身的积极作为，否则，制度、措施等外部条件就有失效的危险。

维护依法行使职权不受干涉的权利，与司法者个人利益、尊严和荣辱密切相关。司法者依法行使职权保证司法公正，才有可能满足个人对合法利益的正当需求，如获得劳动报酬、福利待遇，满足基本需求；避免因滥权渎职被追究错案责任的恐惧，满足安全需求；得到民众真心拥护，满足感情需求；赢得良好名誉、形象和职业尊严，满足尊重需求；实现做人做事的理想、抱负，满足自我价值需求，等等。

反之，司法者如果屈从于干扰司法的权力，放弃自身权利，不但自己会受其所害，利益减损，尊严扫地，名誉蒙羞，而且必然破坏法治权威和司法公信力，损害当事人权益以及社会公益，导致司法不公，社会正义沦丧。在这种法治和社会环境中，没有人可以享受安全幸福的生活。所以，司法者完全应该理直气壮地正告干涉司法活动者：你不仅破坏了法律，也侵犯了我的权利，损害了我的利益，我拒绝服从你！

视维护法治权威、法律尊严与公平正义为使命和生命，是法治精神的体现，而法治精神的生存条件，同样不能缺少主张权利。司法者维护自身权利是正当、正义之举，无损于对高尚的追求，因为司法者维护个人公正司法的正当权利，符合社会发展的常识性道理和现代社会所需的公共道德，是坚持公正司法以维护法律尊严和司法权威的强大动力和必要条件，对社会有益、对公众有利。同时，司法者坚决维护自己依法行使职权不受干涉的权利，对民众树立和强化权利意识具有以身作则率先垂范的导向意义，可以发挥引领作用。

事实上，司法者重视和主张自己正当权利所依据的法治思维，与坚持司法为民宗旨所运用的政治思维，不仅没有矛盾不存在冲突，而且是互相促进互为补充相得益彰的，对促进法治建设同样有益。司法者习惯主张自身的正当权利，才能深有体会，更尊重和维护法律，才会将心比心，更理解和尊重案件当事人维护权利的心情，才可心怀民众，更愿意坚持公正为民的司法实践。司法者维护依法行使职权不受干涉的权利有多坚决，公正司法就有多可靠，司法者坚持权利寸步不让，司法公正才能不折不扣。

公正司法是司法实践永恒的主题，维护依法行使职权不受干涉的权利是司法者持久的任务。在全面推进依法治国加快法治国家建设的宏伟工程中，为了自身利益和每一个司法案件的公正，司法者必须毫不动摇地运用法治思维，坚持法治原则，捍卫正当权利。

（作者为北京市人民检察院原副检察长）

立规严纪的新指针

赵绪生

2016年伊始，中央纪委和中央文献研究室编辑出版了《习近平关于严明党的纪律和规矩论述摘编》（以下简称《论述摘编》）。《论述摘编》是新形势下全面加强党的纪律建设的新指针和路线图，对于坚持党要管党、从严治党，以守纪律讲规矩为切入点推进全面从严治党，具有十分重要的政治意义、理论意义和实践指导意义。

《论述摘编》共分七个专题：加强纪律建设是全面从严治党的治本之策；严明党的纪律，首要的就是严明政治纪律；严明党的组织纪律，增强组织纪律性；创新党内法规制度，把各项纪律和规矩立起来；使纪律真正成为带电的“高压线”；抓住领导干部这个“关键少数”；落实管党治党责任，强化监督执纪问题。

《论述摘编》既是《习近平关于党风廉政建设和反腐败斗争论述摘编》的姊妹篇，也是习近平总书记治国理政思想的重要内容。《论述摘编》比较全面系统地摘录了十八大以来习近平总书记严明党纪、遵守党规的核心观念和基本要求，体现了习近平总书记全面推进党的建设的总体思路——立规严纪的新指针和管党治党的新要求。

思想认识要统一。《论述摘编》开篇指出：“加强纪律建设是全面从严治党的治本之策。”办好中国的事情关键在坚持党的领导，坚持党的领导根本在加强党的建设。全面从严治党是党的建设新的伟大工程的重要组成部分，推进全面从严治党的重点在于加强党的纪律建设。组织严密和纪律严明是党的优良传统和政治优势，也是我们的力量所在。党的纪律和规矩，构成了全体党员和领导干部必须遵守的行为红线，任何人都触碰不得、逾越不得。纪律不严，全面从严治党根本无法实现。我们要通过扎紧党规党纪的笼子，把党规党纪刻印在全体党员特别是党员领导干部的心上，实现把党员和领导干部手中的权力关进党规党纪的笼子。

任务部署要明确。党的纪律规定要根据形势和党的建设需要不断完善，确保党的纪律内容和规定系统配套、务实管用。新修订的《中国共产党纪律处分条例》把党的纪律整合为政治纪律、组织纪律、廉洁纪律、群众纪律、工作纪律、生活纪律六方面。在党的全部纪律中，政治纪律是打头的、管总的，是最重要、最根本、最关键的纪律，遵守政治纪律是遵守党的全部纪律的基础。不管违反哪方面纪律，任其发展，最终都会侵蚀党的执政基础，破坏的都是党的政治纪律。严格的组织纪律既是严肃党内生活的重要保障，也是马克思主义政党的力量所在。只有正确地贯彻民主集中制原则，切实增强党组织纪律性，才能把我们党建设成中国特色社会主义事业领导核心。加强党的纪律建设，必须做好纪律的废、改、立、行工作。通过创新党内法规制度，把各项纪律和规矩立起来、讲起来、守起来，充分发挥党纪和党规在全面从严治党中的整体合力。

贯彻执行要有力。法规制度的生命力在于执行。党的纪律和规矩就是要执行的。各级党组织和广大党员特别是领导干部必须遵照执行党纪党规，不能搞特殊、更不能有例外。贯彻执行党的纪律，首先必须要维护党的纪律权威性和严肃性，强化党的纪律的刚性约束，使纪律真正成为带电的高压线，不能让党纪党规成为纸老虎、稻草人，造成“破窗效应”。贯彻执行党纪党规，必须抓住领导干部这个“关键少数”，发挥领导干部在遵规守纪方面的带头和表率作用，真正做到率先垂范、以上率下。各级党委要落实好管党治党的主体责任，特别是主要负责同志要树立不抓党的纪律建设就是严重失职的意识，守好并种好遵规守纪的责任田。各级纪委要履行好管党治党的监督责任，牢牢守住职责定位，强化监督执纪问责，持之以恒抓纪律建设，坚持纪律建设永远在路上。

（作者为中共中央党校党建教研部副教授）

建立"标准"是法治的一项紧迫任务

刘作翔

食品药品领域的安全问题是关乎每一位公民生命健康安全的重要问题，对其进行法制监管的重要性，无论从什么角度来讲都不为过。近些年，中国的老百姓对食品药品的安全意识也越来越强烈和提高，因为它关系到每一个人切身的利益，食品药品领域的安全问题会成为中国今后法治的一个重点领域。食品药品领域的法制监管，一个是日常的严格执法；另一个就是对违法行为和犯罪行为的惩处。我认为，对于食品药品领域的违法犯罪行为应该有一个从严惩处的态势。改革开放以来，我们一般不太提倡重刑主义（严罚严处），但是醉驾入刑及其实践效果给我们一个很大的启示。当初醉驾入刑的时候分歧意见很大，反对声一片，但是从几年来的实践效果看，起的作用还是非常明显的。那么在食品药品这个领域，也应该有一个从严惩处的思维。有了这样一个思维，我们才能够在立法和执法的过程中体现出对食品药品领域的违法犯罪行为的严惩。这就涉及我们对立法标准和执法尺度的掌握。到底掌握到什么尺度，应该有一个横向比较，也就是国内标准和国际标准的比较。有时候我们看到在国内被认为属于一个一般的行为，但是在国外可能会被视为一个严重的犯罪行为。还有，改革开放30多年后，整个国情发生了重大的变化，现在我们面临着一种情形，就是有相当一部分人的戾气在增长，什么都不怕。这种情况下，在某些方面严惩是必要的，也是能起到作用的。

要做到对食品药品领域的违法犯罪行为的严惩，首先涉及立法标准和执法标准的建立。近10多年来，有关食品药品安全方面的案例不断出现。我们经常可以看到这样一些报道，出了一个案例之后，找相应的法律标准，有时是标准缺乏，有时是我们的标准比国际的标准要低好多。这样一来，食品药品的安全标准掌握在一个什么合适的尺度上，是对我们的一个考验。食品药品安全标准有一个特殊性，就是它是法律和科技密切结合的领域。因为一旦涉及标准，就涉及科学和技术问题，尤其是科学问题。奶粉事件出来以后，安全标准上的问题就呈现出来；餐馆中食品的标准问题，我们是有一些标准，但是这些标准和国际标准是不是有差距？食品领域、药品领域，品种太多，涉及的领域太多了。我前几年提出一个观点，法治做到最后，就是一个标准化的问题。那些宏大的法治理念、思想、战略，最后都要具体体现在这些标准里面。所以，我们承担着这样一个标准建立的任务。这方面的工作是相当繁重的，它涉及领域太广泛了。就目前食品药品的几大领域（食品、药品、化妆品、医疗器械、保健品等），每一个领域都有成千上万的需要我们建立标准的任务，这个任务是相当繁重的。而这个标准的建立直接涉及食品药品安全以及同国际接轨的重大问题。因此，应当将建立标准作为一项重要的任务落实下来。最近李克强总理主持召开的国务院常务会议讨论有关医药产业发展的问题时决定："健全安全性评价和产品溯源体系，强化全过程质量监管，实施药品、医疗器械标准提高行动，尤其要提高基本药物质量；探索实施产品质量安全强制商业保险。"（见《第一财经日报》2016年2月15日）看来，国家已经意识到提高药品、医疗器械等质量标准，同国际标准接轨的重要性和现实性。

与建立标准相关联，我们还要提高全社会包括司法部门、律师界对国家食品药品监管领域规章的地位的认识。前些年，我们参加一个中欧人权对话，那次会议有一个关于健康权问题的讨论，我撰写了一篇关于试药人健康权问题的文章。在撰写过程中，我发现中国的法院系统，包括律师界，很多都没有注意到国家食品药品监管领域的规章。20世纪90年代初，世界卫生组织制定了《药品临床试验规范指导原则》并向各国推荐。1998年3月我国参照这一原则制定了《药品临床试验管理规范》（试行），1999年年底修改后的《药品临床试验管理规范》正式颁布，2003年9月1日又重新改版，更名为《药物临床试验质量管理规范》。后来出现了有关案例，就是试药人在试药过程中身体受到了伤害，诉至法院。法院在审理过程中，法官竟然认为我们没有法可依，律师也都认为没有法可依。但是明明就有国家食品药品监督管理总局发布的这个规章，在法院审理过程中和律师辩护的过程中，都不把它作为一个有法律效力的规章。这个问题从大的方面反映出我们社会包括司法活动在内对规章地位的漠视。这几年我在研究法律体系问题时发现，我们的立法部门，包括全国人大常委会的一些官员，包括法律体系白皮书，讲法律体系只讲到法律、行政法规和地方性法规，就再不往下讲了，这说明规章的地位在中国远远没有受到重视，但是规章恰恰是很重要的。规章是我国《立法法》确立的一个正式的法律形式。国家食品药品监管总局颁布的这个规章，在司法过程中却往往被认为没有法律效力。所以，我们要提高全社会尤其是司法部门对规章的认识。从法律体系这个角度上讲，毕竟法律是有限的，大量的还需要通过法规、规章来实施法律所规定的一些任务。食品药品监管领域涉及很大的一个民生领域，所以，应当对规章的地位予以正确的认识。

（作者为中国社会科学院法学研究所研究员）

经学与法典

喻　中

经学大师蒙文通有一个判断："由秦汉至明清，经学为中国民族无上之法典，思想与行为，政治与风习，皆不出其轨范。"这个判断，论及经学与法典的关系，颇有进一步思考的价值，也包含了比较宽广的解释空间。

按照蒙文通的意思，在传统中国居于至高无上地位的法典，就是经学。所谓经学，顾名思义，就是关于经的学问。所谓经，具体来说就是"五经""六经"或"十三经"。不同的时代，经包含的具体内容是变化的。不同时代的经，既是传统中国思想与行为的依据，也是传统中国政治与风习的依据。

经既然是"无上之法典"，以现代的语言来说，就相当于国家的宪法与法律。但是，即使是宪法与法律，依然没有穷尽经的作用与功能。因为，今日的宪法与法律虽然可以规定人的行为，可以规定政治关系。但是，宪法和法律通常不能规定人的思想，甚至也不能规定风习。风习是自然形成的，包括一时一地的风俗与习惯。譬如，有些地方在春节的大年初五有放鞭炮的风习，这样的风习就不是宪法与法律规定的，宪法与法律甚至也不赞成这样的风习，因为这种风习可能导致火灾、人身意外伤害、空气质量下降等方面的消极后果。还有，人的思想，按照现在流行的法理，通常也不是宪法和法律调整的对象；宪法和法律只能调整人的外在行为，而不是规定人的思想。对此，马克思在《评普鲁士最近的书报检查令》一文中，已经做出了详尽的论证。可见，传统中国的经“轨范”的领域，既包含了宪法和法律调整的领域，同时也超越了现在的宪法和法律调整的领域。

与此相关的另一个问题是，经学是法典吗？或者说，关于经的学问是否相当于法典？这个问题，可以从两个方面来看。一方面，通常说来，经可以说是相当于法典，经学作为关于经的学问，亦可以理解为关于法典的学问。但是，如果仅仅是学问，则很难直接产生像法典那样的“轨范”作用。一个学问家，即便是像蒙文通这样的大师，他对于经有一些学术观点，他形成了个人对于经的理解与解释。但是，这样的理解与解释，并不能直接产生强制性的约束力。否则的话，所有的经学家，都可以称为立法者了。因此，经学的常态是经典解释学，它相当于今日所见的法律解释学。作为一种解释经典或法典的技艺与方法，经学（或解经学，或经典解释学）提供了人们理解经的方法、途径。但是，解释经的作品，并不一定就是经典。从另一个角度来看，从中国经学的具体情况来看，直接“轨范”中国人思想与行为、政治与风习的法典或经典，确实也体现为“经学”作品。譬如董仲舒的《春秋繁露》，这部“董氏春秋学”就是董子解释《春秋》的经学作品。《春秋》的微言大义是什么？从君主到百官再到民众，都不大清楚。董子通过自己的作品告诉人们，《春秋》的真实意思应当如何理解。由于董子的解释得到了普遍的承认，于是，董子的经学确实成为了“中国民族无法之法典”。从这个角度来看，蒙文通的说法是可以成立的。

只是，经学家的经学作品能够充当“法典”的情况并不多见。在中国经学史上，董子的“董氏春秋学”达到了这样的标准。再往下，朱子的“四书集注”在元朝之后，充当了科举考试的标准教科书，朱子的经学作品得到了国家的正式承认，成为了经典。“朱子理学”在“董氏春秋学”之后，大致也达到了“法典”的高度。但是，其他经学家的经学作品，距离“法典”的标准恐怕都还有或大或小的距离。从这个角度来看，像董子、朱子这样的经学家，其实是被国家确认的立法者——当然是事后追认的立法者。用现在的话说，相当于法律解释领域中的“有权解释”或“正式解释”。这样的解释，具有与法典本身同等的效力。或者说，法典本身只能通过这样的解释才能产生“轨范”的功能。

经学与法典的关系，启示我们重新思考“古之学”与“今之学”的差异。古代的经学，虽然也叫学，但却不同于今天的“学术”。今天的学术，是专业分工的产物，“为学术而学术”是一个值得提倡的追求。把一个具体的学术问题弄清楚，就达到目的了。但是，古人之学，恐怕就不是这样。因为以经学为典型代表的古人之学，旨在“轨范”人的思想与行为、国家的政治、社会的风习。这似乎就不能止步于“为学术而学术”。因为，“格物致知”的目的在于“修齐治平”。一个有识之士，对于“学”的追求，一定要产生“修身”或“润身”的效果，在此基础上，再进一步“齐家、治国、平天下”。如果不能走上这样的路径，“学”有何益？因此，古之学不同于今之学。

（作者为首都经济贸易大学法学院院长、教授）

关于“构建中国特色法学体系”的新思考

李　林

最近，习近平总书记在哲学社会科学工作座谈会上的讲话中指出：“着力构建中国特色哲学社会科学，在指导思想、学科体系、学术体系、话语体系等方面充分体现中国特色、中国风格、中国气派。”这对于构建中国特色法学理论体系具有重大的指导意义。中国特色法学生长并植根于中华人民共和国这块土地之上，坚持和弘扬法学理论体系的中国特色、中国风格、中国气派，是加强法学基础理论研究，形成完善的中国特色社会主义法学理论体系、学科体系、课程体系的必然要求。当前，构建中国特色法学理论体系，应当坚持以下几点。

坚持科学性

法学是以法律、法律现象及其规律为研究对象的科学，是关于法律问题的知识和理论体系。科学性是法学最基本的属性，否则就可能只有“法”而没有“学”。习近平总书记指出：“科学立法的核心在于尊重和体现客观规律。”构建中国特色法学理论体系，必须秉持科学精神、采用科学方法、遵循科学规律。

科学精神包括理性精神、批判精神、求实精神、探索精神、创新精神。科学方法是观察法律现象、研究法律对象、回答法律问题，构建法学理论体系、学科体系和教材体系的手段、措施和方式。英文“law”的基本含义是指规律。这里的规律，既包括自然规律，也包括社会规律和人类生存发展规律。法律科学就是要发现规律，把握规律，驾驭规律，使法学理论和法治体系体现并反映经济社会发展规律的基本特征和内在要求。

重视实践性

法学本质上属于应用之学、实践之学。实践性是中国特色法学理论体系必须具备的一个重要属性。实践是检验真理的唯一标准，也是检验中国特色法学理论体系的唯一标准。法学是实践应用之学，要求宪法和法律不是“闲法”和摆设，必须得到尊重和实施。习近平总书记在首都各界纪念现行宪法公布施行三十周年大会上的讲话中指出：“宪法的生命在于实施，宪法的权威也在于实施。”这集中反映了我国宪法和法律的实践性特征，折射出作为宪法法律理论支撑的法学理论的实践性。

在全面依法治国的新形势下，中国特色法学理论体系不仅要研究概念、原则、范畴、价值等基本法学问题，构建宪法学、行政法学、经济法学等法学科学体系，研究法律规范创制、法治体系建设、法治运行机制等重大法律问题，而且要关注和回应社会现实需要，深入研究如何把“纸面上的法”“条文中的法”切实变为“生活中的法”“行动中的法”等法治实践问题。中国特色法学创新的动力来自于实践，法学研究的成果服务于实践并在实践中得到检验和完善。

坚持政治性

政治性是由法律（法治）的阶级性、国家意志性和执政党党性等要素决定的，是法学的基本属性。中国特色法学理论体系的政治性，最核心的是执政党的党性，体现为坚持中国共产党的领导。中国特色社会主义法治的阶级性、国家意志性、执政党党性和人民性的集中体现，是中国特色法学理论体系的本质特征。

理解和坚持法学理论的政治性，应当把握好以下重点：一是要处理好党和法治的关系，这是构建中国特色法学理论体系的核心问题。二是坚持党的领导和法治的统一。只有坚持党的领导，国家和社会生活制度化、法治化才能有序推进。三是要有利于加强和改善党的领导，有利于巩固党的执政地位和完成党的执政使命。四是执政党必须坚持依宪执政、依法执政，坚持党领导立法、保证执法、支持司法、带头守法，把依法治国与依规治党紧密结合起来。五是执政党应当高度重视马克思主义法律观、法治观的中国化，高度重视中国特色社会主义法治理论体系的研究、建构和宣传，不断提高全党的法治观念、法治意识和法治理论水平，提高领导干部运用法治思维和法治方式推动改革、促进发展的能力。

体现人民性

我国宪法和法律是党的主张与人民意志相统一的体现，是通过立法程序上升为国家意志的人民共同意志。习近平总书记在中央政法工作会议上指出：“我们党的政策和国家法律都是人民根本意志的反映，在本质上是一致的。”这种本质特征，决定了中国特色法学理论体系必然具有鲜明的人民性。这具体体现在以下方面：

一是要求法学理论必须始终坚持人民主权原则和人民至上的主体地位，坚持以人为本，尊重和保障人权与基本自由；二是坚持法学研究和法治建设以保障人民根本权益、促进人的自由全面发展为出发点和落脚点，保证人民依法享有广泛的权利和自由、承担应尽的义务，维护社会公平正义，增进人民福祉，促进共同富裕；三是坚持立法为民和民主立法，努力使每一项立法都符合宪法精神、反映人民意志、得到人民拥护；四是坚持执法为民和执法体制改革，加快建设职能科学、权责法定、执法严明、公开公正、廉洁高效、守法诚信的法治政府；五是坚持司法为民和司法体制改革，依法公正对待人民群众的诉求，决不能让不公正的审判伤害人民群众感情、损害人民群众权益；六是坚持政法为民和“保障人民安居乐业”，从让人民群众满意的事情做起，从人民群众不满意的问题改起，为人民群众安居乐业提供有力法律保障。

体现包容性

中国特色法学理论既继承中华法文化的精华，又学习借鉴世界法治文明的有益成果，既坚持马克思主义经典作家法学原理的基本立场观点方法，又重视中国共产党长期法治探索的实践创新，具有兼收并蓄、求同存异、开放创新的包容性。中国特色法学理论体系，必须坚持从中国实际出发，走中国特色社会主义法学理论构建道路，把法学理论创新植根于中国经济社会的实际。正如习近平总书记指出："坚持从我国实际出发，不等于关起门来搞法治。法治是人类文明的重要成果之一，法治的精髓和要旨对于各国国家治理和社会治理具有普遍意义，我们要学习借鉴世界上优秀的法治文明成果。"

包容性是我国加快法治建设和推进法学理论发展的一个重要特点。中国法学理论体系具有很强的包容性和开放性，充分体现了它的独特文化特征和深厚文化底蕴，充分展现了大国法治文明的道路自信、制度自信和文化自信。

重视创新性

中华人民共和国成立以来，法学理论的繁荣发展，经历了不同阶段，大致采取了引进、模仿、改造、探索、创新等不同模式。在全面依法治国新起点上构建中国特色法学理论体系，最重要的是必须坚持实践探索基础上的法学和法治理论创新。创新是引领发展的第一动力。必须把创新摆在国家发展全局的核心位置，不断推进理论创新、制度创新、科技创新、文化创新等各方面创新，让创新贯穿党和国家一切工作，让创新在全社会蔚然成风。其精神实质和方法论要求，是完全适用于中国特色法学理论体系构建的。

事实上，中国法治建设的每一次重大进步，中国法学理论的每一项重要发展，都充分体现了我国法治和法学的创新能力和创新水平。构建中国特色法学理论体系，需要不断解放思想，积极改革探索，敢于超越：一是超越"言必称西方"的西方法学中心主义，走中国特色社会主义法学理论发展道路；二是超越主导法学话语体系的“西医法学”理论，走“中西医法学”相结合并以中（中国法治国情）为本的法学发展之路；三是超越法治形式主义和法治工具主义，超越法治万能主义，坚持依法治国与以德治国相结合，坚持依规治党与依法治国相结合；四是超越法治虚无主义，坚持法治思维和法治方式，充分发挥法治在构建和实现国家治理现代化中的重要作用。

总之，构建中国特色法学理论体系是一个长期探索实践、不断改革创新的过程，必须坚持中国特色社会主义道路，坚持中国特色社会主义法治理论和法治体系，任何时候都不能偏离这个方向和道路。

（作者为中国社会科学院法学所所长、研究员）

法律应与诗书通

刘仁文

《远游与慎思》（商务印书馆出版）一书，是我的一本海外司法观察随笔。大体来说，我写作和遴选这些文章，包含了以下几个用意。

首先，法律应与诗书通。回望历史，我们可以发现，正是有了文艺复兴和启蒙运动等文化积淀，才催生了近代法治的自由平等精神和人道主义品质。一个国家要真正建成法治社会，一定要有相应的人文基础，否则就是沙滩上盖大楼，基础不牢。过去几十年来，我们在法治建设上可能过于看重建构理性，而忽略了演进理性，这大概可以用来解释我们的法律体系虽然已经建成，但法律的实施却效果堪忧。因为法律的实施与全社会对法律的信仰密切相关，而现在一个公认的事实是，尊法信法的风气在我们这个社会还远没有形成。所以，我个人认为，中国的法治土壤依赖于法治文化的春风化雨，法律人应当尽可能地多一点人文精神，社会应当尽可能地多一点人文气质。

其次，我们应当借鉴法治先进国家和地区的经验。这方面我不用多说，以事例来说话。十多年前，我有感于国内警察不出庭做证不符合查明真相的司法规律，遂在报纸发文，以自己在美国和中国香港地区观察到的警察出庭为例，主张警察应当出庭做证。这个问题在当时还比较新，因而不少刑事诉讼法学者的论著都引用了该文的观点。

再次，中国的法治要靠我们自己。法治既是一项人类共同的事业，又是一项带有浓厚地方性知识的事业。在一些基本原则和方向上，有关的国际公约和域外先进经验无疑能为我们提供一些很好的参照和样本，但如何结合我们自己的国情，让那些好的制度生根发芽，而不致造成南橘北枳，或者在倒洗澡水的同时把小孩也一起倒掉，则需要我们做许多扎实的工作。法治需要耐心，即使面对一些不如意处，只要我们一步一个脚印地真抓实干，中国的法治就一定能实现。

最后，虽然我们目前总的来讲还是要多向法治先进国家和地区学习，但作为一个拥有数千年文明的世界大国，面对当今日新月异的国内外形势，加上本土生动的法治实践，我们也不能一直停留于被动地接受国外的制度、经验和理论。当这些制度、经验和理论不能有效地解释和解决我们所面对的问题时，创新就成为可能。我们应当有这样一种意识，也应当有这样一份担当。

（作者为中国社会科学院法学所研究员）

“法不禁止便自由”命题有缺陷

刘作翔

“法不禁止便自由”是一个涉及公民行为自由界限的原则，被奉为自由主义的圭臬。但对这样一个原则，可能存在着认识上的误区。我们经常听到这样的说法：对公权力，“法无授权不可为”，要搞权力清单，清单上有的，可以做，清单上没有的，就不能做；而对私权利，实行“法无禁止即可为”，即只要是法律没有明文禁止的，就可以做，目的是想给公民赋权，只要不是政府禁止的事情都可以做。前面一个原则，是我们一贯倡导的法治理念；而后一个，初看起来很有道理，但是仔细分析，就会发现是有问题的。

去年无锡胚胎继承的案例，也多多少少受了这个命题的影响。一审的时候法院说因为继承法上没有规定胚胎可以继承，否决了原告的诉求；二审的时候无锡中院的判决就用了这个理论，说法律没有禁止的就可以允许，说法律没有明确禁止胚胎不可以继承，最后判决胚胎可以继承。

“法不禁止即可为”或者“法不禁止便自由”这个命题，在理论上存在什么缺陷呢?

第一，这个结论成立必须有一个前提，这个前提就是法律必须把所有的行为模式都可以穷尽，并且已经穷尽了，我们才可以说“法不禁止即可为”。但是事实上，法律再发达的国家都不可能完成这个任务，也不可能做到这一点。法治再发达，也不可能把所有的行为模式、行为类型都可以概括，做不到这一点。没有这个前提，就不能说“法不禁止即可为”。

第二，“法不禁止即可为”或者“法不禁止便自由”这样的命题隐含着什么样的含义呢？就是只要是法不禁止的行为都是可以做的，都是自由的。再往前推的话，就可以推出，既然它是自由的，那它就是具有正当性的，就是具有权利属性的，虽然不是权利明确规定的。

但我们只要稍微观察一下人类的行为类型，即可发现人的行为不仅仅只受法律的约束，它还有纪律，还有道德。比如说，在法律没有对随地吐痰做出调控的情况下，我们说随地吐痰就是一个个人行为，我们可以把它叫做不文明行为、不道德行为。当法律没有对它做一个禁止性规定，没有上升到法律高度之时，如果提倡“法不禁止即可为”或“法不禁止便自由”，那就意味着我可以随地吐痰，因为法律没有禁止，我的行为是自由的，完全可以得出这样一个结论来。还有，在没有禁烟法的情况下，我就可以到处抽烟，因为法律没有明确禁止说我这个行为不对。

所以，“法不禁止便自由”或“法不禁止即可为”这一命题，把法律之外的复杂的其他多种类的社会规范排除掉了，它否认法律之外的那些社会规范的存在。法不禁止的，但还有道德禁止的，还有纪律禁止的，怎么办？如果仅仅提倡“法不禁止即可为”，那我就可以为了，法不禁止的我就可以做了。但是法律没有禁止的行为有千万种，而这千万种行为有的与道德有涉，有的与道德无涉，当遇到违反道德又不违反法律的行为的时候，怎么办？可见，这个命题要仔细推敲的话，是存在问题的。这个命题还潜藏着的一个更大的风险就是，这个命题会被公权力拿来作为一个理论依据。前几年，我看到一个地方工商局的决定，它的理论依据就是“法不禁止便自由”或“法不禁止即可为”。本来这个原则是给私权利设定的一个原则，但是在没有公私观念和界限的情况下，有些公权力的掌握者会把私权利的原则用于公权力的行使，“法不禁止便自由”，法律没有禁止的我就可以这样做，我就可以发布命令，就可以发布决策，可以发布任何想发布的决策，它没有约束，这些问题都是存在的。当然，现在我们已经确定，对公权力，“法无授权不可为”，这方面的情况好多了。

所以我认为，应该对公权力和私权利分别进行法治定位，确立两个法治原则：对于公权力，法无明文规定的不可行使；对于私权利，法无明文禁止的不得惩罚。我们只能提出不能用法律惩罚那些法无明文禁止的行为，但我们不能排除其他社会规范对它的一种惩罚。比如对于违反党纪的要用党纪惩罚，对于违反道德的要用道德惩罚。而道德惩罚是一种无形的惩罚。道德惩罚和法律惩罚的区别之一是：一种是无形的一种是有形的，一种行为不道德，人家用鄙视的眼光看待你，或者不认可你等等；而法律惩罚是一种有形惩罚。道德惩罚有时候也是很厉害的，像剽窃，在没有法律措施之前，就只能用道德惩罚，比如杂志不发你的文章，出版社不出你的书，你的学术声誉在同行里面一落千丈，这样一种惩罚都是一些道德惩罚，虽然看不见，但实际上存在。

（作者为上海师范大学光启学者特聘教授、博士生导师）

制度反腐才能治本

李永忠

30多年前，我开始对制度特别是对权力结构进行研究。1984年撰写了《略论我国封建社会监察制度》，1985年撰写了《改革党内监督制度》和《改革党委“议行合一”领导制度》，1986年撰写了《必须把制度建设作为党的根本建设》。2002年十六大报告第一次提出了“把党的制度建设贯穿于党的思想、组织、作风建设之中”；2007年十七大报告将“思想建设、组织建设、作风建设、制度建设、反腐倡廉建设”并列起来；2012年十八大报告第一次把制度建设放到党的五大建设的最后，作为前四大建设的托底；而即将召开的十八届六中全会主题就是研究全面从严治党重大问题。

全面从严治党，既要解决严厉问题，更要解决严密问题。在我党的历史中，先后经历过战争反腐、运动反腐、权力反腐三个阶段。以战争为载体的反腐，与血与火的年代是适应的。以运动为载体的反腐，与计划经济的建设时期也基本相适应。但是，依靠隔三岔五的群众运动，尽管遏制了腐败的滋生蔓延，一定程度上是治标不治本，依然是就事论事。

2013年1月在十八届中央纪委第二次全会上，习近平总书记强调“把权力关进制度的笼子里”；2014年1月在中央纪委第三次全会上，他明确提出了“形成科学的权力结构”；2015年1月在中央纪委第五次全会上，他提出了“制度治党”“重构政治生态”的战略思想。制度反腐开始发轫。如果说战争、运动、权力三大载体在反腐中主要是解决严厉的问题，那么以制度为载体的反腐，则主要解决严密的问题。

制度一词有两层含义：一为浅层含义上的规章、守则，即要求大家共同遵守的行为准则，表现为说在嘴上、写在纸上、贴在墙上的条条款款；一为深层含义上的组织体系（其核心为权力结构），即决策、执行、监督相互制衡的“专门机构”，以保证上述规章、守则（即那些嘴上、纸上、墙上的条条款款）制定公正、实施有效、监督到位。

判断好制度有三个要素：第一，客观性。不能脱离和超越其产生的确定性前提和条件。第二，代表性。必须体现大多数人的整体意志和利益。第三，可操作性。制度是否健全、完善，取决于构成其权力结构的决策机关是否公平，执行机关是否高效，监督机关是否有力，也即这三个子系统的设置是否科学、结构是否合理、操作时能否有效地相互制衡并相互促进。

我在潜心于制度建党、制度监督、制度反腐的自选课题研究中，明白了这样一个道理——防止腐败，制度比人更重要。

其一，制度虽然是由人制定的，但符合客观发展规律的制度，人们却不能随心所欲地加以制定。因而，能被称之为好的制度，必然是人们对客观发展规律的正确认识和反映。

其二，好的制度一旦制定出来，包括制定者都无法随心所欲去违反。因而好的制度，必然以强制性为后盾，而非仅以自觉性为前提；必然以科学分权的“专门机构”的有效权力制衡为保障，而非只以颁布若干规章、守则为目的；必然体现客观发展规律，成为一种客观存在，而非仅是人的主观意志的产物，所以也不是人的主观愿望所能轻易改变的。

但遗憾的是，时至今日，大多数人包括相当数量的领导干部，对于制度的认识，仍然停留在制度浅层含义上的条条款款，而忽略制度深层含义上的组织体系（核心是权力结构），对于“形成科学的权力结构”这一重要论断，严重缺乏认识和理解。

实践证明：问题的复杂性，通常不来自于问题本身，而是因为解决问题的方法远离原点的缘故。如果只满足于权力反腐的思维定式，无论纠多少风，查多少案，抓多少人，判多少刑，只要腐败的病根不除，一旦反腐高压无法继续，所有努力都会瞬间归零。反腐的压力当然在案中，但功夫却必须在案外。

对于多年不良的政治生态，靠什么来净化，靠什么来重构？从战术而言——靠查案。但是，查处一案只能净化一时，案又滋生则污染一片。从战役而言——靠用人。但是，用一君子虽然所属皆净，用一小人则此地全污，何况靠什么阻挡君子变小人？从战略而言——靠制度。因为，制度好则坏人难成坏事，制度坏则好人易变坏人。再好的权力反腐，也只能治标；形成科学的权力结构的制度反腐，才能治本。

（作者为中国纪检监察学院原副院长）

司法公正的认知偏差

侯　猛

对于司法机关特别是法院而言，没有哪一种价值像公正那样重要。在《中共中央关于全面推进依法治国若干重大问题的决定》中，关于司法部分主文开宗的第一句就讲："公正是法治的生命线。司法公正对社会公正具有重要引领作用，司法不公对社会公正具有致命破坏作用"。

那么，如何评价司法公正？特别是如何以社会公正为参照来评价司法公正？

尽管在约束条件大致相同的情况下，民众对司法的公正感受趋于相近。但公正感受不可能实现100%的一致结果。因为不同群体基于身份、收入等方面的差异，对公正观念的认知程度会出现差异。

由于不同人群对司法的公正感不同，那么司法所能做的就是区分情况，因地制宜。在这方面，中国传统司法中做得最细致的就是海瑞。海瑞曾将司法办案经验归纳为："与其冤屈兄长，宁愿冤屈弟弟；与其冤屈叔伯，宁愿冤屈侄子；与其冤屈贫民，宁愿冤屈富民；与其冤屈愚直，宁愿冤屈刁顽。"在争产业的案件中，"与其冤屈小民，宁愿冤屈乡宦"；在争言貌的案件中，"与其冤屈乡宦，宁愿冤屈小民"。朱苏力教授据此提出"海瑞定理"，认为：在经济资产的两可案件中，无法明晰的产权应配置给经济资产缺乏的人；在文化资产的两可案件中，无法明晰的产权应配置给文化资产丰裕的人。这是一个差别保护原则，包括了经济资产上的弱势保护原则和文化资产上的优势保护原则。这说明，不同群体的公正感，受到分配结果的主观评价的影响。但这种对于分配结果的主观评价，其实直接源于其身份或需求，才产生公正观念认知差异。因此，司法公正意味着，不仅仅是无差别的平均分配资源，而是基于不同身份或需求的人士合理期待分配资源。这也就是说，没有抽象的正义，而应在特定语境中，在个案中实现具体正义。

美国最高法院在2007年所做的Scott v. Harris案判决及其后续实验，也反映出不同群体对于司法公正观念的认知偏差。在本案中，Harris因为高速驾驶受到警察Scott追捕。在追捕过程中，Scott刻意碰撞原告驾驶的车辆以阻止其继续高速驾驶，并导致Harris全身瘫痪。事后Harris指控Scott执法过当，认为Scott的行为违反宪法第四条修正案——“人民的人身、住宅、文件和财产不受无理搜查和扣押的权利，不得侵犯。除依照合理根据，以宣誓或代誓宣言保证，并具体说明搜查地点和扣押的人或物，不得发出搜查和扣押状”。但是，8位大法官在看了超速现场视频以后认为，警察阻止会危害无辜民众生命安全的高速驾驶行为，并不违反第四修正案，即使这会导致逃逸者严重受伤或死亡的风险。没有任何一个公正的陪审团会认为，被告刻意碰撞原告驾驶的车辆以阻止其继续高速驾驶，是一个过度的执法行为。并且，多数意见认为，只要民众看了视频，在认知上会与多数意见站在同一立场上。

最高法院甚至将现场视频放到网上，并且邀请社会大众观看，以判断最高法院多数意见的认定是否正确。3位学者接受最高法院的公开挑战，借由实验设计，使1350名来自不同地区、具有不同背景、属于不同族群的美国公民，观看联邦最高法院所公开的本案追捕过程的视频。研究结果显示，虽然大多数的受访者，形成与最高法院多数相同的意见，认为法院作出了公正的判决。然而在不同族群之间，却存在显著的差异：白人、男性、政治观点趋于保守者、富裕者，较易形成支持被告立场的看法，与最高法院多数意见一致。非裔、女性、政治观点倾向自由派、受到良好教育但较不富裕者，则较易形成支持原告立场的看法，认为法院做出了不公正的判决。

从本案中可以看出，不同群体由于身份收入等方面的差异，他们对于司法公正感受存在差异是一种正常现象。我们不应追求公正感的统一和唯一。当存在公正感的认知偏差，甚至巨大对立时，这个社会之所以没有陷入混乱，其中一个重要因素是民众已经养成对司法的尊重，特别是对作为终审法院的最高法院的尊重。富勒认为，法律是使人类行为服从于规则之治的事业。而人们要服从最高法院的判决，则又必须符合法治的基本原则。这样，即使人们对于最高法院某一个判决的公正感知不同，但基于对法治的认同和服从，最高法院的判决，仍然是一个公正的判决。

（作者为北京大学法学院副教授）

法学家怎么尽好社会责任

王利明

什么是法学家的社会责任，仁者见仁，智者见智。有的人会说，法学家的社会责任就是阐释法律的精神，探寻法学的真谛；有的人会说，法学家的社会责任就在于维护社会正义，推动法治进程；还有的人认为，法学家的社会责任应当是宣传法治理念，弘扬法治精神。从不同的角度来看，这些说法都有一定的道理。事实上，法学家的社会责任究竟是什么，这个问题在学界并没有获得应有的重视。

法学家要承担起推进中国法治建设的社会责任，这是每一个法学家都应当思考的问题，也就是说我们所做的任何研究工作都是与法治建设的目标和需求不可分割的。法学家不是为某一利益集团服务的，而是为全民族、全社会服务的，他应当注重民众的利益诉求、关心民众的疾苦，以实现全社会的公平正义作为自己研究的目标。法学家不应有自己个人的特殊利益诉求，他参与立法或者司法活动都应当是为了整个国家的利益、民族的福祉而思考问题，建言献策。虽然，并非每一个法学家的理论都能够为社会所关注，都能产生重要的社会影响，但关键在于法学家是不是真正去努力耕耘、努力创造。

法学家应当尽可能为国家、社会的发展提供所需要的法学智力成果。法学家最大的社会责任，就是为中国的法治建设提供理论支持。一是为现有的法律规则提供正当性的依据，或者提供应当修订的意见。二是为公正的司法献言献策。三是传播法律文化、普及法律知识。中国推行法治的过程，实际上是倡导一种新的社会治理机制，倡导一种新的生活方式的过程。

法学家提供的理论产品应当尽可能是社会所需要的，也就是说，要符合社会法制建设的实际需要，产生应有的积极作用。那么，法学家怎样才能尽到其对于社会的责任呢？我认为，除了上面说到的以外，还有以下几点：

第一，法学家要尽到其对于社会的责任，必须把握时代精神。在我国现阶段，建设社会主义法治国家，建立完善的社会主义市场经济体制，构建社会主义和谐社会，这些都是中国发展的趋势和必然要求。法学家要顺应这些历史趋势，而不能无视这样的趋势甚至逆潮流而动。要看到改革开放的历史也是一部社会主义法治建设不断取得进步的历史，不能仅凭个人好恶，或一时之偏见，对法治建设取得的成就视而不见，法学家应当对法治建设的发展起到一定的引导和推动作用。

第二，法学家要尽到其对于社会的责任，必须要有自己独立的人格与学术良知。法学是一门治理国家和管理社会的学问。法学家思维是否缜密、品行是否高洁，对于立法、执法和司法的公正性有着不容忽视的影响。法学家为社会服务，就是要为社会大众服务，为老百姓的利益服务，要始终关注民生的疾苦，顺应民众的愿望，倾听百姓的呼声，他们的观点应该反映大多数人的利益。法学家不是某一社会集团的“代言人”，不能屈从于任何私人或部门的利益甚至压力，而说空话、套话甚至假话，应当坦坦荡荡做人、实实在在做事，一就是一，二就是二，来不得半点虚假。法学家必须实事求是，客观地研究问题、解决问题，而不能看某个领导的脸色或者某个部门的利益行事。

第三，法学家要尽到其对于社会的责任，要具有敏锐的问题意识和强烈的创新意识。法学家应当始终清醒地认识到自己的角色，努力探索新问题，并对全局性、战略性、前瞻性的重大课题做出科学的理论回答。作为法学家，应当了解社会发展的总规律与趋势，注意观察与了解法治建设的动态过程，敏锐地发现与把握法治建设中出现的新情况与新问题，并且及时深入地加以研究以提出相应的解决方案。法学家需要深入改革开放和现代化建设的实践，深入国家民主法治建设的实践，在理论上不断开拓进取，不能满足于一孔之见而故步自封。法学家要不断追求、不断挑战自我，在这样一个永无止境的过程中不断超越自我、实现自我价值，学问才能不断升华。

第四，法学家要尽到其对于社会的责任，必须要树立严谨求实的学风。法学研究具有严格的学术规范与学术规律，法学家也要有“板凳坐得十年冷”的精神，坚持严谨治学、求真务实的学风，不能为追求轰动效应而故意违反学术常识，人为制造一些问题，诱发毫无价值的争议，更不能离开已达共识的学术平台，自说自话，自弹自唱。法学家应当具有一定的前瞻性和独立性，应该有自己理性的分析和判断，决不能迎合一些时髦的“概念”或炒作，不能仅仅跟在实践后面，做一些对实务问题的总结而没有任何的分析，更不能以个人的偏见、僵硬的教条、某个领导的好恶，来代替理性的分析和对法治的信仰。

第五，法学家要尽到其对于社会的责任，必须要具有强烈的本土意识和现实精神，树立正确的学风。法学家应当将自己的研究植根于中国社会的深厚土壤，不能无视本土的法治现实而醉心于从希腊、罗马出发。虽然治学需要激情，但治学不同于吟诗作画，任由趣之所至，性之使然。治学更需要严谨求实，治学的目标就是探索真善美，寻求真理，是要对现实问题从理论上给予回答和解决。法学家应该常怀报国之心，以服务于国家民族、发展学术为己任，这样才能真正具有一种强大的目标。

法学家还要克服一些影响法学研究健康发展的意识与倾向。一是要克服狭隘的“饭碗法学”的意识，不能将学问仅仅看作个人谋取生存的饭碗。二是要克服脱离现实、孤芳自赏的倾向。法学不是书法、字画、古玩等艺术，不能将法学作为一个艺术品来欣赏把玩，自娱自乐。法学是一门实践之学，法学家要关注现实，关注实践，致力于解决现实问题。法学家提供的知识产品不是象牙之塔式的学问，如果法学家撰写的论著用的只是自己或者圈子里几个人才能看懂的部落语言，那是没有多少价值的。

（作者为中国人民大学副校长）

民法对人格尊严的保障应提到更高位置

王利明

我们要制定的民法典是21世纪的民法典，必须回应21世纪的时代需要，彰显21世纪的时代特征。如果说1804年的《法国民法典》是19世纪风车水磨时代民法典的代表，1900年的《德国民法典》是工业化社会民法典的代表，那么今天我们要制定的民法典就应当成为21世纪互联网、高科技时代的民法典的代表，这样我们就必须充分反映时代精神和时代特征，真正体现法典与时俱进的品格。

民法的终极价值是对人的关爱，最高目标是服务于人格尊严和人的发展

民法总则草案已经彰显了时代精神。21世纪的时代精神是什么？21世纪是走向权利的世纪，是弘扬人格尊严和价值的世纪，所以21世纪的时代精神应该是对人格尊严的保护。孟德斯鸠曾经有一句名言，“在民法慈母般的眼里，每个个人就是整个的国家”，民法就是人法。在21世纪民法作为人法的特征，一定要体现在对个人人格尊严的尊重，对人的关爱，这应当是民法时代精神的重要体现。

今天我们广大人民群众基本温饱问题解决之后，对于人的尊严保护应当提到一个更高的位置，我们的民法同样也应当把人的尊严、自由的保障提到更高的位置。

从民法总则草案来看，在很多方面也体现了这样一个特征，比如说草案在关于民事权利的规定中增加了关于人格尊严保护这样的条款，在自然人的规定里面也有很多条文都体现了人文关怀的价值理念，而且在民事权利里面专门宣示了对弱势群体的特殊保护等等，我觉得这些条款都彰显了时代精神，体现了时代气息。

但在彰显时代精神方面，草案还需要进一步加强。比如说关于人格尊严维护的规则，把它仅仅是放在民事权利里面规定，从立法者意图来看，是作为人格权保护的兜底条款加以规定的，但是我觉得这个规定还是不够的。

我个人建议，是不是可以考虑，把它作为一项民法的原则加以规定？因为对人格尊严的保护不仅仅只是体现在人格权利的领域，它还广泛地适用于有关物权、合同等领域里面。现在已经有大量的案例出现了，一旦合同有损个人的人格尊严，这个合同就可能因此而被宣告无效，比如有关代孕的案件，最后法院都是以因为贬损了个人的人格尊严而宣告这个合同无效，其依据其实就来源于对人格尊严保护的原则。

所以，民法里的人格权位阶过低了。现代社会是一个高科技互联网的时代，代孕、器官移植、克隆等技术的发展，对于人格主体性的地位形成越来越多的挑战，对人的尊严的保护也应该更予以加强。在实践中已经出现的冷冻胚胎案等也提出了同样的问题，就是如何体现对个人尊严的保护。在民法上我们知道，一个重要原则是私法自治，民法之所以被称为私法，是有私法自治这样的原则，现在的民法在私法自治之外还有重要的价值理念，这就是人文关怀，核心就是对人格尊严的保护。

私法自治保障个人对其私人生活、民事交往的自我支配和自我安排、自我决定，充分调动个人的积极性、主动性，促进社会经济发展；人文关怀就要使个人享受一种有尊严的生活，来实现对个人的全面保护，维护每一个人的尊严。每个人有尊严，我们民族才更加有尊严。这两项原则，是相辅相成的，都共同服务于对人的保护，缺一不可。从这个意义上讲，把人格尊严放在民法原则这个位置，更能体现21世纪的时代精神。

21世纪法律遇到最严峻的挑战是如何强化对个人隐私的保护

同时在分则里面，应强化对人格尊严的保护，特别是要强化对有关隐私、个人信息的保护，对个人的生命健康、名誉、肖像等人格权的保护。21世纪是一个互联网的时代，互联网对我们很大的挑战是人格权的保护。大家可以看到，网络的侵权主要是对人格权和对知识产权的侵害。

21世纪是高科技的时代，美国一个著名学者把21世纪所有的高科技发明全部罗列起来，经过分析后指出，所有高科技都给人类带来了巨大的福祉，但是都可能有一个共同的副作用，就是对个人隐私的威胁。民法典要强化对个人隐私等个人人格权的保护，才能真正彰显时代精神和时代特征。

民事权利体系的构建还需要进一步完善

民法的人文关怀也要求强调对个人权利的保护，保护个人权利最终也是为了促进个人的全面发展。关于民事权利体系的构建，民法总则草案系统全面地构建了各项民事权利，建立了较为完整的民事权利体系，而且也保持了开放性，在多个条款里面都对权利的规定留下了必要的空间，这些规则设定还是非常合理的。但还是有一些地方需要进一步完善。

一是关于民事权利列举的规定还不是很充分，这个草案没有规定个人信息权，这确实是疏漏。21世纪是大数据时代，是信息社会，个人信息权已经成为最基本的民事权利，不管将来立法是不是要专门就个人信息权做特别的规定，但现在必须在民法典草案里把个人信息权作为基本的民事权利规定下来，这样才能为将来的立法确定一个基本法律依据。

二是草案关于民事权利行使的规则规定得不充分。现在虽然规定了民事权利、民事责任，但是缺乏关于民事权利行使的具体规则，这就在权利和责任中间缺了一大块，这一块我认为是不可缺少的。

三是只重视了对权利的保护，但缺乏对利益的保护规则。在民法上很多时候涉及的是一种利益而不是权利，但是它仍然需要得到保护，比如死者人格利益，这不是权利，而是应受法律保护的利益。民法上权利和利益往往没有绝对的界限，是相互转化的，仅仅只是保护权利而不保护利益，这是不完整的，也是不足够的，还需要进一步完善。

总之，我个人认为，民法的最高目标就是服务于人格的尊严和人格的发展，我们的民法典要屹立于世界民法之林，就要强化对人格尊严的保护，彰显时代特色，使它真正成为一个21世纪民法典的杰出代表。

（作者为中国人民大学常务副校长）

应形成一个良性互动的法律职业共同体

喻　中

自20世纪80年代以来，随着中国法治建设的展开，法律职业共同体的建构问题逐渐浮出水面。在应然方面，法官、检察官、律师在专业知识与职业伦理方面，应当形成一个法律职业的共同体。但在实践过程中，法律职业共同体的建构又面临着一些令人困惑的问题。在法官、律师与法学学者之间，一个良性互动的职业共同体还有待于进一步形成。

法官、律师与学者所追求的价值目标有差异

法官追求的核心目标是公正，法官希望在讼争双方之间保持一个中立的姿态，并做出一个公正的裁决。无论是从理智上还是在情感上，法官都不能偏向讼争双方的任何一方。

但律师不一样，诉讼过程中的律师必须服务于他的当事人。按照职业伦理的要求，律师应当在法律的范围内实现他的当事人利益的最大化。律师维护一方当事人的利益，法官维护争议双方的公正，这种目标上的差异导致了法官与律师之间的分歧：法官认为是公正的裁决，可能在律师看来失之公正，因为法官的裁决可能会让律师的预期落空。这是法官与律师之间出现分歧的根本原因。

较之于法官追求的公正、律师追求的当事人利益，法学学者偏好普遍性的法治，甚至是理想化的法治。因为法学学者的常态是坐而论道，他们对法治、公正的理解更多着眼于一般规律、普遍原理。学者偏好普遍性的法治与公正，法官偏好在个案中实现语境化的法治与公正，法官与学者的分歧由此而产生。

理论逻辑与实践逻辑的差异导致了法律职业共同体的裂痕

通常说来，法学理论应当源于法律实践，应当从法律实践中提炼而成。但是，中国的情况比较特殊，因为中国的法学理论主要是从域外传来的。20世纪初，在中国现代法学发轫之际，法学理论主要来源于日本，以及德国、法国、英国、美国。20世纪50年代，中国的法学理论主要来源于苏联。20世纪80年代以后，学界流行的法学前沿理论主要来源于美国及欧洲。

但是，当代中国的法律实践却只能遵循本土的逻辑。当事人表达的诉求，只能立足于当事人的利益与逻辑。法官、律师提供的司法产品或法律服务，只有符合当事人的诉求与预期，才能得到当事人的承认，才可能把案子“办好”“办妥”。这就是说，当代中国的法官虽然在法学院里接受过正规的法学教育，接受过法学理论的熏陶。但是，法官一旦走向审判实务，就难免受到当事人逻辑的修正与限制。换言之，实践逻辑、本土逻辑会较多地影响法官的思考，法学学者的思考会较多地受制于外来理论的逻辑。两种不同的逻辑，导致了法官与学者之间的分歧。

社会利益的多元化加剧了法律职业共同体内部的分裂

任何分歧与撕裂，都直观地体现于不同的立场、观点、态度。在20世纪80年代，法律职业共同体内部即使存在着某些不同的意见，但是，由于传播渠道单一，公众能够看到的观点，都是主流媒体上的观点。与主流媒体不一样的观点，只能在私人空间里交流。在这样的传播格局下，法律职业共同体内部的分歧，不太可能引起广泛的关注。

然而，在当今的自媒体时代，任何人都可以成为观点或意见的发布者。而且，在这个越来越多元化的社会，即使都是法官，即使都是律师，即使都是学者，但由于教育背景不同、所在地区不同、劳动强度不同、收入状况不同、思想倾向不同、机会不同、年龄不同等等，对同一个问题的评价都会出现较大的差异。譬如，对于正在推行的法官员额制，能够“入额”的法官与不能“入额”的法官，很可能就会对这项制度改革做出截然不同的评价。这样的差异经过自媒体的传播、放大、发酵，很容易给人造成一种印象：这是一个歧义丛生的、破碎的法律职业共同体。

法律职业共同体的建构是一个不容回避的目标

在这样的时代背景下，法律职业共同体的建构，显然会面临着更多的困难。但是，法律职业共同体的建构又是一个不容回避的目标。

在实现这个目标的过程中，一方面，有必要理性看待法律职业共同体内部的不同声音。法官、律师、学者在某些具体问题上看法不同，可能是一种正常现象。即使是一个合议庭，在三个或五个法官之间，针对同一个案件都会出现多种不同的意见，这是一种常态。因此，针对某个特定的法律问题，法官、律师、学者之间有一些分歧，是正常的，不必过于焦虑。相反，法官、律师、学者在任何问题上都有完全一致的观点，都只有一种声音，反而是一种令人意外的现象，未必代表了一种良好的法律职业生态。有鉴于此，在法官、律师、学者之间，保持某种张力，让他们分别以自己的立场展示一个法律问题可能牵涉到的不同侧面，也许有助于中国法治的走向更加符合当代中国的实际情况。另一方面，应当把法律职业共同体内部的分歧控制在适度的范围内，以保障共同体内部的理性商谈、理性对话。凡事都有一个度。一个过于支离破碎的共同体，可能就已经不是一个共同体了。在法律职业共同体中，如果偏激的声音、情绪化的表达、非理性的言论过度张扬，以至于理性的讨论异化成为相互之间的谩骂与人身攻击，那就滑向了法律职业共同体发展演进的歧途。避免这样的歧途，可以从两个方面着手：其一，强化法律职业共同体内部的对话伦理；其二，进一步推动法律职业共同体内部的体制化流动。如果一个法律人同时具备两种以上的履历，法律职业共同体内部的裂痕就会越来越小。

（作者为首都经济贸易大学法学院院长、教授）

程序正义更能让人主动服从法律

侯　猛

对于公正感或正义感的分析，可以先从文化解释的角度比较中西方之间的差异。现代西方司法的象征是正义女神，她左手拿天平，意味着平等对待，闭眼或蒙上眼布，被阐释为不受干扰。这样一种形象，让现代西方的民众更容易感受到程序正义的重要性。相比之下，传统中国司法的象征是獬豸。所谓“触不直者去之”，这里强调的是通过惩罚犯罪以伸张正义，而并没有突出平等对待的一面。这样一种形象，让传统中国的民众更容易感受到实体正义的重要性。那么，现代中国的民众对于程序正义、实体正义的感受又是如何？这可以从认知心理学角度分析，特别是通过实验进行调查。

正义通常会分为分配正义和程序正义，认知调查所测定的正义感也相应分为两类。先说分配正义感，分配正义涉及实体权利的分配，而分配正义的研究受到社会交换理论的影响，认为法律制度或纠纷解决程序分配社会资源的结果，决定了个体对其公正与否的评价以及后继的行为取向。此外，对一个结果的主观评价，个体除了会看绝对量以外，更会受相对量的影响，存在所谓的“相对剥夺”心理。

程序正义感的研究源于20世纪70年代。迪鲍特和沃克尔首先展开了针对法律纠纷解决程序的研究。实验研究表明，结果并不是唯一决定人们事后感受的因素。无论获得什么样的结果，一个被认为公平的程序本身，都能增加人们对法律制度的满意程度。另外，对抗制的诉讼结构比纠问制让人感到更公平。这说明，人们在程序中获得的正义感的大小，取决于他们认为自己在多大程度上，间接控制影响结果的法律程序。但泰勒的研究表明，程序正义对人们主观感受的影响不但独立于程序的结果，而且也独立于所谓的控制感。程序的重要意义在于，它影响了人们对于权威合法性的态度，而这一态度决定了人们是否主动服从法律。正义感在很大程度上与人的共同体身份有关。程序正义有助于实现人们在社会地位方面的自我认知和满足。

再从行为法律经济学的认知角度来解释。因为民众都是有限自利，人们关心自己是否被公平对待而且也希望公平对待那些其他做事公平的人。因此，对于法院而言，不仅在同一案件中公平对待双方当事人，而且，对于其他类似案件，能否做到同案同判就相当重要。相类似的，行为法律经济学还强调现状偏见，即人们倾向于喜欢现状，需要有足够理由才能说服他们离开现状。同案同判也意味着，法院所做的判决必须与已有判决一样，这也就是遵循先例。如果法院按照以前的判决来裁判现在的判决，民众会认为是公正的。反过来，如果法院要改变先例，必须有足够的说理才行，否则民众就会认为是不公正的。

归纳来说，民众的公正感受，往往比公正的客观标准更有实际意义。这是因为，社会心理对法律制度是否正义的感受与评价，将影响人们对法律制度和程序做出什么样的行为反映，特别是服从还是不服从、自愿服从还是被迫服从。

（作者为北京大学法学院副教授）

法者，治之端也

——《群书治要》中的法治观

刘余莉

《群书治要》卷五十《抱朴子》中讲：“禁令不明，而严刑以静乱；庙算不精，而穷兵以侵邻。犹钐禾以计蝗虫，伐木以杀蛣蝎，减食以中蚤虱，撤舍以逐雀鼠也。”意思是：禁令不明确，却用严刑来平定乱象；朝廷对国家大事的谋划不当，却竭尽兵力去侵犯邻国。这就好像割掉禾苗以消灭蝗虫，砍掉树木以消灭蛀虫，吞下毒药以杀死跳蚤、虱子，拆除房舍以驱逐麻雀和老鼠一样。

“禁令不明，而严刑以静乱”。社会出现乱象、国家得不到治理的一个重要原因就是禁令不明确，也就是礼法制度不健全，人们不知道应当提倡什么、禁止什么，就会肆意妄为。做人没有伦理道德，就会出现人际关系的混乱；国家没有礼法制度，就会出现社会秩序的混乱。可见明确的礼法制度对于治国安邦是至关重要的。

第一，不可无法可依。导致禁令不明的首要原因，就是没有礼法可依。人们是非、善恶、美丑的标准混乱，没有行为准则，就会出现“一人则一义，二人则二义，十人则十义”（《墨子》）的状况。也就是说，每个人都有自己的是非、善恶、美丑的标准，却没有统一的道德观念。在古代中国，任何一个朝代政权取得之后，一般不超过五年就要制礼作乐，使整个国家都有礼法制度可循。一切都有了标准，这样社会才得以安定。

第二，不可朝令夕改。政令常常变化，而且没有连贯性，也会导致禁令不明。而朝令夕改的现象是如何产生的？就是因为没有抓住治国理政的根本，致使问题层出不穷，而不得不修改政令。中国古人讲的“孝悌忠信、礼义廉耻、仁爱和平”是性德，是自然之道。它不仅是个人修身的标准，也是治理国家的原则。“仁义礼智信”被称为“五常”，为什么称为“常”？就是因为它是常道，永恒不变。

第三，不可禁令繁多。“少则得，多则惑”（《道德经》）。禁令繁复则会导致百姓迷惑。在《群书治要・盐铁论》上有这样一段话：“道径众，民不知所由也；法令众，人不知所避也。”道路多了，人们不知道该走哪一条路；法令过多，老百姓不知道应该怎样去避免触犯法禁。“故王者之制法也，昭乎如日月，故民不迷；旷乎若大路，故民不惑。”圣明的君主制定法令，如日月一样昭明，所以民众不会迷惑；像大路一样清楚明白，所以民众不会困惑。“幽隐远方，折乎知之；愚妇童妇，咸知所避。”即使是偏僻幽隐的遥远之地，愚昧无知的妇女儿童都知道什么是不法的行为而不去触犯。“是故法令不犯，而狱犴不用也”。这样就没有人违犯法令，而监狱和刑具也都用不上了。

第四，法者，治之端也。《群书治要・孙卿子》（《荀子》）中指出：“法不能独立，令不能自行，得其人则存，失其人则亡。法者，治之端也；君子者，法之原也。”荀子认为，法不能够独立存在，只有有了正人君子、圣贤人，它才能够发挥作用；如果没有圣贤君子，没有正义美德的人，它就不可能发挥作用。所以，法律和制度是治理的开端和凭依，而圣贤君子是制定法律和推行法律的人。

《群书治要・盐铁论》上说：“古者周其礼而明其教，礼周教明，不从者，然后等之以刑，刑罚中，民不怨矣。”古代的君王，首先要完善其礼义，昭明其教化。礼义完备，教化昭明，还有不服从的人，再按照其违法犯罪的程度，处以不同的刑罚。刑罚得当，老百姓就没有怨言了。“今废其德教，而责之礼义，是虐民也”，如果没有道德教化，人民因为无知而犯法，则是残害百姓，是“不教而杀谓之虐”（《论语》）。正如《汉书》中指出：“以礼义治之者，积礼义；以刑罚治之者，积刑罚。刑罚积而民怨背，礼义积而民和亲。”在治理国家中，多用刑罚人民就会怨恨背叛，多用礼义教化人们就会和睦亲爱。

《盐铁论》中，还对刑罚与道德教化的关系做了一个形象的比喻。它说刑法对于治理国家，就像马鞭对于驾车一样，好的驭手不能没有马鞭就去赶车，而是拿着马鞭而不轻易使用。圣人借助刑法来实现教化，教化成功了，刑罚便可以搁置不用。这就是《尚书》上所说的“刑期于无刑”。为什么要设立刑法？就是要起到警戒、威慑的作用，期望人们不要触犯法律。所以孔老夫子也说：“听讼，吾犹人也，必也使无讼乎。”孔老夫子也判案，但是他和别人不同的地方是什么？“必也使无讼乎”，就是要让人们化解争讼、纠纷。为什么人们能不起争讼？就是因为兴起了道德教育。

（作者为中共中央党校哲学部教授）

做“斯文在兹”的见证人

喻　中

在法律人共同体中，很多人都有书记员的经历。我自己就有这样的经历，时间大致是一年，地点是在检察院。因而，书记员是很多法律人共享的职业记忆、身份记忆。一方面，司法过程离不开书记员。司法实务的从业者可能担任书记员。通过书记员的记录，一个个的案件固化成为一个个可以查询、可以验证的卷宗。另一方面，从写意的角度来说，法学理论的研究者其实也是书记员，他们虽然不做询问笔录、庭审笔录，但是，他们是时代的书记员，通过他们的记录，一个时代的精神浓缩在一篇篇法学论著里。

如何才能理解一个时代？譬如20世纪80年代，譬如18世纪后半期，譬如朱熹的时代，譬如春秋战国时代？面对这样的问题，人们最容易想到的答案，是阅读那个时代的史书。像《史记》《汉书》这样的正史，是人们理解一个时代的基本资料、常规资料。进入现代社会以后，人们既可以通过年鉴之类的资料理解一个时代，也可以通过报刊、视听资料理解一个时代。最近几年，随着微博、微信的兴起，这些新媒体也成为记录时代的新工具。

在各种资料中，学术思想论著对于时代的记录功能、阐释功能尤其值得注意。因为，新闻报道、年鉴汇编给世人、后人展示的，主要是一个时代的现象或表象。即使是所谓的“深度报道”，通常也只是报道一个事件背后更深层次的利益纠葛。即使是秉笔直书的“正史”，通常也只是记录一个时代发生的所谓重大事件——重大事件依然只是事件。相比之下，学术思想论著则是关于时代精神的记录。因而，要理解一个时代的精神实质，学术思想论著的价值与意义不容忽视。

譬如，倘若我们要理解19世纪上半叶，当然可以看《清史稿》中的相关章节。但是，龚自珍写下的著作可能是更逼真、更清澈的时代精神的镜子，因而，通过阅读《龚自珍全集》，能够更好地理解19世纪上半叶的精神实质——我个人的一点私见是，龚自珍的作品最为精准地反映了19世纪上半叶的时代精神。再譬如，倘若我们要理解汉武帝时代的精神实质，董仲舒的著作也许比班固的《汉书》更加值得注意，汉武帝时代最为核心、最为紧要的问题，见之于董仲舒的作品中。也许正是因为这个缘故，《汉书》大段地摘录了董仲舒的论著，这是班固的高明之处，也是班固史识的证明。试想，绕开了董仲舒作品，你如何解释汉武帝时代?

从表面上看，学术思想著作没有或较少记录一个时代的具体事件，可能没有数字，可能没有细节，甚至可能很抽象、很枯燥，甚至可能不那么“接地气”。但是，学术思想著作的抽象性，源于它是关于时代精神的高度概括，是对时代的萃取。抽象的学术思想著作，正是学者们、思想家们去粗取精、去伪存真、由表及里地阅读时代的结晶。

在各种各样的学术思想论著中，法学论著对于时代的记录，具有特殊的功能。法学论著的形态虽然五花八门、形形色色，但是，所有的法学论著，都是对一个时代的文明秩序的表达、说明、分析、批判。分别来看，部门法学论著聚焦于文明秩序的细节或褶皱，是关于一个时代文明秩序的近距离的记录——譬如马克思的《关于林木盗窃法的辩论》。相比之下，宪制理论著作、法政哲学著作侧重于描绘文明秩序的原理，勾画出一个时代蜿蜒起伏的轮廓，因而是关于一个时代的文明秩序的远距离的记录——譬如马克思的《黑格尔法哲学批判》。远观与近看，反映了法哲学与部门法学记录时代的不同方式。

关于法学论著与时代精神的关系，我们还可以换个角度来审视：探讨微观法律技术的论著，记录的是一个时代的毛细血管，它可以让一个时代纤毫毕现。

研究中观法律制度的论著，记录的是一个时代的基本骨架。至于阐释法律思想的法哲学论著，记录的则是一个时代的灵魂与精神——康德的《法的形而上学原理》、费希特的《自然法权基础》、黑格尔的《法哲学原理》，都可以归属于这样的法学论著。把各种各样的法学论著汇聚起来，足以反映、烛照、记录一个时代的各个侧面。因而，一个时代的法学论著，实为那个时代的一面镜子。

多年来，我一直在琢磨这样一个问题：对于一个法学研究者来说，为什么写作？为什么创作法学作品？人们会说，研以致用，是为了解决实际问题，是为了服务于这个时代的法治实践。这样的说法固然不错。但是，创作法学作品的意义还不止于此。法学论著既有助于解决实际问题，同时也是在记录一个时代。时代正是因为有记录才成为文明。正是在这个意义上，法学论著的创作者或法学理论的研究者，可谓一个时代的书记员，亦是“斯文在兹”的见证人。

我们这个时代在寻求文明，我们这个时代需要记录，因而，我们这个时代需要更多的时代精神的书记员。

（作者为首都经济贸易大学法学院院长、教授）

中华法系的价值与中华法系的重塑

张晋藩

中华法系至少具有四大价值

经过不断研究，我对于中华法系的价值形成了以下四点认识。

第一，中华法系体现了中国文化的博大精深，可以看作中华法制文明的集中代表。中华法系在漫长的形成与发展过程中，不仅积淀下深厚的法文化底蕴，也表现出不同历史阶段法制文明的进步。它惊人的感染力和渗透力不限于国内，也影响着朝鲜、越南、日本等国家，使得这些国家的法律制度、社会风气乃至生活习惯都带有中华法系的烙印，形成了一个以儒家学说为主导、以三纲为基本内容的法文化圈。中华法系不仅是中国法文化宝库中的财富，也被世界公认为体现人类社会进步与法制文明的瑰宝。正因为如此，中华法系不仅具有民族性，也具有世界性。真实的历史发展过程，雄辩地说明了中华法系的价值。

第二，中华法系是中华民族理性与智慧的结晶，表现了伟大的创造力。中华法系包含了许多跨越时空的合理性、民主性的制度因素和丰富的思想资源，它虽然是封建性质的法系，但其主流却是中华悠久文化中的民主性精华，不因时代久远而湮没其光彩。例如，人本主义的国家治理重心，天人合一的和谐理念，以法治国的国家管理方案，以德化民、明刑弼教的互补关系，罪刑法定的刑法原则，等等，都具有穿越历史时空的普遍价值，是建设当代法治中国的宝贵的历史镜鉴。

中华法系是生成于中国本土上的一个法系，它源远流长、历史悠久而从未中断。世界上曾经出现过许多种法系，但在漫长的发展过程中，或者因汇入其他法系而消弭，或者因国家的灭亡而消亡，或者因其他许多复杂的原因而中断，只有中华法系，经过数千年的发展始终不曾中断。这种悠久性、完整性、系统性、典型性，是世界上其他法系所不具备的，是研究东方文明古国法系的最具代表性的范例。

中华法系的命运是和古代中国的命运紧密联系在一起的。国家的存在与持续发展是中华法系的强大支持力量，而中华法系又对国家的稳定与兴盛发挥着重要的作用。它通过一系列法律制度的建构与实施，维护国家的统一发展，保持社会的和谐，确立政令畅通的管理体制与吏治机制，实现以礼为主导、明刑弼教的社会控制模式，等等。这些都对统一多民族中国的强盛起着积极的作用。

中华法系的价值是重塑中华法系的重要考量

延续千余年的中华法系之所以具有强大的生命力，不是偶然的，它的价值所在，正是重塑中华法系的重要考量。

近代以来，中国法律的发展基本上是与传统中华法系渐行渐远的过程。清末法律改革选择了全盘西化的途径，经由日本吸收了欧陆法律文明，但是随着法律在社会生活中的运用，外来法律与本国生活实际出现了许多不适应性。被改良主义思想家推崇备至的西方法律文化，也并不是最完美、最理想的。有学者深有所感地说：“但是西方的基本文化内涵并不限于这两项（指民主与科学），其中如过度发展的个人主义、漫无限制的利得精神、日益繁复的诉讼制度、轻老溺幼的社会风气、紧张冲突的心理状态之类，则不但未能一一适合于其他非西方的社会，而且已引起西方人自己的深切反省。在现实世界中，我们找不到任何一个具体的西方现代生活十全十美、足供借镜的（例子）。”从其论述中我们不难发现，即使是西方人自己，也看到了他们文化中存在着难以克服的弊端。中国的学者，也在检讨晚清修律全盘西化的缺失，批判它所造成的消极影响。中华人民共和国成立以后又经历了“一边倒”学习苏联的失败，这使更多的国人意识到，在我们睁眼看世界、借鉴吸收外来法律文化的同时，也需要回头看，检索中华民族宝库中的具有超越时空价值的法律文明要素。

我们要在世界进步的潮流中走出自主创新的法治之路，使中国特色的法律制度具有更丰富的内涵与说服力。于是，人们不仅关注中华法系的价值，更思考着中华法系的重塑问题。就在此时，中共中央发出了中华民族伟大复兴的号令，这是中华民族感到极大振奋的时代最强音，发挥着建设祖国的正能量，成为不可阻挡的历史潮流。

作为中华民族传统文化重要组成部分的法律文化，有其辉煌的历史，是世界法文化苑中的一株奇葩。它体系完整、内容丰富、特点鲜明，绵延数千年而从未中断，不仅为中华民族不同时期的发展和法制的进步提供了法文化支持，也为中华民族的当代复兴留下了弥足珍贵的浩瀚的法文化宝藏。因此，中国传统法律文化的传承与改造就成为中华民族文化复兴重要的一部分。而法律文化的复兴，也体现在重塑中华法系上。当然，重塑绝不意味着简单再现，而是在新的历史条件下找出中华法系几千年来形成的合理的法律精神、法律原则、法律行为与当代中国社会之间的适当的切合点，发挥其为建设社会主义法治国家服务的功能，并最终为中华民族的伟大复兴发挥积极的作用。

中华法系是在中国特定的历史条件下形成的，是中华法文化的优越性及其世界影响的集中体现，显示了中华民族的伟大创造力和中华法制文明的深厚底蕴。中华法系从发端到形成经历了一个漫长的过程，这个过程是与来自多源头的法文化的不断整合分不开的。它是中华民族智慧与理性法律思维的结晶，是东方相邻国家的母法，也是世界法系之林的重要组成部分。到了近代，由于国情条件的巨大变化，中华法系受到异域法律文化的强烈冲击而逐渐解体。

中华法系中固有的专制主义、皇权思想、宗法习俗等成分由于失去所依附的载体而退出历史舞台，但就中华法系的总体而言，它凝聚着整个中华民族的精神、智慧与理性，不仅仅属于封建社会的法文化现象，因而实际上并没有消亡，只是处于艰难的转型、更新与重塑的准备阶段。因此，不能简单地把中华法系理解为仅是一个历史现象，或者一个失去生命力的僵化的概念，它具有的超越时空的合理部分都值得重视和吸收。

在中华民族伟大复兴的历史时代，在中华法文化日益受到重视的背景下，重塑体现中华法文化精粹的中华法系是一个必然的趋势。

需要强调的是，重塑中华法系绝不是复古，也不是简单地传承古代的某些法律制度、形式与条文，而是弘扬发源于中华民族本土上的体现中华民族伟大精神的理性思维的法律文化。它是客观的、真实的存在，不是凭空的设想；它是经过数千年风雨炼就的民主性精华，是构建当代法治中国殿堂的元素。为此，我们需要深入研究中华法系，从中提炼出超越时空的法律思维、法律理论以及立法、司法的原则与制度、经验与教训，科学地总结中华法系发生、发展的规律性，并且找到其与当代法治的契合点，使其有机地融入现实的法制建设中来。因此，重塑不是复旧，而是创新，是走中华民族自己的路。这样做，更能体现国情因素所加给中华法系的特殊性与典型性，同时能使中国当代的社会主义法制特色更加鲜明，更具有说服力。

重塑中华法系，绝不是妄自尊大、自我封闭，而是把目光投向世界进步的法制发展的新趋势，使中国与世界联系起来，取其法治文化的精华为我所用。晚清的全盘西化与后来的照搬苏联，都是引以为戒的不可行之道。如果说古人建设的中华法系曾滋润过相邻的东方国家，长期雄踞于世界法系之林，那么，我们今天也有能力、有信心重塑一个体现当代中国法文化成就的新的中华法系。

为了重塑中华法系，我们需要以理性的态度重新审视固有的中华法系，发掘其中可以为当前社会主义法制建设所需要的宝贵的思想文化资源。这是一项极其艰苦的科学研究工作，也是一项光荣的历史使命。

（作者为中国政法大学终身教授）

荣誉权是不是一种独立的权利

喻　中

在司法实践中，有关荣誉权的案件时有发生。在民法理论中，以荣誉权为主题的论文也不少。多数观点认为，荣誉权应当予以保护。但也有人认为，荣誉权不是一种独立的权利，荣誉权应当归属于名誉权。我个人认为，荣誉与名誉还是可以区分的，也是应当区分的。两者的本质差异在于：荣誉针对“杰出”，名誉针对“合格”。所谓侵犯人的名誉，是把一个“合格”的人贬为“不合格”。譬如，张三无中生有，指责李四“道德败坏”，张三就可能侵犯了李四的名誉权，因为一个人被打上了“道德败坏”的标签，“名誉”就不好了，一个“名誉不好”的人在群体中就可能受到某种程度的歧视。一个人倘若要寻求法律救济，要提起名誉权诉讼，他的实际诉求是：让他的形象从“不合格”恢复到“合格”。民法中所谓的“恢复名誉”，就是要把泼在一个人身上的污水洗掉，让他成为一个“干净”的、“合格”的人。这就是我所说的“名誉针对合格”的意思。

“荣誉针对杰出”的意思是，荣誉属于那些超越于众人、常人、普通人的杰出之人，支撑荣誉的“杰出”明显高出于支撑名誉的“合格”。针对“杰出”，国家、社会通常会给予各种形式的奖励。因此，荣誉权通常就是获得精神奖励与物质奖励的权利。譬如，获得诺贝尔奖、科技进步奖、先进个人称号、三好学生称号，等等，都属于荣誉。由国家、社会向某些“杰出”者授予某种荣誉，从而产生某种激励功能，是社会治理的一种重要机制，因此，荣誉权能够得到国家的支持。个体获得某种荣誉，意味着个体获得某种承认。因此，荣誉权能够得到个体的支持。这是荣誉权得以成立的政治基础、社会基础。从这个角度上说，荣誉权是不能否认的，同时也是应当得到救济的民事权利。

获得荣誉是人的权利，能够在法理层面上得到确认，这没有问题。但是，如何追求荣誉还有一个伦理层面上的限制与约束。譬如，某个很不错的作家，他自认为名气也很大，成就也很高，他希望获得今年的诺贝尔文学奖。但是，诺奖评审委员会却把今年的诺奖给了别人。他觉得这不公平。他能不能向诺奖评审委员会提出申诉？他能不能向瑞典法院提起荣誉权诉讼？从法理上说，他有这个权利。但是，近百年来，诺奖历史上发生过这样的申诉或诉讼吗？没有。这就是说，即使有一些与诺奖无缘的作家可能会感到失望，但是，从没有人试图从"法律层面"上去"救济"自己的荣誉权。原因在哪里？回答是：真正的荣誉离不开伦理的支撑，个人对荣誉的追求受制于伦理的约束。

荣誉是国家机构或社会组织主动授予的。从伦理上说，荣誉不宜由个人主动申报。因为"申报"的含义之一就是"索取"。在通常情况下，合法的利益都可以索取，譬如，索取劳动报酬，要求侵害者恢复自己受到损害的名誉，就是堂堂正正的。但是，对于荣誉的索取则是另一回事。

（作者为首都经济贸易大学法学院院长、教授）

党内法规在法治中的重要作用

许耀桐

十八大以来，中国共产党抓紧制定党内法规。党的十八届四中全会《决定》提出加强党内法规制度建设，完善党内法规制定体制机制，形成配套完备的党内法规制度体系，并把加强建设和完善党内法规制度提升到构建法治体系的高度，指出中国特色社会主义法治体系包含五大体系，即完备的法律规范体系、高效的法治实施体系、严密的法治监督体系、有力的法治保障体系，完善的党内法规体系。因此，十八届六中全会通过的《关于新形势下党内政治生活的若干准则》和《中国共产党党内监督条例》，作为党内法规体系的一部分，属于整个中国特色社会主义法治体系的重要组成部分。那么，党内法规体现了怎样的法治特点呢?

党内法规是中国特色社会主义法治体系的有机组成部分

“法治”的概念大于“法制”和“法律”，因此，中国特色社会主义法治体系既可以包含国家法律体系，也能够包含党内法规体系。同时还要认识到，党内法规虽然不是国家法律，但如果从法是一种组织化的行为规则，法在本质上要靠组织成员的内心认同，法本身具有公共性、规范性、普遍适用性等特征来看，中国共产党的党内法规也具有这样的共同特征。党内法规反映了党员和党组织的意志，具有了在党内实行的公共性、规范性、普遍适用性。而中国共产党又处于执政地位，代表着国家的利益、人民的利益，这样的公共性、规范性、普遍适用性虽然只在党内实行，但也自然地能够得到国家和人民的认可。习近平总书记指出，新形势下，我们党要履行好执政兴国的重大职责，必须依据党章从严治党，依据宪法治国理政。这说明，建设中国特色社会主义法治体系和社会主义法治国家，没有中国共产党的领导是不可能完成的，而没有依据党章和其他党内法规的依规治党，就没有依据宪法和其他国家法律的依法治国，在中国特色社会主义法治体系之中完全应当包含党内法规体系。

当代中国，在推进中国特色社会主义法治建设中，为了保持党的先进性和纯洁性，提高党的领导能力和执政能力，需要党内法规、依规治党；为了构建和谐社会，建设社会主义法治国家，需要国家法律、依法治国。党内法规、依规治党和国家法律、依法治国，要“两手”抓，并且“两手”都要硬。党内法规和国家法律，都是国家治理所需要的，是国家治理现代化的必然要求。如同国家法律必须通过法律的实施才能体现它的生命和价值一样，党内法规的生命力也在于它的实施，在于党内法规执行力的提高，这必然要求各级领导干部切实领会法治精神，带头遵守法律和党内法规，带头依法办事。不仅要自觉学法、尊法、守法，提高法治思维水平和能力，运用法治方式深化改革、推动发展，也要切实改变“权力迷恋”和“大包大揽”的情况，将执政履职思路彻底转到法治轨道上来。全面从严治党永远在路上，党员干部要自觉运用党内法规体系把党要管党、从严治党落到实处。

党内法规的法治不同于国家法律的法治

虽然国家法律、党内法规的制定及其实施、监督、保障共同构成了社会主义法治体系，但在这个法治体系中，国家法律与党内法规的法治情况又有着严格的界限和区别，因此，不可将党规与国法相混同，更不能用党规来代替国法。党内法规和国家法律的不同在于：一是性质不同，按照《中国共产党党内法规制定条例》，党内法规指的是：党的中央组织以及中央纪律检查委员会、中央各部门和省、自治区、直辖市党委制定的规范党组织的工作、活动和党员行为的党内规章制度的总称，它是党的自身管理；而国家法律，不仅由国家制定，还由国家法治机关保证实施，它是国家的全体公民和组织都要遵守的行为规范体系，是包含了党员和党组织在内的国家治理。二是适用对象不同，党内法规的适用对象是党员和党的组织，依据《中国共产党党内监督条例》第四十条："各级党委、纪委应当按照本条例规定切实履行监督职责，发挥监督作用"的规定，保证其运行实施的是各级党委和纪委，而根据《中国共产党纪律处分条例》的规定，对党员的惩处仅限于警告、严重警告、撤销党内职务、留党察看和开除党籍五种，是基于党员的政治身份作出的决定，主要涉及政治理想、信念、信仰方面，不涉及党员的公民权利；而国家法律的适用对象是全国的公民和组织，对于公民的犯罪、违法、侵权等行为，会施以不同的惩罚方式，以维护正常、稳定的社会秩序。法律的惩罚是有形的，可以限制人身自由、剥夺财产、剥夺政治权利，甚至判处死刑，这些都是党内法规的处置所不具有的。三是制定过程不同，党内法规因其制定主体是党的组织，虽然其制定也有一定的程序，但一般会根据社会的发展实际以及党内出现的新情况新问题及时地做出调整，具有灵活性，且文本形式和内容可繁可简，可以是具体的也可以是原则性的，例如《中国共产党廉洁自律准则》，向全党提出了廉洁自律要求，行文上全篇共8条仅112字，并且都是原则性的规定；而法律的制定和修改有着更加严格的规定，对法律的立、改、废、释属于国家立法行为，由国家权力机关来行使。从实践看，这一过程通常需要经过复杂的程序和充分的调研，需要征求社会各方面以及不同阶层、地域等群体的意见，需要经过几年甚至十几年、几十年的时间。

党内法规的法治不同于国家法律的法治，可以用"一高一严"来说明。"高"，即国家法律高于党内法规；"严"，即党内法规严于国家法律。国家法律高于党内法规，这个"高"指国家法律是所有公民的行为规范。在现代法治国家，法律对于整个国家而言具有基础性作用，全体公民都必须遵守法律规定。作为党员，首先是国家公民，不能突破和违反法律的规定，并且还要带头模范地遵守国家法律法规，这是党章规定的党员义务。作为国家根本大法的宪法，是一切制度的根基，任何组织和个人，都必须遵守宪法规定，坚持和贯彻宪法确立的原则。依据宪法制定的法律法规是全体人民意志的体现，党内法规必须与宪法法律相一致，不能相冲突。党依法执政，既要求党依据宪法法律治国理政，也要求党依据党内法规管党治党，党内法规着眼于全体党员，体现党的主张，规范党组织的工作、活动和党员行为，保证着党的理想信念宗旨，是党员的行为准则，而这个行为准则自然也是以不能违反国家法律为最高准则的。任何一个中国共产党党员都不是“特殊党员”，不可能享有破坏国家法律规定的“特权”。

党内法规严于国家法律，这个“严”是由中国共产党的先锋队性质决定的，也是党的历史地位和使命决定的。党的历史使命越光荣，奋斗目标越宏伟，执政环境越复杂，越需要党炼就百毒不侵的金刚之身，越需要巩固党总揽全局、协调各方的领导核心地位，越需要全面从严治党。党规之所以“严”，是因为党规的适用对象是党组织和党员，而共产党员是普通人民群众中的先进分子，党规党纪对党员的要求自然要比国家法律对普通公民的要求来得更严。这个“严”，既体现在党的各种具体规章制度的内容上，也体现在要求党员模范地遵守国家法律上。如果不能遵守党的规章制度，那么，一个人就不可能成为党员，党组织也就降格为一般社会团体，党的先进性和纯洁性都无从谈起。

党内法规严于国家法律，指的是党内法规对党的组织和党员的要求更严格，而非对违反国家法律的党员和非党员在定罪量刑上不一致。在党内法规中对党员做出更严格要求的规定，这既符合党的宗旨，也符合人民大众对党员、对党的期望。党内法规严于国家法律的例子很多。比如，《中国共产党章程》对党员的要求比法律对公民的要求要严格得多，党员必须吃苦在前，享受在后，克己奉公，多做贡献；党员必须在一切困难和危险的时刻挺身而出，英勇斗争，不怕牺牲，等等。《中国共产党章程》对党的各级领导干部的要求也比《中华人民共和国公务员法》对一般公务员的要求要严格得多，党的各级领导干部必须立志改革开放，献身现代化事业，在社会主义建设中艰苦创业；党的各级领导干部必须勤政为民，以身作则，讲党性、重品行、作表率，做到自重、自省、自警、自励，等等。

既然党内法规严于国家法律，就要求把党内法规挺在国家法律之前。这是因为中国共产党是中国工人阶级先锋队，同时是中国人民和中华民族的先锋队，党章和所有的党规党纪是对党的成员的严格约束，保证着党的政治理想、执政理念和立党宗旨的践行和落实，是中国共产党人的行为准则和政治底线；法律体现中华人民共和国的国家意志，是全体公民的行为底线。中国共产党人只有依靠严格的党内法规才能使自己不同于一般群众、区别于其他任何政党。把党内法规挺在国家法律前面，共产党员在自觉地接受党的规矩纪律的约束后，就能更好地接受国家法律的约束。此外还有一个特殊的情况，对于普通群众来说是“法无禁止即可为”，而对于党员干部来说，还要加上“纪有规定不可为”。推进全面从严治党，党员干部要切实把党内法规挺在国家法律前面，才能立于党风廉洁建设和反腐败斗争的最前沿。

党内法规的法治有力地保障了国家法律的法治

虽然党内法规体系与国家法律体系共同构成了社会主义法治体系，但不等于二者是独自的、分开的、毫不相干的。全面推进依法治国必须充分发挥党内法规对国家法律的保障作用。有人认为，党规党纪强调多了，法律法规就会被弱化。事实上，加强党内法规制度建设，不仅不会削弱国家法律的权威，反而有利于国家法律实施，二者相辅相成、相互促进。党制定党内法规，调整党内关系、规范党内生活，为党组织和党员提供行为遵循；党又领导人民制定宪法和法律，调整社会关系、规范社会秩序，为公民、法人和其他组织提供活动依据。党内法规和国家法律都是党和人民意志的反映，二者在本质上是一致的。历史经验告诉我们，如果党内法规执行得好，法律法规能得到较好遵守，法治建设就能顺利推进；如果党内法规执行得不好，法律法规的权威也就树立不起来，依法治国也就无法实现。

现实中已有事例说明，党内法规和国家法律的制定工作尽管在主体、程序等方面有很大差别，但由于规范对象在事实上具有一定的载体的同一性，使得党和国家可以共同制定一些法规制度。例如，2013年中共中央和国务院联合发布了《党政机关厉行节约反对浪费条例》。这个联合发布的条例，就是联合制定。党政联合发文不仅是可行的，也是必要的。这种联合立法的做法，在当代中国有利于高效地促进经济社会发展。这一做法启示我们，只要党政双方都认为有必要，就应当联合起来推进制度规范。当前，对于中国大量的公共治理问题，比如环境污染、公共安全等问题，不仅政府责无旁贷，执政党也负有重要的领导责任。

我国正处于社会转型期、改革攻坚期，各种矛盾突出，在公民的道德水平还有待提高的情况下，一些社会领域事实上存在立法落后甚至是盲区的问题。而国家立法是一件非常严肃和需要耗费巨大精力和时间的事情，在这些亟须规范的领域，在宪法框架内遵循宪法和法律基本原则、基本精神制定一些相对灵活的党内法规，由此来约束党组织和党员行为，规范国家机关和党政领导干部，可以起到对全社会的示范作用，同时为国家立法提供重要实践参考依据，在今后条件成熟时转化为国家法律，做到党内法规和国家法律的有效衔接，从而能够有力地发挥党内法规对国家法律的保障作用。

（作者为国家行政学院一级教授）

儒家礼法之治缺乏“法就是法”的观念

张 翔

中国新文化运动举起的两面旗帜，一是“德先生”，二是“赛先生”。在对人民启蒙时，民主和科学的价值被赋予了绝对至上的正当性，但“法治”并没有作为一个口号出现，启蒙运动给中国带来非常强的文化激进主义，但这与法的安定形象恰恰是冲突的。当时中国最精英的人群、知识分子都没有真正地接受法治和法的权威观念。

中国非常有意思的传统是强调法的正义性，中国的文化传统和社会心理很难接受没有道德内容的形式法治观。历史上的法家曾经主张以同一的、单纯的法律来约束所有人民，反对考虑贵贱、尊卑、长幼、亲疏、美恶等因素，反对用抽象的伦理道德原则来治理国家，批评儒家是“坐候尧舜”，但事实上中国古代法的主要传统仍然是儒家的礼法之治。尽管汉以后一家独大的儒家，出于治理国家必须依靠法律的事实，也在吸收法家的思想，但以儒家经义引导法律的运作，要求法律的执行合于儒家的道德观，构成了中华文化的主体法律观念。而着重于法律本身，强调法律的同一性和不折不扣地严格执行的法家则是一直背负污名的。

所以，在中国法治发展过程中出现了一个非常有意思的现象：立了法，大家都不在乎，过一段时间说这个法不好，就废掉了。中华文明非常缺乏的一个东西是“法就是法”的观念。我们的专家、知识精英、普通老百姓经常指出这个法、那个法不好，我们承认这个法可能确实有问题，但这个法既然在这里，我们能不能先好好地执行它？法的正义性问题能不能下一步讨论？

当代法哲学在德国战后曾经有过一次非常重要的反思，并提出一个共识：只要是实体法就应该去遵守，如果实体法本身是不正义的，我们还是应该遵守它，只有当实体法极端不正义时才不应该去遵守它。极端不正义是什么？标准很难确定，经常举的一个例子是，东西德统一之后，守护柏林墙的士兵因此前看到有人翻越柏林墙时开枪射击而受审。在审判时，他们说：“我们射击是听从长官的命令，也有法律依据，为什么会是犯罪呢？”在中国有一句话传播很广，叫“你有把枪口抬高一厘米的权利”，虽然这句话可能是某个人编出来的，在任何判决中都找不到，但说得很精彩，因为这个法律依据已经到了极端不正义的程度。但除了这种极端不正义的法之外，其他的法律，哪怕是有瑕疵的法律也应该好好去遵守和执行。

在中国讲法治谋划，我们需要接受一种法的道德，即“法就是法”，把现实有效的法好好执行下去，包括每个个人去服从有瑕疵的法，接受一些不好的法，这可能也是我们民族心理真正成熟的标志。当然，现代法治一定要有纠正恶法的机制。这样，整个法治体系就能良好地运转下去了。

（作者为中国人民大学法学院教授）

法学缺的是通家

郝铁川

现在我国的法学教育出现了法学院专业设置越来越细的新情况，把原来一个法学院拆分为民商法学院、经济法学院、法律学院、行政法学院、国际法学院、刑事侦查学院、应用法学院等。这样的设置所培养的学生很难避免知识领域不够广泛的弊端，教师长期在这样的专业分工下从事教学和研究，也很难避免学术视野愈来愈狭窄的缺陷。

著名法学家杨兆龙教授在《新法学》月刊1948年第1期上发表了《法学界的贫乏》一文，分析法学界存在严重的营养不良、精神萎靡的衰弱症，其中就指出了法学研究范围狭窄的现象。他在文章中指出：中国学法律的人最容易犯两种毛病：一是对于与法学有关的非法学科目缺乏必要的了解。经济学、社会学、心理学、政治学、历史学、哲学、伦理学等与法学都有密切的关系，由于时间与精力的限制，我们当然不能希望各个学法之士对于这些科目都有相当研究，但一个专业的法学家至少应该对与他的法律专业有关的几种科目有适度的认识。例如，教公司法的人至少要对于经济组织有相当研究；教票据法的人至少要对于银行界、工商界运用票据的情况有相当认识；教海商法的人至少要能了解航业界及海上运输的实况，不然他们对于所教法律之立法政策及其规定之得失，便不会知道很清楚。但在我们所知道的法学教员中能够符合这一条件的人并不多见。二是对于法学科目仅有局部的研究。法律的分门别类，本为研究之方便，并不是彼此间有何严格的界限存在而各自独立。学法之士应该对于整套法律有全面的认识。

杨兆龙先生对20世纪40年代法学界的批评，仍有借鉴意义。尤其是他指出的如下情况今天并未绝迹："一般法学专家有只懂公法而不懂私法者，有只懂私法而不懂公法者，有只懂刑法而不懂民法者，有只懂民法而不懂刑法者，有只懂民法而不懂商事法者，有只懂商事法而不懂民法者，有懂国内法而从未学过国际法者，有终生致力于法学的教学工作而未尝一窥法理学或国际私法之门径者。这些法学专家对于法学的认识真担当得起'管窥蠡测'四个字。"

由于目前法学教育分工过细，杨先生过去批评的"法学界的贫乏"更有可能愈来愈严重。我觉得，近代法学教育过分注重细致的专业分工，20世纪以来的社会发展变化已要求在学科分工基础上培养法学通家，即"古今通""中外通""交叉通""名实通"等。

所谓"古今通"，就是要打通中华法系到今日中国依法治国的隧道，寻求中国法治的历史脉络。所谓"中外通"，就是要进行中国和西欧法治的比较研究，通过比较，试图弄清楚中国和西欧的法治究竟是一种文明类型的差异，还是一种发展阶段的差异。即便是"条条大道通罗马"，那也不是"一条大道通罗马"。而且，西欧的历史在世界范围才是特殊的，希腊、罗马那样的奴隶制社会，在其他地方找不到；西欧中世纪采邑分封制、城市制度和教权、王权二元并立制度，在其他地方找不到；西欧资本主义社会从封建母体里正常"十月怀胎，一朝分娩"的道路，在其他地方也很难找到。正是因为如此，近代复制西欧模式的发展中国家，能够富强起来、跻身于发达国家的成功者甚少。所谓"交叉通"，就是打通法学与其紧密相关的经济学、政治学、宗教学、伦理学、历史学等隧道。所谓"名实通"，这里的"名"指理论，"实"指实际。"名实通"就是强调要从实践中提升理论。西方法学总体上给人一种重视逻辑假设、忽略历史论证的感觉，比如，社会契约论是一种假设，"人生而平等"也是一种假设，但这些缺乏实证。

因此，我觉得我们应该借鉴史学家"通古今之变，究天人之际""持之有故、言之成理”“辨章学术，考镜源流”的研究精神，把历史和逻辑相统一，对那些不能被历史证明的逻辑假设，虽不能轻易否定，但也不能盲目推崇，只能把其视为一种理念，而非历史事实。从实践中提升理论，比逻辑推理更可靠一些。

（作者为上海文史馆馆长、华东政法大学教授）

法治新探

应重视指导性案例的应用研究

刘作翔

案例指导制度是司法改革的一个重要内容。我们国家实行案例指导制度，就是为了更好地实现同案同判，以达司法公正中的个案公正。因为指导性案件是一个个具体案例，是一个个具体个案。通过指导性案例这样的范本，为同类案件树立一个标杆，以后此类的案件、同类型的案件照此办理，做到同案同判，体现个案的公正。因此，应该重视指导性案例的应用研究。

第一个问题，应该重视指导性案例的援引和应用研究。我们现在的研究重点应该有所转移。2005年，最高人民法院出台了“二五改革纲要”，2010年年底，最高人民法院出台了关于案例指导工作的文件，2011年开始发布指导性案例。从2011年到2015年年底，发布了11批56个案例。在这个过程中，我一直关注的问题是：案例指导制度或者指导性案例是否落地。我认为落地的标志是指导性案例被援引。但我们不太容易看到这方面的材料，看不到指导性案例被援引的情况。2015年4月份，我接到广东一位法院法官给我寄来的一篇文章，他在文章里说有28个案例被援引。指导性案例发布后是否被后案所援引，这是指导性案例落地生根的标志，前期所做的工作都是一些准备性工作。

从我所观察的范围来看，指导性案例在实际过程中被援引的情况没有引起高度重视。56个指导性案例到底在实践中被引用的情况如何，有不同的反映。有搞行政法的学者跟我讲，发布的指导性案例有的是错的。对与错是个人的看法。既然认为这个案例有问题，就可以进行研究。2015年4月27日，最高人民法院发布了一个指导性案例的实施细则，其中明确地提出：当事人、诉讼代理人、辩护人提出了指导性案例，法官是否引用必须要做出回应，应用了要做出回应，不应用更要做出回应，这是一个硬性的要求。而且明确提出应该把指导性案例的文号直接载入后案中，这是我们当初所一直想达到的目标。它和过去案例所发挥的作用不同之处就在这个地方，所以我们用援引这个概念是没有错的。如果说过去这一点不明确的话，实施细则明确了这一点。

所以，现在研究案例指导制度，有关它的必要性、重要性等问题已经没有太多意义，现在应该重心转移，转移到对已经发布的56个案例在实践中的运用情况，做一个追踪性的研究。这个工作很大程度上应当是在法院系统。

第二个问题，应该重视案例发布体系的有序化问题。当初为什么搞案例指导制度？就是为了在各种庞杂的案例发布种类面前树立一个比较权威性的案例标准。指导性案例之所以权威，有两个原因：一是每一个指导性案例都经历了程序化的筛选过程和认定过程，它有严格的推荐程序和筛选程序，最后由最高人民法院审判委员会审定后发布，体现了它的权威性。二是在最高人民法院的文件中规定了人民法院在审理类似案件时应该参照指导性案例。

在2015年4月发布的实施细则的第九、十、十一条里，要求主审法官对指导性案例是否采用要做出回应，且指导性案例的文号可以进入后案的裁决书中去。如果说过去大家对此有争议，说应当参照，也可以不参照，那么现在这个问题就不存在争议了，你必须要做出回应。这两点恰恰体现了指导性案例在所有案例种类和案例形式面前的权威性。

但是，到目前为止，如果大家关注案例发布的情况，会发现案例发布还缺少体系，各种各样的发布都有。除了指导性案例以外，还有各种各样的围绕当前社会的热点问题，或者当前司法审判中的一些问题，不断地有案例发布。一会儿是毒品案例，一会儿是知识产权案例，一会儿是高校违法案例，案例种类特别庞杂。并不是说案例发布不应该，案例发布应该有多样化的形式，但我认为应该有序化和体系化，每一种案例的地位、权威性是不一样的。

第三个问题，应该加强对法官应用指导性案例的培训工作。必须要对法官进行培训，法官对指导性案例有一个识别问题，不是简单一看就清楚。国际私法里有一个法律识别问题，指导性案例同样有一个案例识别问题。不培训，法官怎么会用？

第四个问题，高等院校法律院系应该加强对指导性案例的教学。指导性案例在实践中已经成为我们国家审判的一种模式，应该应用到高等院校法律专业的教学中去，不然的话，学生难以面对未来的工作需求。

（作者为中国社会科学院法学研究所研究员）

“随处留心观察”便是“绝大本领”

——董必武举一反三倡导重调查、重证据的办案作风

叶介甫

董必武是杰出的马克思主义政治家、法学家，是我党主要领导人中唯一的一位受过正规法律专业教育并从事过律师职业的人，是党内坚决主张实行法治的第一人，也是新中国法制建设的主要奠基人。他长期从事我国法制建设的领导工作，在中国共产党探索建设社会主义政治文明及法制文明的历史进程中，作为第一代领导集体的重要成员不仅在实践上，而且在理论上，都做出了杰出的贡献。

错判“放蛊”案件的报告引起了董必武的高度重视

1955年1月，湖南省人民法院上报的有关绥宁县人民法院错判“放蛊”案件的报告摆到了董必武的案头。错判的案子多达14件，引起了董必武的高度重视。1月21日，经董必武同意，最高人民法院党组向中共中央报告了此事，并转报了湖南省人民法院《关于绥宁县“放蛊”案件的检查报告》。这一事件，也引起了毛泽东的高度关注。2月1日，毛泽东批示：错判“放蛊”事件，不过是不良作风表现在若干案件上面而已，应使重点放在改善作风上。3月12日，中共中央向各地转发了上述报告，并发出改善司法机关审判作风的指示，要求各级人民法院发

动全体司法人员对自己的审判作风进行深刻的检查，反对逼供信的审判作风，提倡科学的调查研究的审判作风，以避免错判案件继续发生。

报告中所谓“放蛊”，是指心怀恶意的妇女把蜈蚣、乌烟虫等毒虫用火烤焦，碾成粉末，藏在指甲内，然后暗自弹到别人的饮食中，她们认为，食者会因此“中蛊”，几个月或几年后就会死去。据说“放蛊”的妇女并没有什么特别的杀人缘由，只因若不“放蛊”就心情烦躁。这类案件错判的经过，都是由于有人怀疑某个妇女“放蛊”，村干部就发动群众对她进行批斗，甚至捆绑吊打，迫使妇女承认后，由乡政府移交人民法院。绥宁县人民法院的办案人员对这种迷信传说深信不疑，在不做调查取证的情况下，对被指控的妇女定罪判刑。

错判的“放蛊”案件是怎么被发现的呢

错案的发现与1954年9月第一届全国人民代表大会第一次会议初步建立我国法律体系有关。这次大会审议通过《中华人民共和国宪法》《中华人民共和国人民法院组织法》等五部重要的法典后，董必武被选举担任最高人民法院院长。他莅任后的一项重要举措，就是推动全国各级人民法院贯彻实施人民法院组织法，大力改善新中国审判人员的审判作风。为此，最高人民法院指示，各级人民法院严查审判作风问题。经查，问题还真不少，一些地方审判员的审判作风不正，严重影响了人民法院组织法的顺利实施。湖南省人民法院在1954年年底对省内各地法院进行彻底检查时就发现，1951年至1954年8月，绥宁县人民法院先后受理了25宗“放蛊”案件。省法院经过深入的调查，查出14人是被蒙冤判刑的。错判的“放蛊”案件一经发现后，立即进行了纠正和平反。董必武和最高人民法院党组认为这一案件在当时具有相当的代表性。绥宁县人民法院错判“放蛊”案件，典型地反映了审判人员中存在的先入为主，不深入调查，指供诱供，甚至刑讯逼供的错误审判作风。

董必武要求编辑古今断案经典的小册子，特别交代要将《聊斋志异》中的一则故事编进去

“放蛊”案件报告中共中央后，董必武的心情并不轻松。如何对各级法院的审判人员加强教育，引导大家作深入细致的调查研究，重证据、不轻信口供，形成实事求是、一切从实际出发的办案作风，这是他不断思考的问题。考虑再三，董必武想到一个办法。他指示有关人员把古今判案中一些注重调查研究，重证据、不轻信口供的案例编成一个小册子。在编辑过程中，董必武特别交代，要将《聊斋志异》中的《折狱》编进去。这则故事讲的是清朝顺治年间发生在山东淄川县境内的一件事：淄川城有一个西崖庄，村里有个小商人被人杀死在半路上，隔了一夜，他的妻子也上吊死了。商人的弟弟就告到官府。当时淄川县令叫费祉。他亲临现场去察验，见死者裹在布袱中的五钱银子尚在腰上，知道并非为财所杀。召集乡民询问情况，也问不出什么头绪来。但他对谁都没动刑，也不拘留一个人，而是让他们都各自回家，不要耽误农活。半年后，差役因交纳赋税事逮捕了几个人，内中有个叫周成的，一到公堂就十分害怕，当时表示愿意交纳赋税，说着便从腰间布袱中取出银两，交给费县令。费祉收验了银两后，问：“你家住在哪里？”周成回答住在某村。费祉问：“你家距西崖有几里？”周成答：“五六里。”费祉又问：“去年被杀的商人是你什么亲戚？”周成答：“不认识这个人。”费祉听后勃然怒道：“人是你所杀，还说不认识！”认真一审，周成果然认罪，详细交代了杀死商人、逼死其妻的经过。

衙门里的公差都惊叹费县令破案如神，可是不明白他是如何破的案。费祉说：“辨明案情并不难，重要的是要随处留心。我在验尸的时候，见商人的布袱上绣有万字花纹，周成的布袱上也有这种花纹，出于同一个人所绣，当我问他的时候，他又说不认识，而且神色惊惶，语无伦次，我就断定商人可能为他所杀。”在《折狱》中，作者蒲松龄称赞费县令“‘随处留心’之言，可以教天下之宰民社者也”。

1955年5月，在最高人民法院和司法部联合召开的全国司法座谈会上，按董

必武的指示，将编有《折狱》故事的那本新出的小册子发给参加会议的各高级人民法院院长、各司法厅（局）长和部分市中级人民法院院长，并要求他们组织所在系统的审判人员学习。这本收录了古今断案经典故事的小册子，对全国司法人员树立良好的审判作风很有助益。

“随处留心观察”便是绝大本领

1956年2月8日，董必武曾亲自为这本册子写了一段题词，专门谈到了《折狱》中费县令“随处留心”的办案作风。题词说：“重证据不重口供是我们人民审判员进行审判时必须遵守的原则。但仅仅遵守这一原则是不够的，人民审判员还必须从案件的各个侧面观察，找出它们之间的关系和发展，才能作出比较客观的判断；最忌的是粗枝大叶，漫不经心。这里选择的聊斋有一篇《折狱》，后面采了费袆先生几句话很好。费先生说：‘事情没有什么难办的，总之，要随处留心观察就得了。’‘随处留心观察’便是绝大本领。”

“黑名单”不能黑列

胡建淼

近几年来，建立黑名单制度、将一些人和企业列入“黑名单”，已成为一些行政机关管理社会的一种普遍做法。安全生产黑名单制度、食品药品黑名单制度、企业黑名单制度……比比皆是。有的交通公司将逃票者列入“黑名单”；有的地方建设诚信体系，把许多公民道德修养上的不足列入“黑名单”。上述制度和做法中，有的有法律依据，有的却没有法律依据。

我特别赞成对违背市场竞争原则和侵害消费者权益的企业建立黑名单制度，让失信者寸步难行。我也特别拥护人民法院将一些拒不执行司法裁判的“老赖”纳入“黑名单”。但同时担忧的是，似乎谁都可以设立黑名单制度，谁都有权将别人列入“黑名单”；设立黑名单制度不需要有法律依据，上“黑名单”也无需经过正当程序……黑名单制度大有被滥用的可能和趋向。

在全面推进依法治国的时代背景下，我们应该用法治思维来思考黑名单制度。法治思维的核心是凡事首先要考虑是否合法。建立和实施黑名单制度必须符合科学性和合法性。这就要求：

第一，建立和实施黑名单制度必须有法律依据，坚持法律保留原则。公民、法人或者其他组织一旦被列入“黑名单”，其权利能力即刻受到有关部门的普遍限制。一个人遭受权利被连锁性限制显然比接受一个一般性处罚的后果更严重和不利。所以，上“黑名单”必须比行政处罚受到更严格的限制。在国外，没有法律授权，任何机构无权设立黑名单制度。在我国，黑名单制度同样必须由国家通过法律来建立，必须有法律依据并实行“法律保留”。否则，任何部门都不得设定和实施黑名单制度。

第二，并非什么人、什么行为都可以上“黑名单”。被列入“黑名单”的人员，有的被禁止高档消费，有的被禁止贷款，有的被禁止出国，等等。也正是因为上“黑名单”是对当事人声誉、行为权能和经济利益的综合而连锁性的制裁，“黑名单”的范围必须严格限制。首先，并非所有违法犯罪行为都可上“黑名单”。对于处理任何违法犯罪行为的案件，国家机关必须建档登记，内部信息共享，有关机关可以依法查询，但不得作为“黑名单”上网公布。否则，会构成社会歧视。其次，不文明行为不宜上“黑名单”。社会行为就其对社会的危害性而言，由小到大排列为：不文明行为——违法行为——犯罪行为。不文明行为是对社会危害性不大，无须法律制裁，仅靠道德舆论规制的行为。笔者以为，可以列入“黑名单”的行为，必须严格限定于违法或者犯罪行为，并且现有的制裁不足以达到制裁目的，或者不公开可能会继续危害社会的，如制作伪劣食品、药品等。

第三，并非所有“黑名单”必须一律向社会公布。以为只要列入“黑名单”就必须向社会公开，这是对“黑名单”的误读。“黑名单”是否向社会公布，通常要衡量国家安全的需要与商业秘密、个人隐私权保护之间的平衡。如果不向社会公布会导致其对社会危害的继续和扩大，就应当公开。否则就不应当公开，仅供有关机关内部查询。

第四，建立和实施黑名单制度必须符合正当程序。即使建立和实施该黑名单制度具有法律依据，也还必须符合正当程序。具体要求：一是事先告知，听取申辩。有权机关在对当事人作出“不利决定”之前，必须向当事人告知拟作的决定及其依据，允许其申辩。二是正式通知。除非出于国家安全的需要，如反恐等，国家机关将当事人列入“黑名单”的决定正式确定以后，必须通过正式而直接的途径通知当事人，让其享有权利的救济机会。“黑名单”不能被“黑上”。三是事后权利救济。任何当事人，对被列入“黑名单”的决定不服的，应当有救济的途径。没有救济的权利不是真正的权利。国家行政机关将当事人列入“黑名单”，是对当事人作出了一个综合性的“不利决定”，这是一个可诉的行政行为。当事人对该行政行为不服的，有权申请行政复议和提起行政诉讼。

第五，“黑名单”必须有期限，不得终身制。除法律有特别规定外，原则上“黑名单”必须有期限。坚持“期限法定”，“黑名单”保留的期限必须由法律、法规确定。超过法定的“黑名单”保留期限的，当事人应当被恢复为原始的状态。另外，即使在“黑名单”保留期限内，如果当事人被列入“黑名单”的事由消除了，如拒不执行司法裁判的当事人已履行司法裁判，有权机关也必须及时恢复当事人的原始状态，解除对他权利的限制。

（作者为国家行政学院法学部主任、教授）

精准选择地方立法模式

蒋元文

地方立法作为国家立法的重要组成部分，在引领、规范和调整、促进地方经济社会发展中，具有不可或缺的重要作用。改革开放以来，大量的地方立法，为推动地方发展，提供了重要保障。从实际情况来看，地方立法的优势发挥还不够好，还需要进一步加强和改进。在此，笔者就观察了解到的地方立法的三种模式作一个简要的探析。

第一种模式，重复性立法。也就是重复相关法律和行政法规，以及相关文件的规定，集中起来，制定一个地方性法规或地方政府规章，每条每款都有来源、都有依据。这种地方立法在改革开放初期比较突出。同时，在当时地方立法尚处于探索阶段的客观情况下，没有相关依据也出不了台，从而导致了大量的简单的重复立法。现在这种立法仍然存在，但随着改革开放的深入，立法技术的提高和立法理念的改变，简单的重复性立法占的比例越来越小，省区市这一级基本没有。自治县的立法中，因其立法空间较小，立法变通权运用多方受限等原因，导致在有的自治条例和单行条例中，还存在重复性条款比较多、特色不够突出、立法的原创性不够等需要改进的问题。但这些问题已经不是地方立法的主流。

第二种模式，集成式立法。也就是集中上位法的相关规定，比如水资源管理、大气污染防治，就把全国人大及其常委会制定的相关法律、国务院制定的行政法规、国家相关部委制定的规范性文件和通知等，按章节条款集中起来，同时，结合地方实际和借鉴外地同类法规规章的操作性规定，就上位法不明确的予以明确或上位法授权规定的内容予以完善，就形成了地方性法规或地方政府规章。这种立法在目前占的比例比较大。多数地方立法，就是这种模式，每年消耗的立法资源也比较大。其制定的地方性法规或地方政府规章，内容庞杂、系统，大而全、小而全的比较多，少则二十多条，多则上百条，但真正有效管用的条款并不多。如何合理利用立法资源、提高立法质量，需要认真总结这种模式的经验，不断加以改进完善，以更好地适应改革发展的需要。

第三种模式，创制性立法。也就是按照上位法的立法精神，结合地方实际和坚持有效管用、不重复、不抵触的原则，以及凡是政策文件能管的就不需要立法和有几条就制定几条的要求，仅就上位法不明确的予以明确，或上位法授权应予规定的内容予以完善，或将地方好的做法经验确需法制化的。尽管这种立法的针对性、可操作性、实用性比较强，简单明确，很受欢迎，但在地方立法层面的运用却比较少，尤其是法规性决定更少。究其原因，地方立法条款减不下来，主要还是没有跳出固有的思维模式，盲目追求立法的系统性、完整性，没有坚持实事求是，没有坚持问题导向，生怕拿出来的东西不像法，生怕别人非议和质疑，因而，宁愿浪费精力去搞法典式的地方立法，也不愿开拓创新，去做新的探索和尝试。

这三种模式，反映了地方立法的实际情况，反映了地方立法的三个不同发展阶段，反映了地方立法的发展趋势和努力方向。作为国家层面而言，立法需要系统完整，需要具有支撑性的法律，需要健全完善法律体系，这是毫无疑问的。但对于地方立法而言，因其实际情况、立法职责任务各不相同，以及上位法精细化的推进和网络查询的方便快捷，在立法上就没必要照抄照搬上位法。为此，笔者倾向于第三种模式为地方立法的最佳选择，应大力提倡，扎实推进。但就目前情况，这样的立法还不是很多，需要地方人大或地方政府按照“四个全面”战略布局的要求，以更加务实的改革创新精神，积极探索做好地方立法的路径、方式，加强地方立法的组织协调和论证，用好有限的立法资源，在纷繁复杂的社会中，针对客观规律和特点，抓住立法的关键环节和重点内容，发挥好地方立法“秤砣虽小压千斤”的重要作用，使地方立法真正有效管用。

（作者单位：重庆市人大常委会研究室）

跨行政区法院是不是新的法院类型

刘作翔

党的十八届四中全会的决议提出了“探索设立跨行政区划的人民法院和人民检察院，办理跨地区案件”的改革任务。四中全会以来，我国在设立跨行政区划法院方面，已经有了一些大胆的实践和探索，也存在着一些需要我们进一步研究的问题。

为什么要设立跨行政区法院

我国目前的人民法院设置与行政区划完全重合，这样的法院设置易导致司法的地方保护主义，影响公正司法；同时，中国地区间经济发展不平衡，各地法院承担的案件量有很大差距，一些地方法院资源出现闲置，一些地方法院却要承受巨大案件数量压力。因此，为防止司法地方保护主义之弊，优化司法职权配置，调剂法院之间案件多寡不均的现状，需要探索设立跨行政区划的人民法院。

如何理解“跨行政区划法院”？首先需要明确“行政区划”的概念。行政区划是一个确定的概念，是一个既定的概念。宪法第三十条规定：“中华人民共和国的行政区域划分如下：（一）全国分为省、自治区、直辖市；（二）省、自治区分为自治州、县、自治县、市；（三）县、自治县分为乡、民族乡、镇。直辖市和较大的市分为区、县。自治州分为县、自治县、市。自治区、自治州、自治县都是民族自治地方。”简言之，我国的行政区划有省、市、县、乡。十八届四中全会提出的“设立跨行政区划法院”，并没有讲只限于某一级行政区划。在这种情况下，跨行政区划法院的设立就应该是开放性的，或者说只要属于跨行政区划的，都应该在这个概念之内。

如果说在开始提出“跨行政区划法院”这个概念的时候，人们还不明白它到底跨哪一级，那么，随着改革实践的进展，我们对于这样一个问题逐渐有了清晰的认识。“跨行政区划法院”司法改革任务的提出，给了我们一个开放性的空间，这个所谓的开放性空间，即根据社会需求。跨行政区划法院设立的初衷，一是解决司法的地方保护之弊，二是有效地调剂司法资源，解决案件多寡不均的问题。这就是设立“跨行政区划法院”的社会需求。

“跨行政区划法院”可以跨几级

这个道理讲清楚之后，关于在哪一级设立“跨行政区划法院”的问题就好办了。建立几级、跨几级的问题，是和我们设立“跨行政区划法院”的社会需求相关联的。十八届四中全会提出设立“跨行政区划法院”伊始，我去一个地方宣讲，条件反射地认为是跨省际区划法院，即省与省之间的跨省区划的法院。但是跨行政区划法院设几级的问题，和司法的省以下统辖有密切关联。这个密切关联度在什么地方呢？就是现有的宪法体制，即地方法院院长由同级地方人大任命，法院的审判员也由同级人大任命。在这个宪法体制没有解决之前，省内的跨行政区划法院设立的必要性可能就出现了，即可以由省、直辖市人大来直接任命跨市、区之间的法院院长和审判员。后来中央决定先在北京和上海试点，不是跨省际之间，而是在一个直辖市的范围内设置。浙江省设立的第一家跨行政区法院，是在杭州市范围之内，由杭州市中级人民法院管理。目前，在实践中我们已经可以捕捉到，现有的跨行政区法院有直辖市内的，有地级市内的，也有跨省际区划之间的规划。

跨行政区法院到底怎么定位

跨行政区法院出现后，有的学者认为我国现有三种法院类型，即专门法院、普通法院、跨行政区划法院。能否把跨行政区划法院作为一个独立的类型？也就是说跨行政区划法院到底怎么定位？有的学者认为，现有的已经成立的跨行政区划法院，即上海市第三中级人民法院、北京市第四中级人民法院，还有杭州铁路运输法院，都是一种非典型的跨行政区划法院（京津冀跨行政区划法院目前还只是在规划中）。所谓非典型，即法院院长都是在现有体制下由同级人大任命的，如北京市一中院、二中院、三中院都是由北京市人大产生的，北京市四中院也一样。除了案件类型以外，从法院的组织体系上来讲，目前还没有体现出跨行政区划法院的特点来，我们描述不出这种"跨"的特点，只是从案件类型上可能会找到一些"跨"的特点，但不是太明显。真正的"跨"就应该是在同一级的行政区划和建制上，跨越两个或者两个以上的不同行政区域，这应当是大家都能接受的一个概念。所以，跨行政区划法院到底属于哪一类性质，它既不是普通法院，也谈不上专门法院，能不能算得上一个独立的法院类型，需要根据实践的发展来思考和认识。

巡回法庭与跨行政区划法院是什么关系

最高人民法院2015年年初分别在深圳市和沈阳市设立了两个巡回法庭。如何理解巡回法庭的性质？按我的理解，巡回法庭应该是不固定的，即根据案件的需要进行"巡回"审判。现在设置的这两个巡回法庭，在某种意义上，有点类似于跨省际之间行政区域的法院，和巡回法庭还不太完全切合。在2016年2月29日最高人民法院召开的《中国法院的司法改革》白皮书发布会上，发言人讲道："对于跨行政区划法院改革，我们将结合增设最高人民法院巡回法庭工作和完善审级制度工作统筹推进，一方面继续深化已设立的跨行政区划法院试点改革，完善其管辖制度；另一方面统筹考虑深化铁路运输法院改革等举措，研究提出在全国范围内设立跨行政区划法院的意见，积极争取全国人大常委会授权，完善和调整适用相关法律，力争形成布局科学合理、审级监督顺畅、案件管辖明确、资源配置优化的跨行政区划法院体系，并与最高人民法院巡回法庭有序衔接。”提出跨行政区划法院体系与最高人民法院巡回法庭“有序衔接”，是一个很有意思的话题。因为在十八届四中全会的决议中，是将这两个问题放在一起的：“最高人民法院设立巡回法庭，审理跨行政区域重大行政和民商事案件。探索设立跨行政区划的人民法院和人民检察院，办理跨地区案件。”两者的功能都是为了审理跨行政区划案件，解决司法地方保护主义，有效地配置司法资源，调节和解决法院系统案件多寡不均的问题。

（作者为中国社会科学院法学研究所研究员）

法学家能不能成为思想家

喻　中

2014年，中国人民大学出版社推出了一套戴逸主编的《中国近代思想家文库》，收录了1840年至1949年的中国思想家的论著，共计113卷。粗略数了数，整套文库收录的“中国近代思想家”共有126人。

在这套“思想家文库”中，以法学家作为第一身份的近代中国人未占据一席之地

因为多年侧身于法学教师这个职业，在浏览这个“思想家名单”之际，就难免留意其中有没有法学家。结果是，几乎没有。所谓“几乎没有”，是指其中有几个人与法学沾一点边。譬如钱端升，他与王世杰合著过一部《比较宪法》，担任过北京政法学院初建时期的院长，因此钱端升也可以被视为宪法学家。萧公权，有《宪政与民主》一书行世，其中涉及若干宪法问题。张君劢，关注宪法，甚至被称为“中国宪政之父”。李达，《法理学大纲》的作者。胡适，《人权论集》的作者之一。至于梁启超，由于法学著述体量庞大，完全可以把他列入法学家的行业。还有沈家本，也是中国近代法律史上的重要人物。

这些思想家，尽管与法学、法律都有一些关联，但是，他们的第一角色、第

一身份，依然不是法学家。沈家本是中国传统的律家，也许可以把他视为中国传统律学的集大成者，或中国的最后一个律家。梁启超是百科全书式的启蒙思想家，百年以降，关于梁启超的各种普及性资料，从未提及他的法学家身份。钱端升的核心身份是政治学家，其次才是宪法学家，证据就在手边：《读书》1994年第6期刊发的江子嵩写钱端升的文章，题为《政治学家的天真》，言下之意，钱端升是一位政治学家。萧公权是标准的、专业的政治学家。胡适、张君劢、李达等人的影响力，都不靠他们的法学著述。这就是说，虽然有些“思想家”讨论过法律问题（特别是宪法问题），但是，以法学家作为第一身份的近代中国人，在这套“思想家文库”中，尚未占据一席之地。

中国近代法学家对于中国近代思想的贡献，还真有些像韩愈所说的“天街小雨润如酥，草色遥看近却无”

在“中国近代”的前期，亦即19世纪下半叶，现代意义上的学科划分体制在中国还没有形成。那时候，有影响的中国思想家，几乎都是传统的士大夫，譬如林则徐、龚自珍、曾国藩、沈家本、张之洞等。他们学而优则仕，仕而优则学，同时占据了政学两界。因此，在19世纪下半叶的中国思想家名单中，不可能有专门的法学家。但是，到了20世纪上半叶，现代意义上的法学在中国已经成为显学，已有两三代法学家成长起来，特别是，在社会学家、教育学家、宗教学家都已经出现在中国的思想舞台之际，法学家依然在思想家的名单中缺席，不能不说是一个值得深思的现象。

对中国近代法学的家底略作盘点，不能不遗憾地承认，如果只看那些以法学作为主业的法学家，如果暂不算那些兼论法律的人物，譬如梁启超、严复，那么中国近代法学家对于中国近代思想的贡献，还真有些像韩愈所说的“天街小雨润如酥，草色遥看近却无”。

法学家通常不能成为思想家，因为法学的专业性太强

中国近代法学家无缘“中国近代思想家”，莫非“法学”与“思想”真是井水不犯河水？法学家到底能不能成为思想家？对此，我的回答是，法学家通常不能成为思想家，一个根本的原因在于：法学的专业性太强。在严格意义上的法学家群体中，绝大多数人其实是法律技术专家。譬如，研究合同法的法学家对合同法有细致的把握，研究婚姻法的法学家熟知婚姻法的细节。但是，合同法或婚姻法之外的问题，在研究者那里，常常被忽略了，因为它们超出了专业的范围。这就是法学家从事法学研究的常态。

在强调专业化的整体背景下，通常只有研究法律细节问题的法学家才更能得到同行的承认，才能获得成就感，才算“务正业”。相反，在相对固定的专业领域之外说三道四，很可能被视为“不务正业”。这种法学现象或法学生态，是社会分工越来越细密的产物，也是这个时代知识生产的基本规律与基本格局。在这样的语境下，专注于法律技术问题的法学家在总体上远离思想界与思想史。

在常规性、专业化的法学研究中，当然也可能涉及“思想”。不过，这种形而上的思考，在通常情况下，无助于具体法律问题的解决，不能给具体问题的解决提供直接的指引，因而可能偏离法学研究的专业范围。有一些法学家，可能会在这样的法学边缘地带有所思考，但他们的专业意识常常让他们浅尝辄止，就像一个海边的游泳者不愿意跨过泳场管理者划定的警戒线肆无忌惮地游向深海，因为那样有风险。简而言之，现代的学术体制，以及高筑的专业墙，已经体制化地阻止了法学家对于思想的探索。

法哲学家的研究只有延伸至法学之外的其他领域，才可能产生思想性的影响，从而成为思想家

在法学的视野中，对于思想界、思想史做出了显著贡献的人，主要是法哲学家。从理论上说，法哲学家立足于法学，因而可以归属于法学家。但是，法哲学

家更多地关注法律所置身于其中的背景、框架。如果把法律比作漂浮在海面上的冰山，那么，法哲学家可能更多地关注埋在海面之下的那个巨大的冰山底座，甚至是托着冰山的海水。因此，法哲学家虽然也算是法学家，但他们的关注点，其实已经偏移至法与其他社会现象的交叉地带。正是在这里，法哲学家的研究与思考，才可能对法学之外的其他各界产生普遍而广泛的影响。这就是说，法哲学家的研究只有延伸至法学之外的其他领域，才可能产生思想性的影响，这样的法哲学家才可能成为思想家。

不过，作为思想家的法哲学家，能否算是严格意义上的法学家，可能又会成为一个问题。从实际情况来看，在清末以来的近现代中国，有众多的法学家，也有众多的思想家，但我们很难找出一个既是法学家又是思想家的法哲学家。

法学家能否成为思想家？能，还是不能？这确实是一个问题。以上的分析表明，如果要成为严格意义上的法学家，恐怕就无缘成为思想家，就像百年中国的众多法学家那样；如果要成为思想家，恐怕就得走出法学家群体，就像马克思那样，虽是法学专业出身，也写过不少法学著作，但在思想史上，马克思的第一身份也不是法学家。

（作者为首都经济贸易大学法学院教授）

“城管执法难”的破解之道

姜明安

“城管执法难”是我国现阶段产生的各种经济社会问题和矛盾在城市发展和管理领域的反映和呈现

改革开放以来，城镇化使数以亿计的农民进城转化为市民，推动了城市经济发展。但如此多的农民以如此快的速度进城，他们进城后要生活，要工作，而城市的就业岗位有限，他们中的许多人（除了这些“新市民”以外，城市中还有许多因国家经济结构调整而下岗的“老市民”）不得不自谋维持生计之道，如开小饭店、小茶馆、小商店，或者路边摆摊、居民楼前烧烤、街道上卖字画或小手工艺品，有的人甚至以乞讨为生。这种情况给城市秩序、治安和交通等带来了极大的挑战，城市，特别是大中城市的政府不得不组织专门的城管执法队伍加强城市管理，维护城市秩序。

近20年兴起的城管执法不同于传统的行政执法，其所面对的主要是前述千千万万的刚进城，刚从农民转化为市民或尚未转化为市民的既是农民又是市民，既不完全是农民又不完全是市民的“新市民”，以及因国家经济结构调整而短期或长期下岗的“老市民”。这些新、老市民们为了挣钱养家，其自经商、自从业往往不遵守既定规则、秩序，他们中的一些人往往还不服从管理，甚至抵制和抗拒执法。而城管执法者们为了维护城市秩序，履行政府交付他们的职责，完成领导布置给他们的执法任务，对不服从管理、抵制、抗拒执法者则往往强行执法，甚至暴力执法、野蛮执法，从而导致“城管执法悲剧”多年来接连不断地在全国各地上演，严重影响了政府和人民的关系，影响了人民政府的形象和法治政府建设目标的实现。

破解“城管执法难”之道的善治何指

如何终结这种悲剧，如何破解“城管执法难”？笔者总结党的十八大以来，特别是十八届三中、四中、五中全会以来我国国家治理、社会治理的理论与实践，并借鉴国外、境外城市管理的经验，认为“善治”是“城管执法难”的重要破解之道。

所谓善治，是区别于传统管理，在管理目标上强调以人为本，增进管理相对人权利、福祉；在管理主体上强调公众参与，推进多元主体共治；在管理方式上强调听取管理相对人意见，与管理相对人协商，选择既能达到管理目标，又对管理相对人权益损害最小的解决问题方案；在管理手段上强调规则之治、注重硬软法兼治的现代新型管理——治理模式。

“善治”在管理目标上强调以人为本，注重增进管理相对人的权利、福祉

传统的行政管理以“管”为本，其所注重和追求的是保障、维护管理秩序。由于传统管理模式过分注重追求秩序而忽视管理相对人的感受，忽视了对管理相对人权益的保护，管理相对人往往不予配合，从而欲求秩序而不得，反而导致管理目标难以实现。“善治”当然也要追求秩序，但不是为秩序而秩序，而是为增进管理相对人权利、福祉和公共利益的双赢目标而追求秩序。执法者设身处地为管理相对人着想，解决管理相对人的实际困难，管理相对人自然会对执法予以配合，执法者也就自然而然地获得了其所追求的秩序，从而实现双赢的目标。

"善治"在管理主体上强调公众参与，特别注重推进多元主体共治

传统行政管理的管理主体是单一的，就是政府及其主管部门。而善治的治理主体是多元的，不是政府及其主管部门单打独斗，而是组织和动员广大的社会力量，如行业协会、社会团体、基层自治组织、社区组织、志愿者组织，以及由管理相对人自己组建起来的组织，参与到治理中来。多元治理的优势是多方面的：一是有利于调动广大社会公众的积极性，以创建最优的治理环境，找到和推进最优的治理方案；二是有利于最大限度调动管理相对人的积极性，以最大限度地消除执法阻力，在管理相对人参与治理的条件下，管理相对人不再是消极的管理对象，他们同时是治理主体。作为管理相对人，他们关注维权；作为治理主体，他们要履行治理责任，要兼顾个人利益与公共利益；三是有利于防止行政执法主体任性、恣意、滥权和侵权。在多元主体的参与下，行政执法主体任性、恣意、滥权和侵权即使不是不可能，也是极为困难的，从而可以避免许多社会矛盾的激化，防止相应群体性事件的发生。

"善治"在管理方式上强调听取管理相对人意见，与管理相对人协商，选择既能达到管理目标，又对管理相对人权益损害最小的解决问题方案

"善治"的管理方式要求在执法中贯彻行政法的两项基本原则：一是正当法律程序原则；二是比例原则。这里主要说明第一个原则。传统正当法律程序原则要求行政主体在对管理相对人做出不利行政行为时，必须向相对人说明理由，听取相对人的陈述、申辩，现代正当法律程序原则更进一步要求行政主体对管理相对人做出任何行政行为，都必须与管理相对人协商，共同探讨行为方案，甚至由双方签订合同、协议，确定双方各自的权利、义务。这与传统的行政管理"命令-服从"原则比较，其有更多的柔性，更多地体现和尊重管理相对人的人格尊严，使管理相对人有更多的获得感，从而使执法能更顺利，产生更好的实效。

“善治”在管理手段上强调规则之治、注重硬软法兼治

法治在很大程度上是规则之治。无论对于执法主体、执法实施人员，还是对于管理相对人，都必须通过规则明确其行为规范，就执法主体来说，必须通过法律、法规明确其职权、职责并公示其权力清单、责任清单，使之“法定职责必须为，法无授权不得为，法定职权职责依法（法定条件、标准、要求、程序）为”；就执法实施人员来说，必须通过法律、法规明确其执法资格、条件、权利、义务，使之既敢于执法（法律赋予其人身、职业、福利、待遇的保障），又不恣意、滥权（法律以严格的问责机制制约）；就管理相对人来说，必须通过法律、法规明确其行为的“负面清单”；凡是其不能实施的行为，不能进入的领域，均以法律、法规或规章明令禁止，使之既敢于创业、创新（法律以法定救济途径保障），又不超越法定边界，侵害国家利益、公共利益和他人合法权益（法律以行政处罚、行政强制等责任机制制约）。当然，现代社会的规则之治，不仅包括硬法（法律、法规、规章等）之治，也包括软法（市民公约、乡规民约、行业规章、国体章程等）。“善治”是硬软法兼治之治。

综上，笔者的结论是：破解城管执法难需要“善治”，行政执法应当和必须坚持“善治”。

（作者为北京大学宪法与行政法研究中心主任）

司法职业尊荣感左右着司法质量

——兼谈正确看待和处理监督司法权力与维护司法权威的关系

方　工

在司法者理应对司法职业抱有的积极健康的情感中，认为自己所从事的职业有意义、有价值、有尊严，因而，光荣和自豪的职业尊荣感十分重要。毋庸讳言，目前司法者的职业尊荣感亟须提升，除了司法领域存在的某些不良现象可以说明外，还有一些司法者选择舍弃司法职业，也是例证。因此，促进司法者形成并强化职业尊荣感，应该作为一项重要的现实任务。

司法者职业尊荣感左右着司法者的敬业精神和司法质量

司法者职业尊荣感强烈，就会以司法职业为荣，愿意履行司法职责、遵守职业道德，有提高专业能力的兴趣、推进法治建设的动力、追求司法公正的激情和促进司法职业健康发展的热情。反之，司法者如果职业尊荣感淡薄甚或缺乏，就很难产生敬业精神，正确履职的使命感就会减弱，对司法实践活动就会产生应付差事、得过且过的心态。于是，让民众在每一件司法案件中都感觉到公正的决心和承诺就无法落实，必会造成损害司法公信力和司法权威，贻害社会的后果。可以说，司法者职业尊荣感左右着司法者的敬业精神和司法质量，最终会影响到推进依法治国实现社会公正的大局。

形成和强化司法职业尊荣感的一个重要条件，是高度的司法权威。司法权威是指司法不仅具有解决法律问题的终局性权力，还有通过公正司法赢得普遍尊重高度信任的力量和威望。司法树立起高度权威，才可以保证司法活动定纷止争维护权益的功能得到有效发挥，保证法律抑恶扬善维护社会秩序的价值得到充分体现，也因此成为司法者产生职业尊荣感的必要条件。

司法权威事关公共利益，因此，树立和巩固司法权威，不仅是司法职业自身的任务，也应作为社会建设的内容。为此，需要通过整体的社会动员，按照全面推进依法治国、建设法治国家的要求，使各类各级国家机关和全体民众都尊重法治、遵守法律；尊重司法机关独立行使司法权，只服从宪法和法律等司法原则；尊重司法队伍正规化、职业化、专业化需要；尊重司法职业中立性、终局性、权威性特点；尊重司法活动权责统一、权力制约、公开公正、重视程序等要求，服从依法作出的司法决定。

应厘清对司法的监督活动与对司法的干预行为之间的区别

在强化司法尊荣感的过程中，应该正确看待，避免出现偏差的一个具体问题是，社会必须以多种形式对司法活动实施监督，防止司法权力滥用，但是也必须厘清对司法的监督活动与对司法的干预行为之间的区别，正确看待和处理监督司法权力与维护司法权威的关系。监督司法是为了保障司法权正确行使，实现司法公正，所以应有利于落实司法权独立行使的宪法规定和“让审理者裁判、由裁判者负责”的司法原则，而不是直接指令或代替司法者做出司法裁断。

如果对司法权力的监督活动，变异成为命令或代替司法者作出判断的行动，就是对司法的干预，就失去了正当性，会事与愿违，会妨害司法者坚持独立行使司法权、坚持宪法和法律面前人人平等、坚持以事实为根据以法律为准绳等宪法要求和法治原则。最终会导致损害司法公正，削弱司法权威，不利于培育和强化司法者的职业尊荣感的恶果。

维护和强化司法权威，还需要良好的社会氛围和司法环境等充分的客观条件。也就是说，需要在全社会营造弘扬法治精神、坚持宪法和法律至上、支持司法体制改革、尊重司法职业特点和司法规律的社会氛围，以及维护司法者正当权利，使司法者不必顾虑依法审理案件做出司法裁断却可能置自己于不利境遇，因而能够心无旁骛、聚精会神、一心公正司法的司法环境。因此，应该防止和纠正违背宪法和法律，不符合法治原则和司法规律的不良现象，如权力干预司法、媒体舆论审判或借助人多势众对司法活动施加压力、司法地方化和行政化、附加以防控稳定风险为司法质量标准的考核方法、不能科学界定司法错误并合理追究错案责任、无视乃至侵犯司法者依法享有的职业权益等。

司法者不能被动坐等良好客观条件来临

良好的客观条件不是天上掉下的馅饼，不会自然而然自发产生，需要社会共同积极创造，其中司法者也是创造主体，应该积极作为。何况在减损司法职业尊荣感的诸多因素中，也有司法者自身的原因，如履职能力不强导致司法质量不高、道德修养不良出现司法行为不端、滥用司法权力形成司法腐败等。这都要求司法者不能被动坐等良好客观条件来临，必须负起责任，主动作为兴利除弊，积极维护司法职业的声誉和形象。

必须狠抓司法队伍建设不放松，从落实德才兼备、以德为先原则的选人用人制度开始，全方位多措并举，保证政治思想、纪律作风、司法改革、业务能力等各方面建设都取得成效。以此促使司法者提高综合素质，做到坚定信仰，廉洁司法，敢于担当，文明办案，通过正确行使司法权力使司法公正体现到每一件案件上。

司法者增强职业尊荣感，维护法律的公正行为，是对司法宗旨和司法权威最生动有力的宣示，必会使司法活动的正面效果不断积累、扩展，使损害司法权威的不良现象逐步得到遏制和减少。此长彼消，就可以使社会法治精神得到弘扬，司法公信力得到增强，司法权威得到强化。司法者越是敬畏宪法和法律，尊重司法职业，保证平等对待每一名诉讼当事人、准确适用每一项法律规定、公正处理每一件案件，越能使司法职业赢得社会尊重和支持，从而越能体会到职业尊荣感，得到事业有成的愉悦感，这是一条良性循环的路径。应该看到，强化司法者职业尊荣感任重道远，不可能一蹴而就，但只要树立信心，不懈努力，目标一定可以达到。

（作者为北京市检察院第一分院原副检察长）

也谈“政务公开”与“政府信息公开”的异同

付相波

《北京日报》2016年5月23日第17版刊载了姜明安教授的《把政务公开贯穿政务运行全过程》。此文认为政务公开在公开的主体和内容两个维度上大于政府信息公开，并提出政务公开有比政府信息公开更广泛更多层面的意义，拜读之后获益匪浅，启思良多，然亦难免白璧微瑕之憾，部分内容可待商榷。

“政务公开”之“政务”当仅涉行政机关

姜教授在文中论述道，“‘政务公开’的‘政务’是指整个国家公权力的运作，包括决策、立法、执行、监督的整个过程。在中国，政务的主体不仅包括国家机关，而且还包括作为执政党的中国共产党。而‘政府信息’仅指作为国家公权力一部分的行政权运作的信息和行政权运作获取的信息，其主体只是行政机关，不包括立法机关，更不包括作为执政党的中国共产党。”这里，姜教授将“政务”之“政”作广义理解，即指整个国家公权力机关，甚至还包括执政党，却又把“政府信息”之“政府”作狭义理解，即仅指行政机关，如此理解当然能得出“政务公开”比“政府信息公开”的公开主体更大的结论。

我认为，“政务公开”之“政”应作狭义理解，仅指行政机关，不应包括立法机关、司法机关等其他国家机关和执政党。如此理解的主要理由：一是与《政务公开意见》将政务公开主体限定于行政机关相符，不会与之产生抵牾；二是与政府信息公开中的“政府”都作狭义理解，保持概念理解一致，为比较分析奠定基础；三是符合党政分开的要求，党的工作事务的公开有“党务公开”这一专门称谓，且党务公开由中国共产党负责推行；四是立法机关和司法机关的公开自有“立法公开”和“司法公开”，且十八大以来最高法主导的司法公开进程加快，成果有目共睹。因此，“政务公开”应当仅指行政机关工作事务的公开，其公开主体与“政府信息公开”是一致的。

“政务公开”与“政府信息公开”的异同

姜教授关于“政务公开”和“政府信息公开”其他诸方面的精到分析给了笔者许多有益启发。笔者认为，两者的区别与联系还表现在以下方面。

概念界定上，政府信息公开更明确。政务公开尚无中央文件和法律法规的权威界定，学术界也莫衷一是。按照一般的理解，政务公开可指行政机关依法公开行政事务的信息和活动，促进公众参与，接受社会监督的行为。“政府信息公开”则有相对明确的权威界定。《政府信息公开条例》第二条将“政府信息”定义为行政机关在履行职责过程中制作或者获取的，以一定形式记录、保存的信息。相应地，政府信息公开就是指行政机关依据条例及其相关规定，对政府信息进行公开的行为。

范围上，政务公开更广泛。政务公开不仅包括行政履职产生的静态信息的公开，还包括行政权力运行全流程、政务服务全过程的动态活动的公开，其中动态活动公开的内容可能是转瞬即逝、未能保存的表情、动作、声音等；而政府信息公开仅涉及以一定形式记录保存的、现成的、静态的信息。政务公开不仅要求结果公开，而且决策和执行过程也要公开，不仅有事后的公开，也有事前和事中的公开；而在政府信息公开中，处于讨论、研究或者审查中的过程性信息一般不予公开，只有事后的结果公开。可见，政府信息公开是政务公开的重要内容，政务公开比政府信息公开的外延更广。

方式上，政务公开更多元。两者都有政府公报、政府网站、新闻发布会、媒体、公共查阅室、资料索取点、信息公告栏、电子信息屏等公开方式和途径。而政务公开还有政府信息公开所没有的方式和途径，例如开展政民互动，向社会公开征求决策方案的建议，举行听证会、论证会，邀请各方代表列席决策会议等。

规范性上，政府信息公开更成熟。政务公开还没有法律法规的明确规定，只有中央文件部署了工作要求，许多工作还在摸索阶段，规范性较差、成熟度较低；政府信息公开已纳入法制化轨道，公开的主体、内容、流程、时限、文书等都有较为具体的规定，规范性较好、成熟度较高。

救济途径上，政府信息公开更完备。政务公开主要依靠自上而下的内部监督，暂未规定法律救济途径，一般不会引发行政复议和诉讼；而政府信息公开既有内部监督，还设有法律救济途径，可能引发行政复议和诉讼。

此外，两者还有以下不同：政务公开可对某些政府信息进行汇总、加工之后进行集中公开，还要求进行政策解读，而政府信息公开一般不需要对信息进行汇总、加工或重新制作；政务公开没有依申请公开事项，都属于能动性工作，主动性和灵活性较强，而政府信息公开设置了依申请公开事项，由政府对申请人的申请件予以相对被动的处理。

（作者为北京大学政府管理学院博士生）

也应认知官员的公民身份

竺乾威

中共十八大以来，中国政治领域发生了一系列显著变化，目前表现出来的基本特征是通过高压反腐确保官员清廉，通过政务公开保证政治清明。这些行动带来了政治生态和社会心态的重大变化。就政治生态而言，官员觉得官不好做了；从社会心态来看，民众对前景变得乐观，但对官员却持有一种不信任的心理。简而言之，政治生态和社会心态变化的一个重要特征是官员被前所未有地置放在了社会和公众面前，由此也引发了一个对官员的公民身份的认知问题，也就是从以往对官员的职业身份的注重，回归到注重官员的公民身份和职业身份的双重身份。这种新的认知回归不仅关系到对政府官员的监督和管理，而且也关系到改善官民之间的关系。

我们以往对官员身份的认识主要停留在职业身份上。职业身份要求官员表现出“公”的一面，表现出为人表率的一面。这一职业要求往往也成了人们对官员的一种期待。因此，官员的举动也常常为社会所注目，其行为也常常被监督。我们不时看到对官员的举报，官员吃饭被曝、戴表被曝、生活作风被曝，等等。最终的结果，公款吃喝受到处罚，戴表因涉嫌贪污腐败而被抓，生活作风不良则名声扫地。然后，就向前发展：民众对官员监督热情更高，以至于在某些场合走到了偏激的地步，只要是官员吃饭就认为是公款吃喝；甚至是穿衣，一旦感觉衣价太高，与公务员收入不符，马上上网曝光，如此等等。此类现象使人感觉这个社会似有一股戾气，官民阵垒分明。

这其中一个不可忽视的问题，即我们对官员的身份的认识。我们关注了官员职业身份的一面，却忽略了官员公民身份的一面。而在中国的文化中，官有它的特殊性，它往往被赋予了很高的道德含义。“好人做官”从孔子以来一直是一种传统，以至于人们对官员的要求高于对其他人的要求。

当然，以公民身份而言，我们可能对官员的要求就不一样。一方面，我们对作为社会人的具有官员身份的人的要求肯定会高于一般的人，其原因在于作为公共人物的官员的行为具有很强的传导性，具有对社会的一种引领性。但是，另一方面，官员也是一个自然人，有其公民身份。而在这一点上，官员同其他人是一样的，也有自身的需求，也享有与其他人一样的不能被剥夺的公民权利，比如个人隐私得到保护，言论的自由，行动的自由等。此外，官员也像其他人一样要柴米油盐居家过日子，也有自身的利益，无论是物质的还是精神的，也要追求自身的利益，比如得到晋升或受到尊重。

因此，无论从官方还是民间来说，都有必要从两种身份的角度去认识我们的官员。首先，我们要考虑的是官员的公民身份。从这一点出发，来建构和完善相应的法律和规章制度，以对权力进行有效的制约，并规范官员的行为，从而完善对官员的监督。当我们的报销制度使公款吃喝（公务接待不在此列）变得不可能时，那么一些民众就不会也没必要去盯着在日常人际交往中用自己的钱吃喝的官员；官员用自己的钱吃喝，只要不是铺张浪费，不是摆排场，就不用因怕老百姓指责而放弃。

其次，我们当然也必须考虑官员的职业身份，因为这一身份给了官员荣誉，也给了官员责任。这一荣誉不是个人的地位和名声，不是什么“长”或“主席”“主任”带来的愉悦或自得，而是服务公众的一种满足。具备了这样的一种认识，官员就会很好地去处理公和私的关系，处理组织利益和个人利益的关系。从这一认识出发，需要考虑如何去提高官员的道德水准。它包括两个方面：一是职业道德，在政府中也可以称为行政道德；二是个人品行，比如我们通常强调的诚实、正派、善良、正义感等。我们要求官员不仅恪守行政道德，而且还要具备良好的私人品德。

回归对官员两种身份集于一身的全面认识，尤其是对官员的公民身份的认识，需要一个调整过程，这一过程不仅涉及政治生态的变化，也涉及整个社会生态的变化，涉及政治的清明、经济的进步、文化的改变和道德的提高。

（作者为复旦大学国际关系与公共事务学院教授）

要考试公平还是区域公平

郑若玲

数千年来，考试尤其是选拔性考试一直是人们追求社会公平与教育公平的重要手段。如何录取最为公平且又合理，历来是考试选才所面对的一个重要问题。高考是一项关系到千家万户切身利益的教育考试制度，其录取的公平性自然也备受关注。近年来引发社会激辩的“倾斜的高考分数线”、高考移民、异地高考等，都与此密切相关。高考作为为高校选拔生源的考试招生制度，考试的科学性固然重要，但其讨论多局限于教育学视角，而录取的公平性同样不可小觑，后者甚至“凌驾”于前者之上，成为最吸人眼球、最易引发争议、最无可奈何的社会问题。

如何进行高考录取、如何分配教育资源与教育机会才既公平又合理合法？是该秉持“分数面前人人平等”的考试公平呢？还是应坚守旨在调节地域发展不均衡、弥补地域差异的“区域公平”？最近20年，各界对此争论不休、观点纷呈，但一直到今天也没有找到满意的做法。因为这原本就是一个两难困境、千古难题。目前关于高考录取的公平之争主要有两种观点：一种认为应在全国按统一分数线录取，另一种则认为各地录取机会不均衡有一定的历史必然性和现实合理性。事实上，高考录取与古代的科举取中一样，一直徘徊于理想和现实之间、纠结在考试公平与区域公平之中。回望中外历史，可以清晰看出这种两难困境。

在基本遵循考试规则的前提下，考试公平和区域公平都只能是相对的

就中国历史而言，科举制度是我国帝制时期长期实行的一种文官考试制度，以考试作为选拔国家治才的唯一渠道，与当今高考制度在选材理念与方式、社会影响与效果等方面，都有着惊人的相似性。科举终结虽已逾百年，但其运行千余年所形成的历史积淀中仍旧埋藏着许多远未过时的话题。回顾漫长的科举考试史不难发现，凭才取人和逐路取人这对矛盾，是一个由来已久的话题：凭才取人旨在维护考试程序的公平，注重考试公平，“一切以程文为去留”；逐路取人旨在维护考试结果的公平，注重区域公平，力图实现录取的地域均衡。自宋至清，历代都有过许多争论，明清两朝更是将争论的结果加以制度化。

隋代和唐初的科举是沿袭东汉以来的“均衡举额制”，在州郡一级按人口比例举送考生，但在全国一级的考试是不分地区取中的，完全奉行“自由竞争”的考试公平原则。盛唐以前科举的考试内容以经术为主，由于北方士子往往更守先儒训诂，质厚但不善文辞，而“近水者智”的南方士子则正好相反，好文而轻经术，北方举子因此在科场竞争中占有绝对优势。

唐朝后期，科场开始崇尚文学性质十分突出的进士科而冷落以儒家经术为主的明经科，北方士子在科场的竞争优势逐渐减弱。加之北方地区饱遭战创，经济、文化和教育的发展都受到严重影响，到北宋中期，科场录取人数的比例遂开始出现南北倒置现象，南方举子在客场竞争中转而占据了绝对优势。这种南北差异的变易，到宋英宗治平元年（1064年）引起了一场前所未有的关于科举取才的南北地域之争。从此，人们的思维一直在考试公平与区域公平之间摆来荡去，直至清代相当细密的分省定额取中规制之出台。

这场争论的声音发自当朝的名公巨卿，双方分别以司马光和欧阳修为代表，司马光代表了朝中长于经史的北方派，欧阳修则代表了朝中长于文学的南方派。司马光首先提出考试内容应改诗赋为经术，接着又力主按地域均衡举额分路取人，并提出逐路取人的具体比例。对此，欧阳修提出了针锋相对的反对意见，认

为科举制的“至公”之处在于“惟材是择”，主张“惟能是选”。争来辩去的结果以欧阳修胜出，科举录取“仍依旧制”。

到了明代，南方举子在科场的压倒性优势继续存在。明洪武三十年（1397年），由于会试所取52名贡士以及殿试擢定的状元全是南方人，引起北方举子的强烈不满，指责主考官、湖南茶陵人刘三吾录取不公，朱元璋出于地域笼络的政治考虑，处死、发配考官和状元数人，并亲自主考和阅卷，结果所取皆为北士，此即科举史上著名的“南北榜”事件。

到了明仁宗洪熙元年（1425年），大学士杨士奇提出南北分卷的设想。两年后，这一设想成为现实，南北卷制度正式实施，自此，科举录取按南、北、中（不易划定为南或为北的区域）进行分地域按比例录取。然而，按大的区域录取毕竟还是会造成各省取中人数的不均，一些边远省份由于教育的落后甚至出现被科举取中所“遗漏”的情况。因此，康熙五十一年（1712年），南北卷制度被分省定额取中制度所取代，即按各省应试人数多寡“钦定会试中额”，一直实行到科举终结。清代实行的分省定额取中做法，不完全按照科考成绩“定去留”，与“考试公平”原则确有某些矛盾之处，但它明显缩小了地域间人文教育水平的差距，对于调动落后地区士人的学习积极性、维护中华民族统一，都具有积极意义。

1300年的科举演变史表明，考试公平与区域公平的矛盾互动，是一个从重视考试公平向重视区域公平发展的渐进过程。但无论怎样发展，在基本遵循考试规则的前提下，考试公平和区域公平都只能是相对的。对考生而言，“一切以程文定去留”的自由竞争固然体现了科举考试的公平公正性，但科举不仅仅是一种公正的考试制度，它和政治也紧紧捆绑在一起。对于主持考试的政府而言，还希望能凭借这种考试制度实现“公平分配利益”的公道理念，以维护皇权之稳固。

配额制乃是一种古今中外普遍存在的考试取才调节法

与古代科举相类似，现代高考制度于1952年建立后，也实行“全国统考、分省录取”的做法，招生计划依据各地经济建设的需要、高中毕业生数量以及高校的规模数量而制定。在此体制下，高校招生指标的分配，受到区域社会变迁、高等教育地域布局、高等教育办学和管理体制改革、基础教育发展水平等多种因素影响。相应地，各地的高考录取机会尤其是面向全国招生的优质高校的录取，自然出现多寡不均的状态。

由于大规模竞争性考试在甄拔人才的背后，有着重要的社会功能，因此，科举与高考录取中根据地域分配名额的做法（姑且称之为“配额制”），不仅仅出于教育的考量，更有复杂的政治、经济、社会发展等因素的综合考量。高校招生实行“配额制”在国外也同样存在，例如，美国早在20世纪60年代便颁布了旨在照顾有色人种和女性享有优先就业就学机会的《平权法案》，对有色人种尤其是非洲裔施以配额录取。后因此举带有“逆向歧视”而遭到越来越多的反对，“配额”遂逐渐被淡化，而代之以模糊的多样化综合评量。时至今日，各校仍基于“校园多样化”的考量，招生时仍有意向非洲裔等少数族裔倾斜，其招生过程既体现了差异性原则，又采取了补偿性原则。加拿大、澳大利亚、英国、印度、台湾地区等国家和地区的高校，也有类似的程度不同的招生倾斜。可见，配额制乃是一种古今中外普遍存在的考试取才调节法。

就我国的高考录取而言，分省定额录取制度，实乃是维护高考区域公平的一种无奈之举。因为考试公平或区域公平并不只是简单的招生名额分配问题，而是一个受到政治、经济、文化、人口、就业以及高等教育布局等多种因素综合影响的复杂问题，需要我们冷静、理性地审视。中国是一个地域辽阔、民族众多的大国，历史原因造成了东、中、西部地区之间发展极不平衡。国家在统一高考的前提下兼顾区域公平，实行分省录取并制定一些有针对性的照顾政策是十分必要的。试想，若单纯为追求“考试公平”，按分数在全国打通录取，那么，京、津、沪等大城市的高校，很可能出现生源比例被少数几个高分省份所“瓜分”而本地生源却寥寥无几的局面；地区间经济发展的落差又必然使外省的生源毕业后滞留在这些发达城市，难以回流到本省，从而给这些容量有限的城市就业带来不堪负担的巨大压力，进而严重影响这些城市的经济发展和社会安定。而一些较落后的边远省份则很可能会重演其在科举分省定额取中制度出现之前被科举取中所“遗漏”的历史，不但会造成与发达地区之间更大的不平衡，而且会留下破坏祖国安定统一的严重隐患。我国现代高校招生史上就出现过这种情况。例如，1923年北京大学录取新生，云南、福建、甘肃、黑龙江、热河、绥远、察哈尔、内蒙古等省的考生，均榜上无名。可见，现代高考作为一种受制并服务于社会政治的教育考试制度，在追求考试公平的同时，也必须充分考虑到区域公平。在这种情况下，分省录取办法就体现出一定的历史必然性和现实合理性。

高考录取中的地域不均，根源在于地域间高等教育资源的失衡。由此看来，法学界主张全国统一考试、统一录取分数线的高考改革方案多少有些“理想主义”色彩。须知，真正的平等来源于高等教育资源的合理分布，对于地区来说，如果自身没有优质的高等教育资源，那么名额分配上的平等还只是一个低程度的平等。在利弊权衡的过程中，相对公平就显得更有现实意义。这也是考试公平与区域公平经过千年争论仍无终结的原因所在。目前存在的地域录取不均及其背后复杂的政治与社会问题，不是仅靠统分录取就能解决的，换言之，废除高校招生指标的“配额制”并不能改变这一现状。相反，我们恰恰需要通过高校招生指标分配的调整来改变这一状况。

（作者为厦门大学考试研究中心副主任、教授）

党内监督遵循的基本原则

许耀桐

最近，中共中央政治局召开会议决定于今年10月在北京召开中国共产党第十八届中央委员会第六次全体会议，并确定将研究全面从严治党重大问题、制定新形势下党内政治生活若干准则、修订《中国共产党党内监督条例（试行）》（以下简称《监督条例》）等作为会议主要议程。加强党内监督是马克思主义政党的一贯要求，是我们党的优良传统和政治优势。只有以党内监督带动其他监督、完善监督体系，才能为全面从严治党提供有力制度保障。而实行党内监督，也是中国共产党作为马克思主义政党实行民主政治的必然要求。列宁指出，马克思主义政党开展民主活动至少包含三个方面，即“完全的公开性、选举制和普遍监督”。也就是说，在这三个方面中，“监督”成为最后的一道关口和防线。既然党内监督如此重要，那么就要下力气从理论上弄清楚并在实践上搞好党内监督。

党内监督分为专门性监督和一般性监督

邓小平曾明确指出：“对于共产党员来说，党的监督是最直接的……党对党员的监督要严格一些。”为达到这样的目的，必须开展党内监督。所谓党内监督，就是党在自身的组织架构内部，各级组织和党员、干部依据党章和党的纪律规矩，相互间检查是否遵纪守规的工作方式和活动方式。通过党内监督，才能保证各级组织和党员、干部的行为在任何情况下，都不违背党的纪律规矩并对违反者根据实际情况给予相应的处置。

党内监督分为专门性监督和一般性监督。专门性监督是指由负责专职监督工作的机构来进行。在目前情况下，我们党负责专职监督工作的机构如《监督条例》所规定的“党的各级纪律检查委员会是党内监督的专门机关”。党的各级纪律检查委员会作为党内监督的专门机关，主要负责：协助同级党的委员会组织协调党内监督工作，组织开展对党内监督工作的督促检查；对党员领导干部履行职责和行使权力情况进行监督；检查和处理党的组织和党员违反党的章程和其他党内法规的比较重要或复杂的案件；向同级党委和上一级纪委报告党内监督工作情况，提出建议，依照权限组织起草、制定有关规定和制度，作出关于维护党纪的决定；受理对党组织和党员违犯党纪行为的检举和党员的控告、申诉，保障党员的权利。

所谓一般性监督，是指由党内的全体党员参与的监督工作。中国共产党的全体党员都享有监督的权利，如《监督条例》规定的，党员在党内监督方面的责任和权利主要有：及时向党组织反映群众的意见和要求，维护群众的正当利益；对党的决议和政策如有不同意见，在坚决执行的前提下，可以在党的会议上或向党的组织提出保留，并且可以把自己的意见向党的上级组织直至中央反映，但不得公开发表同中央决定相反的意见；在党的会议上有根据地批评党的任何组织和任何党员，勇于揭露和纠正工作中的缺点、错误；检举党的任何组织和任何党员违纪违法的事实，同消极腐败现象作斗争；参加党组织开展的评议党员领导干部活动，发表意见。一般性监督虽不及专门性监督的组织严密性和规模效应性，但自身也具有明显的不可替代的特点，如更具广泛性、灵活性、及时性和经常性。

专门性监督是依靠着一般性监督，以一般性的监督为基础。以巡视检查为例，在巡视检查期间，巡视组可以很好地通过党员、干部的举报、揭发等方式，发现问题，解决问题。反之，一般性监督也不能离开专门性监督。一般性监督所提出来的问题，特别是涉及违纪违规的重大问题，不能自行得到解决，必须通过专门的监督机构和专门的监督途径最终才能得到解决，使监督获得确认，具有权威性。党内监督，无论是专门性监督还是一般性监督，都要在各级党委的领导下，进行工作部署，开展监督活动。各级党委对党内监督的领导，是一种比较特殊的党内监督形式。

全面从严治党推动了党内监督的改革和发展

党的十八大以来，党的建设进入了全面从严治党的新阶段。全面从严治党，要求全面推进党的思想、组织、作风、反腐倡廉和制度建设，这其中哪一个都少不了要加强和完善党内监督的工作和制度建设，进一步推动党内监督的改革和发展。

其一，推进党内监督必须加大党内监督体制机制的改革和发展。由于党内监督的专门机构是党的各级纪检部门，这里讲的党内监督体制机制的改革和发展，主要集中于党的纪检体制机制的改革和发展。根据党章规定，目前党的地方各级纪委和基层纪委在同级党委和上级纪委双重领导下进行工作，由此产生的体制性障碍主要表现在：纪委依附于监督对象、无独立权力体系、地位低下、威慑不强、运转不畅、实效不佳。同时，地方各级监委会也要接受同级党委和上级监委会的领导，这样的“双重领导体制”导致同级纪委实际上无法监督同级党委。为了改革纪检体制机制的弊端，十八届三中全会决定指出，“改革党的纪律检查体制”，“推动党的纪律检查工作双重领导体制具体化、程序化、制度化，强化上级纪委对下级纪委的领导”，变“主要接受同级党委领导”为“主要接受上级纪委领导”，这一变化的实质是加大了纪检系统垂直化领导的力度，纪检机构的独立性、权威性开始显著回升。但这样的“主要接受上级纪委领导”，还仅限于“查办腐败案件以上级纪委领导为主”，“各级纪委书记、副书记的提名和考察以上级纪委会同组织部门为主”。因此，还有必要继续加大改革力度，把保持党的纪律检查工作双重领导体制作为一个过渡期，进一步完善领导体制。

其二，推进党内监督必须落实党员主体地位，有效落实党员的党内监督职责和权利。这几年，在谈到党内监督乏力时可以听到这样一种议论：上级监督下级太远、同级监督同级太软、下级监督上级太难、组织监督时间太短、纪委监督为时太晚。之所以出现这样的情况，是因为党内监督如果仅靠组织上和纪检部门的监督是远远不够的，还必须有力地借助来自于全体党员参与的监督。但是目前党员的监督并没有发挥应有作用，其原因在于党员主体地位的缺失和党员监督的职责与权利的落空。从理论上说，党章和其他相关条例已经规定了党员的民主权利共有18种之多。这些权利的规定，奠定了党员坚实的主体地位，而关于党员监督的职责和权利的规定更是直接赋予党员负有履行党内监督的重大使命。但是问题主要存在于实践领域，比如党员自身的民主素质不高的问题，行使党员履行监督职责保障机制不够完善等等。解决这些问题，要在全党范围严肃纪律作风，构建良好的政治生态。

其三，推进党内监督必须加大权力监督。《监督条例》指出，“党内监督的重点对象是党的各级领导机关和领导干部，特别是各级领导班子主要负责人”。之所以这样规定，是因为党的各级领导机关和领导干部，特别是各级领导班子主要负责人手中掌握着重要的权力。当手中握有重权，又不受制约监督时，自然就容易出事。对权力的监督，尤其对主要领导者权力的监督，既是党内监督的一个重点，也是一个难点。目前存在的问题：一是主要领导者的权力太多、太大，导致了监督的难度加大；二是权力运行仍然不够公开、透明，很多关键问题尚未作出明确的要求，很大程度上全凭有关的党组织和“一把手”的自我理解、自我约束，既可以这样做，也可以那样做；三是主要领导者权力的使用，究竟哪些不当行为可以被认定应进入监督和责任追究的范围、启动和进行监督和责任追究的具体程序是什么等问题，也有待于进一步弄清楚。为了进行有效的监督制约和责任追究，必须对权力进行科学的分权、限权，建立权力清单、责任清单制度，并把关于权力监督的原则规定具体化、细致化，达到实用的程度。

搞好党内监督必须贯彻落实五个基本原则

要搞好党内监督，在实行专门性监督和一般性监督的过程中，不但需要加强各级党委对各级纪委的监督检查工作的领导，而且必须认真贯彻落实以下原则。

一是党务公开原则。党章规定，“党的各级组织要按规定实行党务公开，使党员对党内事务有更多的了解和参与”。党务公开原则是实行党内监督的先决条件，这是因为，如果没有党务公开，党内同志无从了解党的活动情况，当然也就无法进行监督工作。党务公开主要包括七个方面的公开：公开党组织决议、决定及执行情况，公开党的思想建设情况，公开党的组织管理情况，公开领导班子建设情况，公开干部选任和管理情况，公开联系和服务党员、群众情况，公开党风廉政建设情况。

二是党内民主原则。党内民主可以使党员和党组织的意愿、主张得到充分的表达，积极性、创造性得到充分的发挥。党内民主由四大内容组成：民主选举、民主决策、民主管理、民主监督。其中，党内监督属于民主监督的范畴，本身就构成党内民主不可分割的一部分。正因为有了党内民主原则这个基础条件，党内监督才会对其他的三大内容起到支撑保障的作用。党内监督对于党的各级领导机关和干部都应由选举产生的民主选举制度，党内讨论和决定问题实行少数服从多数的民主决策制度，党的各级委员会实行集体领导、个人分工负责相结合、党员群众广泛参与的民主管理制度，都发挥了督促推动的作用。

三是党内平等原则。党章规定，“在党的纪律面前人人平等。加强对党的领导机关和党员领导干部特别是主要领导干部的监督，不断完善党内监督制度”。党内平等原则是实行党内监督的基本条件，它表明中国共产党所有的党员不论其职位高低、权力大小，一律都是平等的，意味着党内没有特殊的、可以不受监督的党员。《中国共产党纪律处分条例》规定：坚持党员在党纪面前人人平等的原则；党内不允许有任何不受纪律约束的党组织和党员；凡是违犯党纪的行为，都必须受到追究；应当受到党纪处分的，必须给予相应的处分。这就是说，不管是谁，如果违纪违规，都要受到公正平等的处置。

四是党员权利原则。《中国共产党党员权利保障条例》规定，党员有权以口头或者书面方式对本地区、本部门、本单位的党组织、上级党组织直至中央的各方面工作提出建议和倡议；有权在党的会议上以口头或者书面方式有根据地批评党的任何组织和任何党员；有权向党组织负责地揭发、检举党的任何组织和任何党员的违法违纪事实；有权向所在党组织或者上级党组织提出处分有违法违纪行为党员的要求；有权向所在党组织或者上级党组织提出罢免或者撤换不称职党员领导干部职务的要求。这些规定表明，党员权利原则是实行党内监督的根本条件。

五是依规治党原则。早在1938年，毛泽东在党的六届六中全会上所作的报告中就指出：为使党内关系走上正轨，除了上述四项最重要的纪律外，还须制定一种较详细的党内法规，以统一各级领导机关的行动。这里毛泽东首提“党内法规”，把党的纪律纳入法规，强调纪律的严肃性、严格性，确立了党的建设的法治原则。党的十八大以来，习近平强调要坚持全面从严治党，依规治党，创新体制机制，强化党内监督。从严治党、依规治党，体现了党内监督的法治精神。依规治党原则是党内监督的合法性条件，为推进党内监督确定了准绳和正确的方位。

（作者为国家行政学院一级教授）

用法治思维法治方法化解“邻避现象”

常纪文

“邻避现象”最先发端于发达国家和地区，近些年，在中国逐渐兴起。其英文表述是“Not In My Back Yard”，即“不要在我家后院”，指的是政府推行某项政策或者审批设立监狱、工业区、游民收容所、核电厂、垃圾焚烧厂和污水处理厂等具有一定社会危害性的项目时，目标地域的公众发动的不愿意接纳该项目的社会运动。2014年修订的《中华人民共和国环境保护法》第四条规定：“保护环境是国家的基本国策……使经济社会发展与环境保护相协调。”我认为，这一规定意味着中国已经进入环境优先的时代，在环境优先的时代，公民环境保护意识开始觉醒，很容易拿起法律武器对抗一些建设活动。从此，具有新特点的公益性社会运动走向高潮。在国家治理现代化背景下，应当用法治思维和法治方法化解邻避现象。

一是科学规划，平衡各方权益，通过激励与惩罚相结合的方法，遏制环境违法行为，树立执法公信，保证公众的权利。政府要依法保障企业设立权、污染物排放权和资源开发权。20世纪70年代至80年代，德国为了化解“邻避现象”，唯一的方法就是重塑执政部门的威信。那时德国已经很发达，有能力来重视环境问题的解决，因此严格执法具备坚实的经济基础和技术基础。严格执法，让社会相信了地方政府，树立了政府监管的威信。对于环保部门的监测数据和行政审批，社会都相信其公信力。因此，成功地化解了“邻避现象”。对于中国的地方党委和地方政府，首先应当果断放弃落后的项目和不符合本地定位的项目，科学规划好项目落地的地点，最大限度地保障各方利益，树立或者重塑执政的公信力。其次，除了严格执法以外，通过信用管理和激励机制，督促企业严格遵守法律，不篡改数据，不偷排，在环境保护方面做表率，赢得社会的信任，缓和或者化解不满的情绪。在这方面，国有企业总体做得还是比较好的。下一步，应通过把环境信用和信贷、上市融资、土地供应、水电供应、保险费率等挂钩，促进所有的企业加强环境管理。

二是健全透明的信息公开机制，主动化解公众疑虑。浙江省曾经有一家垃圾焚烧厂的建设遭到村民反对。政府后来改变思路，自己出资连续监测了四个月的二噁英（Dioxin）排放数据，结果发现二噁英的排放是在法律规定的标准范围内，由此就消除了公众的顾虑。从政府的角度来说，并不意味着遵从法律的要求和法定程序就够了，还得主动消除公众的疑虑。2009年，德国的斯图加特市想修建一条铁路，要经过一些森林，需要砍树，老百姓就震惊了，引发了抗议。抗议扩大化后，警察动用了高压水龙头喷水、辣椒水等措施，更加激怒了当地居民，导致了5万人的大游行。后来，政府改变了策略，把工程信息放在网上征求公众意见，特别是不同的意见，鼓励通过全面的信息公开和公开对话来消除疑虑，而不是通过大棒、辣椒水来解决问题，最终重新获得了公众的信任。各国的经验证实，公开透明可以让公众早期参与计划，协助政府作出对政治和环境都可持续的决策。2016年湖北仙桃市、潜江市，广东省高要市和江苏连云港市发生了几起邻避事件，从项目本身来看，其实政府都是想发展区域经济，想解决垃圾围城等问题，出发点都很好，都是执政为民，事件的发生大都和政府不熟悉信息公开、不善于与社会沟通和协调有关。环保部为了落实《环境保护法》的信息公开和公众参与要求，2015年实施了《企业事业单位环境信息公开办法》等信息公开规章，对政府信息公开的渠道和程序、企业强制公开哪些信息、鼓励公开哪些信息以及相关的法律责任，都作了相关规定。但是邻避事件却接连发生，说明实施的情况不太理想，各地要引起重视。

三是改进国有企业的财务支出规定，恢复企业对属地的适当补偿，建立合作和支持机制，形成和谐的企业和地方关系。在韩国，企业回馈社区的费用往往在前期设计时就有所考虑。我国也有一些好的经验，如杭州滨江垃圾焚烧厂，企业和周围的老百姓关系就比较融洽。有的时候，企业所在的居委会和街道举行集体活动，企业也积极配合。逢年过节，还会慰问社区困难群众和老人。这些都可以促进企业和社区居民关系的和谐，特别是发生事件时，平时积累下的人脉，可以协助企业协调各种矛盾，防止事件扩大化。

四是针对不同的人群机构分类对待，化对立为合作。在项目建设之初，必须信息全面透明、全面公开，让所有的利益方及其代言人都能参与其中，兼顾各方利益。江苏南京和湖北监利有过成功的探索，如环保部门都定期向社会组织、人大代表、政协委员通报想做的实事，有时把他们请到环境保护部门来座谈，给予礼遇，充分尊重，谦虚地征求他们的意见，并反馈意见采纳情况和理由。前边的工作扎实了，后边的抗争现象就少多了。一旦发生冲突，地方政府和企业就应当改变策略，邀请有不同意见的代表人士和利益相关人士参观该企业和其他类似工艺的企业，打消他们的疑虑。如湖北仙桃和潜江市接连发生邻避事件，而湖北监利的垃圾焚烧厂因为事先征求了居民意见，并邀请居民代表到外地参观了同类技术企业，居民放心了，也就没有发生邻避事件。对于违法带头闹事者或组织者，要申请政府依法处置，杜绝无序参与的现象。对不同的人群，要针对性地做工作，如对核心层要准确识别利益相关方，促进多方利益共享；对于最底层的民众，要让他们共享社会经济发展的成果，提供有效的维权途径，让他们平时就有机会依法释放一些情绪；对于媒体，政府和企业要准确研判，通过权威的机构主动发布权威信息，让有公信力的权威人士来解读信息，积极引导，让虚假信息无法发酵；对于社会组织，要发挥他们专业知识的作用，积极吸收他们参加规划和项目论证，购买他们的监测和宣传等服务，利用他们释放一些积极的环境保护信号。

五是在法律救济方面，按照党的十八届四中全会决定的要求，鼓励环境纠纷通过法治化、市场化等途径，而非通过长官命令和社会化的聚众闹事方式来解决。2015年新《环境保护法》实施后，社会组织不时提起环境公益诉讼，使邻避事件变得越来越复杂，一些本应上马的项目，变得更加困难。地方政府和企业要熟悉法律法规，使生态环境补偿和赔偿法制化和市场化。地方政府对于能够用钱解决的，必须用公平的代价予以解决，给予老百姓充分的补偿，使公民的房产权、健康权等权益能够得到及时、公正的补偿，不要占老百姓的便宜，同时杜绝小闹小补偿、大闹大补偿的不良现象，消除公众想通过闹事获取不正当利益的念头。

六是在事件应对方面，企业和地方政府应当保障环境信息的及时、科学、全面公开，表达真诚的意愿，使社会了解真实、科学的环境信息和环境危害，并依法做好群体性事件中的媒体传播管控工作。对媒体依法管控是世界各国的通例，凡涉及民族、社会稳定和国家安全等问题，有关部门应当做好相关的工作，否则会产生一些严重的后果。对于涉及暴力、谣言、危害国家安全的一些邻避事件的信息传播，可以采取临时性隔离措施，防止恶意信息的传播和事件的恶化。从社会学的角度看，很多邻避事件的最初目的不在于对抗和冲突，而在于争取与政府、企业的议价权，促使各方坐下来谈问题，找到一个妥协的方案。如果说各方都坐不下来，最后形成冲突的话，会导致两败俱伤，既不利于社会环境公共利益的保护，也不利于污水处理、垃圾处理等民生项目的落地。

此外，可探索第三方评估和第三方治理的新模式。在开展项目建设前，或者邻避事件可能发生时，地方政府和企业可以委托第三方对项目进行重新评估，并结合评估开展整改工作。地方政府应当加强环境保护基础设施建设，为企业合法排放污染物并寻求得到污水集中处理的第三方服务创造条件。一些传统的企业之所以难以遵守环境法律法规的规定，可能是资金有限、缺乏技术，升级困难，地方政府首先应当帮助他们积极融资，升级改造，通过做加法的方式解决环境问题，这样企业也能升级发展了，不至于关闭并导致失业等社会问题，地方的财政税收也有一定的保障了。其次，地方政府应大力发展环境污染第三方治理的模式，降低专业化运营的成本，减轻企业的经济负担，同时改善环境治理的效果。

（作者为国务院发展研究中心资源与环境政策研究所副所长）

温和的义务论是普遍的道德底线

何怀宏

我们今天看很多问题、现象，归根到底都会追究到道德层面，而且越是在道德这个层面，你会发现人们越是容易激动，这涉及一个人是好人还是坏人，或者一个制度是正义还是非正义的问题。法律问题，政治问题，生活问题，最后都涉及善恶正邪的问题。伦理学在现代有了一个极大的转折，不再以人为中心，而是以行为为中心，不再是以价值、信仰为中心，而是以规范、义务为中心。

这是因为，社会发生了极大的转变，由传统等级制社会进入现在的平等社会。平等社会意味着每个人都有平等的权利去追求自己所理解的幸福。不像传统的西方，唯基督教支配道德，或者像传统中国社会，儒家支配信仰体系。现代社会走向政教分离，价值多元，因为社会在走向平等，要尊重跟你一样平等的道德主体，他有自己所理解的幸福。就像密尔所说的，“只要不妨碍他人同等的自由”就行。

有些人可能愿意过一种很高尚的生活，像古代的士大夫，有些人只追求天伦之乐就可以了，还有些人的价值追求是“我这辈子就要最大限度地赚钱，我只要不坑蒙拐骗就行了，我觉得这是我的最高目标：成为亿万富翁”。你不能说他不可以这样，也没办法去强行禁止。现代社会很难把生活趣味、追求、信仰完全统一，无论是享受还是忍受，你都不得不接受价值的分化和多元，这是现代社会的主流趋势。

我们现在是集中于行为规范，也只有在行为规范上，方有可能建立平等的共识。各个国家的宪法、刑法的一些行为禁令，都是一样的，在行为规范上都可以建立共识。

道德和法律毕竟不一样，有些事情法律管不了，但道德可以管，欺骗别人了就可以批评。

道德是法律的基础，法律规范的根据是什么？怎么判断是良法是恶法？有些行为被道德或者良知所反对，根据何在？这就是现代伦理学要讨论的中心问题，不再是善、好，而是正当、义务。你的行为正当性根据何在，为什么我们要赞成某些行为，反对某些行为？这都是现代伦理学的中心问题。

对道德根据的回答，重要的是两大派，一个是义务论，义务论认为不可杀人，不可欺诈，不可盗窃，不可奸淫（强暴），这是“四不可”，就像康德说的，是绝对的命令，是可以普遍化的。这些不需要效果来证明，它们的性质本身就可以证明，这就是义务论或者道义论。而效果论（后果论、目的论）认为要通过目的结果来证明，比如功利主义，比如完善论，这是通过结果来证明。

在追问道德判断的根据上，我比较赞成温和的义务论，一种普遍的底线。某些基本的行为准则，如果它符合康德意义上的可普遍化原理，这个行为不光你自己可以做，其他人都可以做，这就是可普遍化原理。之所以有些行为不能普遍化，是因为它只能一些人做，如果普遍化的话，这个原则就失效了。比如欺诈，没有比被欺诈者更希望别人不欺诈的，如果所有人都欺诈，那就不会有契约、合同，甚至连欺诈都没办法实施，所以说它不可普遍化。只有一些基本的原则是可以普遍化的，而且是最底线的。

（作者为北京大学哲学系教授）

国家主权统一乃是宪法的第一要义

王睿恒

1861年爆发的南北战争，以极为惨烈的方式解决了美国建国以来一直难解的宪政问题：奴隶制的存废和美国联邦制的性质。林肯以捍卫联邦生存为理由参战，最终不仅维护了联邦主权至上的原则，还打破了奴隶制的枷锁，重塑了美国的宪政秩序。可以说内战之后，美国才在真正意义上实现国内制度的统一，开启了经济繁荣的快速通道。然而，这场现代战争的代价也是极为惨重的，62万人战死沙场，无数家园遭到焚毁。追根溯源，这场战争的伏笔在美国独立之初即已埋下。

1787 年美国宪法给南北战争埋下了祸根，奴隶制的存废和联邦主权与州权的关系成为争论焦点

1787年美国宪法被后人誉为“人类大脑所能做出的最佳政治设计”，实际上其本身是各方利益妥协的结果。北美独立战争胜利后，13个殖民地在《邦联条例》的基础上结成松散的政治联盟。但是邦联国会的权力极为有限，本身并无执行机构，税收、征兵和发行纸币等实权都掌握在州政府手中，因此面对经济萧条、政治动荡、外敌威胁等问题，邦联国会应对乏力，导致谢斯起义的发生。

这引起美国政治精英们的高度重视。1787年，为了弥补邦联的缺陷，各州代表经过4个月的激烈辩论和政治协商，拟定《宪法草案》，决定以一个更为集权的联邦政府取代邦联国会。但是《宪法草案》必须得到13个州中9个州的批准才能生效，为了让新宪法顺利通过，宪法制定者不得不在部分条款中做出妥协。

首先，奴隶制问题隐含在三大宪法条款中。在南方蓄奴州的强烈要求下，宪法不仅规定了逃奴遣返原则，还将奴隶算作五分之三自由人口，扩大了南部州在众议院的政治代表权。它还规定国会不得在1808年前禁止奴隶贸易，以保证奴隶人口的早期增长。宪法中的这三大条款虽然没有直接谈及“奴隶制”，却将奴隶视为个人私产，以含蓄的方式同意和支持了奴隶制的扩张，为未来南北的争端埋下祸根。

其次，宪法规定美国联邦的性质为双重主权制，联邦政府和州政府分享主权。《联邦党人文集》被誉为“美国宪法的权威阐释”，麦迪逊在他所写的第三十九篇中曾对宪法设计的政体性质做出详细解释，认为“拟定中的宪法严格来说既不是一部国家（nation）宪法，也不是一部联邦（confederation）宪法，而是两者的结合”。也就是说，新生政权的政体性质并非通常意义上的联邦制，而是联邦制和单一制的混合体，具有联邦主权和州权两个并存的主权。宪法中对联邦政府的权力范围做出了详细限定，除此之外，全归州政府管理。但事实上，宪法的规定不可能尽善尽美，由于一些条文措辞含糊，导致联邦政府和州政府之间的权力划分并不清晰。特别是宪法中没有说明，13个州结成联邦后是否还有权退出联邦，也没有规定联邦主权与州主权到底孰高孰低，这就成为南北争论的另一焦点。

内战前南北截然对立的经济与社会体制，已经造成美国社会实际上的分裂

内战爆发前，这两大宪政问题就已存在多年，但是并未危及联邦的生存。在宪政框架内，南北各州就奴隶制问题达成了一系列的妥协，如“1820年密苏里妥协”和“1850年大妥协”。但是，随着美国经济的发展，北部的自由劳动制与南

部的奴隶制逐渐形成两种截然对立的经济与社会体制，造成美国社会实际上的分裂。特别是随着西进运动的大规模推进，能否在新获得领土上扩大奴隶制的范围变成南北双方争论的焦点，这直接关乎参议院中蓄奴州与自由州的代表比例，换句话来说，关系到未来美国政治的决定权，因此双方妥协的余地越来越小。1860年，反对奴隶制的共和党候选人亚伯拉罕·林肯当选美国总统，成为南北战争爆发的导火索。

环顾19世纪60年代的国际社会，废奴运动风起云涌，奴隶制作为一种不道德的、反人性的制度被绝大多数国家废弃。英国和英属殖民地早在1833年就废除了奴隶制，时至内战前，整个西半球只有巴西、古巴和美国蓄奴州仍然存在这种野蛮制度，这是自诩自由灯塔的美国抹不去的污点。但是，为了维护自身的经济利益和社会地位，南部奴隶主依旧热衷于扩大奴隶制的范围。他们认为林肯的当选必将限制奴隶制的扩张，成为南部经济发展的枷锁。与其坐以待毙，南部七州选择退出联邦，于1861年结成新的“美利坚邦联”。

林肯主张“联邦的存在先于宪法”，南部退出联邦的行动是叛乱行为

那么，南部各州是否有权擅自退出联邦呢？关于这一问题，美国国内进行了激烈的辩论。在南部州权派看来，根据社会契约理论，既然最初的十三州有权自愿结成联邦，将一部分主权让渡给联邦政府，那么现在就有权自愿退出联邦，收回曾经让渡出去的主权。更何况宪法并没有阻止他们这样去做。但是在林肯看来，南部退出联邦的举动是不合法的，因为“联邦的存在先于宪法”，十三州联盟自1774年大陆会议签署《联合条例》时诞生，1787年宪法只是为了组建“一个更完善的联邦”。因此联邦一旦成立，就不可分解，各州也无权退出。但是，林肯的这些解释尚不足以给他充分的宪政权力来发动征服南部的战争，直到南部邦联打响了美国内战的第一枪。

内战爆发后，林肯迅速以镇压南部“叛乱”、维护联邦统一的名义召集军队，并获得战时一系列的总统特权。他坚持南部退出联邦的行动是个别人的叛乱

行为，所以根据宪法，总统有权对反叛者进行镇压。林肯个人坚决反对奴隶制，但是此时限制奴隶制并不是他应战的理由。废除奴隶制不仅仅是一个道德问题，还是一个宪政问题、政治问题和军事问题。战时还有四个位于南北交界的蓄奴州依旧留在联邦之内，边界州的奴隶作为奴隶主的合法私产，依旧受到美国宪法的保护。因此，为了不激怒边界州，林肯宣战的目的不是为了解放奴隶，而是为了维护联邦的统一。他的这种态度明白无误地反映在给报刊编辑霍勒斯·格里利的回信中，他说："我的最高目标是挽救联盟，而不是拯救或毁灭奴隶制。假如我一个奴隶都不解放，就能挽救联邦，我会这样做；如果为了挽救联邦，我们必须解放所有的黑奴，我也会这样做；另外，假如为了挽救联邦，我们必须解放一部分黑奴，不碰其他的，我同样会这样做。"

《解放黑人奴隶宣言》主观上并非以彻底废除奴隶制为初衷

但是在战争初始，由于准备不足，北方一直处于下风，解放奴隶逐渐成为赢得战争的一种军事必须。南方奴隶主利用奴隶修葺工事、运送弹药和提供粮食供给，帮助他们打一场扩大奴隶制的战争。而奴隶们利用战争的机会，开始向北方逃亡。用历史学家芭芭拉·菲尔兹的话来说，"奴隶用自己的逃跑开始了自我解放的行动"。但是，面对洪水般涌向联邦阵营的逃奴，如何处置他们成为难题。一些联邦军官开始擅自宣布叛军奴隶获得自由，并利用他们为北方军队效力。国会也开始不断向林肯施压。在这种情况下，林肯最终做出了解放奴隶的决定。

随后，林肯颁布了《解放黑人奴隶宣言》。在充满争议的宪政合法性问题上，声明中解释说"我深信此举是一个正义的行动，根据军事需要得到宪法授权，我诉求人类良知的判断和万能上帝的恩典"。文中援引了1862年国会通过的《敌产没收法》，利用宪法赋予美国总统在战争时期的特殊权力，以美国陆、海军总司令的身份下达军事命令的方式，将废除奴隶制这一宪法修正程序变成了一种军事措施。可见林肯政府在此动用了几乎所有可以为《宣言》树立合法性的力量。但是，《宣言》只是宣布反叛奴隶主的奴隶将作为敌产没收，并得到自由。站在联邦一边的边界州内还有80多万奴隶，没有因此获得解放。从这个意义上来说，彻底废除奴隶制并不是《宣言》的初衷，主观上它并没有改变内战的性质。

但是，《宣言》一经颁布，蓄奴州和边界州的奴隶都开始进行自我解放，宣言中赋予解放奴隶的道德力量、人类良知和宗教力量，都为奴隶的彻底解放提供了依据。因此在客观效果上，《宣言》不仅扭转了战局，还丰富了南北战争的成果，使得内战既成为一场维护联邦统一的战争，又成为一场解放奴隶的战争。

最终，南北内战以联邦的胜利画上句号。这场起因于宪政问题的战争，经过血与火的洗礼，重新塑造了美国的宪政秩序。《解放黑人奴隶宣言》和宪法第十三条修正案彻底废除了奴隶制，消灭了美国宪法中的污点；而内战胜利的果实打击了州权至上理论的信奉者，建立起联邦主权的最高权威。州可以擅自退出联邦的权力被彻底否定，州权凌驾于联邦主权之上的理论也被战争埋葬。联邦政府的权力在战争中得到扩张，公民也在战争中建立了对联邦政府的忠诚。从此之后，美国公民首先是联邦公民，其次才是州公民。州权成为联邦主权的附属，美国从一个州权强大的松散联邦变成一个联邦权力至上的民族国家，并消除了阻碍劳动力自由流动的奴隶制，为其成长为世界强国打下坚实基础。

美国内战的爆发表明，1787年宪法所确定的宪法机制实质上归于无效了。很多人推崇托克维尔的一个观点，说在美国，任何政治问题都会转化为法律问题而得到解决。但南北战争恰恰提供了一个反例，即面对涉及主权统一、领土分裂的重大政治原则问题，即使被奉为宪政民主典范的美国，也没能在宪法框架下找到一个和平、理性的解决渠道。这其实是一个非常简单的道理，国家的主权统一乃是宪法的第一要义，因为如果国家面临分裂解体，再好的宪法和制度设计也会因无法落实而沦为一纸空文。

（作者为南京大学历史学系助理研究员）

国家政策的法律地位不能忽视

刘作翔

全国人大常委会公布的《民法总则》草案中，有两个条款涉及了民事活动和民事裁决的规范依据问题。其中，第八条规定："民事主体从事民事活动，应当遵守法律，不得违背公序良俗，不得损害他人合法权益。"第十条规定："处理民事纠纷，应当依照法律规定；法律没有规定的，可以适用习惯，但是不得违背公序良俗。" 全国人大常委会法工委负责同志在做草案说明时讲道：民事关系十分复杂，对法律没有规定的事项，人民法院在一定条件下根据商业惯例或者民间习惯处理民事纠纷，有利于纠纷的解决。第十条将"习惯"作为一种新的规范类型做了确认，是一个很大的立法进步。但与《民法通则》相比，取消了国家政策的规定。（《民法通则》第六条规定："民事活动必须遵守法律，法律没有规定的，应当遵守国家政策。"）这就是说，在民事活动的规范类型里面没有国家政策的地位了，这是一个很大的问题，需要认真研究和对待。

政策在司法过程中、社会实践过程中所发生的作用，远远超出了人们的想象，它的作用被远远低估了

如何看待国家政策在中国社会治理以及民事活动中的作用和功能，是一个重

要的问题。我们现在有些人一提到政策，很容易把政策同人治、长官意志、随意性等等同起来，赋予政策一种非常负面的评价和印象，思维还停留在改革开放初期那种将法律和政策对立起来的状况下。那时候我们要解决的是依法治国还是依政策治国的问题，是涉及治国方略的重大选择；而在经历了30多年的依法治国实践之后，我们要解决的是在依法治国的治国方略下，如何发挥政策作为现代国家治理中的一种非常重要的规范类型的作用。

我在研究法律与国家政策问题过程中，发现国家政策和法律有三种关系：

第一种我把它叫作“法律之中的政策”。在我国现行有效的251部法律里面，据不完全统计，有80多部法律中250多个条款直接有国家政策条款，如技术政策、产业政策、税收政策、残疾人就业优惠政策、价格政策、就业政策、财政政策、社会保险政策、公共政策、计划生育政策、国家货币政策、民族贸易政策、外汇管制政策、自由贸易政策、文化政策、体育政策、文物政策、航运政策、教育政策，等等，几乎囊括了现有的政策类型。现行法律中涉及的政策条款比我们想象的要多得多。这就是法律之中的政策。

第二种我把它叫作“法律之外的政策”，就是现行《民法通则》第六条规定的“法律没有规定的，应当遵守国家政策”，它就是法律之外的国家政策，即当法律缺位时，国家政策就成为我们遵循的依据。这就是“法律之外的政策”。就是《民法通则》第六条所指向的当法律缺位的时候，我们要到法律之外去找政策。

第三种我把它叫作“法律指导性政策”，或者再直接一点，叫“法律之上的政策”。什么是“法律之上的政策”，如党的十八大、三中全会、四中全会、五中全会做出的重大决策，对法律的制定和实施都起着重要的指导作用。再具体一点就是立法政策和司法政策。立法政策和司法政策直接指导着立法工作、立法的趋向和司法的运作。比如立法规划就是具体的立法政策，指导着具体的立法工作。司法政策如“宽严相济”的刑事政策，指导着法官在司法中的行为。

以上三种情况在我们的现实生活中都存在着。民法典所涉及的国家政策，主要指的是法律之外的国家政策。现在草案将国家政策拿掉了，这就存在一个问题：民法典能否概括和周全所有的民事生活？我们的立法技术和立法能力能不能做到这一点？如果做不到，又要求法院不得拒绝裁判，规范类型哪里去找，法律没有的哪里去找？这样就自己给自己设了绊，在没有法律的情况下，没有给政策留下空间，仅仅按照习惯，中间空档太大。从法律层面，我们无法做到周全，社会生活太复杂，而政策在司法过程中、社会实践过程中所发生的作用，远远超出了人们的想象，它的作用被远远地低估了。

为什么要高度强调国家政策的法律定位

为什么我要高度强调继续保留《民法通则》中关于国家政策的法律定位，作为民事活动的主要规范渊源？是同转型期中国社会特点相关联。按照两个一百年的奋斗目标，无论是2021年，还是2049年，中国始终处在发展升级的社会转型期。转型期的社会关系处在不断的变化过程。对于已经相对稳定的社会关系，我们要用法律的形式将它们固定下来；对于还不十分稳定的社会关系，可以发挥政策所具有的灵活性特点，用政策的形式对它们予以规范。在相对稳定时，再将它们法律化。无论是法律之中的政策条款，还是法律之外的政策，它们都只是一种规范导引和指向，具体的内容取决于法律所导引和指向的政策内容。这种政策的内容可以根据社会的变化及时地做出调整和修正。因此，我们可以将政策理解为法治框架内的规范内容，而不是游离在法治之外。

因此，我建议，应当在民法典的编纂过程中，建立一个三位阶的民事规范渊源，即法律、国家政策、习惯。在《民法总则》中明确规定国家政策和习惯的法律地位，将现在的《民法通则》第六条“民事活动必须遵守法律，法律没有规定的，应该遵守国家政策”修改为“民事活动必须遵守法律，法律没有规定的应当遵守国家政策，国家政策没有规定的可依当地习惯”，形成一个“三位阶规范渊源结构”，即：有法律时依法律，无法律时依政策，无政策时依习惯。随后，在刑事法领域、行政法领域也应该给政策和习惯应有的法律地位，使政策和习惯成为整个法律体系以及司法过程中的规范类型，发挥其应有功能和作用。三位阶规范渊源结构还可以有助于实现现代司法的一个重要理念，即“法官不得拒绝裁判”“法院不得拒绝裁判”。因为确定和寻找规范渊源的途径都指明了。此外，还有一个重要的问题需要强调，“三位阶规范渊源结构”解决的不纯粹是法院的裁决依据问题，它更重要的是作为公民的一种行为依据而存在的，因为行为依据的范围比裁决依据的范围要大得多。

（作者为上海师范大学光启学者特聘教授、博士生导师）

莫要误解了公检法的“互相配合”

方　工

习近平总书记提出“要努力让人民群众在每一个司法案件中都能感受到公平正义”的重要要求。落实这一要求，达到司法公正的目标，满足群众对正义的要求，是司法者承担的神圣使命和必须履行的庄严职责，具有高度的现实性、重要性和紧迫性。司法者在向目标努力奋进的过程中，至关重要的是必须在司法实践中做到坚持宪法和法律至上，严格依法办案，保障案件质量。这其中有一个现实问题不能回避，就是如何理解和实施宪法第一百三十五条和《刑事诉讼法》第七条同样规定的“人民法院、人民检察院和公安机关办理刑事案件，应当分工负责，互相配合，互相制约，以保证准确有效地执行法律”中的“互相配合”。

以往对“互相配合”有一种理解是，在案件诉讼过程中，为有力打击犯罪，司法者对犯罪嫌疑人定罪和处罚认识和行动要统一，口径和决定要一致。受这种理解影响，为了取得配合的效果，在司法实践中采取种种法外措施，如上级协调、专案专办、承办人沟通、限制律师权利、随意取舍证据等就顺理成章了。更恶劣的情况是，对刑讯逼供等非法取证行为，故意无视或掩盖的做法时有发生。

实践证明，这样理解“互相配合”的要求，是陷入了简单、片面、肤浅的误区。误就误在不符合法治精神，违背司法规律，使各司法机关各司其职、互相制约、诉辩平等以及四级二审等司法制度失效。司法者无论出于何种动机，即使是为了打击犯罪，但只要陷入误区，就会消解坚持原则的精神，扭曲秉公司法的操守，削弱公正司法的能力，使得犯罪嫌疑人的辩护权利失去保护、难以行使，使得案件存在的瑕疵错误无法得到纠正。现实中，有很多冤假错案确实都是因此而产生。

正如人民日报《公检法“默契配合”出冤假错案！》的文章所说：“造成冤假错案最关键的原因，是公检法在办案过程中相互遮掩、相互‘协调’，最终默契配合出‘铁案’。在这个过程中，并不难发现瑕疵的案件，被司法机关以法律的名义一路绿灯予以通行，甚至相互之间还想方设法为瑕疵打掩护，直至最后判决生效。”

冤假错案的形成原因说明，对“互相配合”的思路和做法陷入误区，是造成冤假错案最危险的推手、最通畅的途径，其恶果就是冤假错案频发多发，伤害法治的权威性、法律的正义性、司法的公正性和当事人的权益。对“互相配合”的不当理解和做法，实质是背离宪法和法律精神的错误认识和实践，不是效果良好的成功经验，而是有失公正的失败教训。这种理解认识及其影响下的司法活动，法律上不具有合法性，实践上不具有合理性，道义上也不具有正当性。

司法者的司法实践活动具有相同的法治目标和职业要求，所以客观上存在互相配合的需要和条件，但也正因为承担着维护法治权威和社会正义的使命，必须对法律、案件和当事人负责，所以不能搞违背法治原则和司法规律的“互相配合”。而应该以法治原则为指导，运用法治思维，全面理解宪法和法律规定，把“分工负责，互相配合，互相制约”的要求视为有机整体，准确理解公检法机关在司法活动中的法律关系。

在司法实践中正确理解和实施“互相配合”的具体做法应该是，司法者从维护法治权威，保证案件质量，实现司法公正，切实保障人权的目标出发，切实分工负责各司其职，排除任何非法干扰，只服从法律。做到前一程序的司法活动要为后一程序的司法审理提供做出公正结论的条件，并互相制约防止司法腐败和司法错误。例如，积极保障犯罪嫌疑人、被告人和其他诉讼参与人依法享有的辩护权和其他诉讼权利；诉讼程序中前一司法机关向后一司法机关移送案件证据时，既要移送有罪、罪重的证据，也要移送无罪、罪轻的证据；前一程序的司法者对后一程序的司法者有关补充证据、查明事实的要求，必须认真、及时地开展工作；为保证司法质量，各机关既要对其他机关的不当做法积极提出意见建议，也要认真对待其他机关的意见。同时，各机关还应互相促进对律师执业权利的保障，高度重视律师在诉讼活动中积极履职的重要作用。这是因为，律师是法治进步和司法公正的受益者、支持者、追求者和参与者，对决定司法是否公正的司法机关“互相配合”的举措既享有发言权，也享有监督权。他们依法履行法定职责和积极行使执业权利的行动，对司法者正确理解和实施“互相配合”，维护法治权威，保证司法公正具有极大的促进作用。因此司法者应该视律师为建设与捍卫法治，维护社会正义的诤友、益友，对律师就案件阐述的意见和观点，持欢迎和支持的态度。

保证司法者准确理解和执行“互相配合”的要求，除了应有符合法治原则的理念认识，还需要有效的制度保障。应该在全面深化改革、全面依法治国的进程中，促进良好制度的建设、完善和巩固，以制度的力量兴利除弊，祛恶扬善，支持、保护、鼓励司法者强化正确理念，视公正为司法最高追求，视无冤为司法最高境界，从而坚守职业操守，提高公正司法能力。

（作者为北京市检察院第一分院原副检察长）

“案多人少”矛盾与司法有限主义

孙笑侠

推行立案登记制，自然产生了“案多”的问题。法官员额制自然出现“人少”的问题。两者同时推进，使“案多人少”的矛盾急剧浮现。

然而“案多人少”并非刚刚出现，而是由来已久。案多有多方面原因，诸如市场活跃、诚信危机、网络密集、人口流动、治理失灵等，但归根结底是社会转型带来的制度断裂，由此引发社会矛盾集中爆发。

过去30年，我国司法的基本矛盾是社会法治化需求与司法职业化水平之间的矛盾。目前“案多人少”已经成为全国性的现象，从过去的次要矛盾和局部矛盾已经上升为我国司法的一对基本矛盾。

“案多人少”的矛盾不是中国特有的，也不是临时性的、阶段性的，而是司法的普遍现象。西方发达国家也客观上存在这样的问题，但由于其司法观念影响和审判制度安排比较合理，才没有成为急剧冲突的基本矛盾。

司法中的“案多人少”从现象上看是数量问题，但本质上是司法职业性和诉讼大众性之间的矛盾。从职业性角度看，法官当然是少数人，是精英化的职业人员，司法是正义的最后防线。

从大众性的角度来讲，老百姓会把司法看作权利救济的基本途径，这最后防线被理解为唯一防线。何况中国司法的行政化观念还根深蒂固地存在于民众头脑，法院或法官在他们心目中，就是政府父母官，要诉讼包揽一切纠纷，要审判解决一切纠纷。

我们提出司法的职业化、正规化、专业化，同时，民众对司法又有平民化、亲民化和多元化的要求。司法中这对职业性与大众性之间的矛盾，才是“案多人少”背后的核心问题。

“案多人少”矛盾的根本解决在于转变观念，确立司法有限主义。要让各级执政者和人民群众认识到司法功能是有限的。

观察现代司法的有限性，大致表现在：一是其权力范围有限，态度谦抑，不得逾越法律规则；二是遵循消极被动原则，尊重个案当事人优先于尊重社会利益，不主动干预社会生活；三是司法资源有限，无法像行政权那样具有广泛的强制性权力；四是对抗制程序使司法成为成本最昂贵的解纷方式；五是司法要保持对社会领域中一些基本规律的遵从，比如在教育和学术案件中司法对教育和学术的遵从，对医疗卫生等涉及技术性问题的判断也要保持这种遵从的态度；六是司法主体必须遵循职业主义原则，俗称精英主义，法官只是少数人。

由此可知，司法有限性这个特征是显而易见的。司法本质上还是属于国家权力中最消极中立的有限权力，不适合过度地强调和发挥社会功能，而是要强调其法理功能，即在个案中发挥释法补漏功能，以及维权护益、控权审规和定罪量刑等功能。

随着司法改革深入推进，必须确立一种中国特色的“司法有限主义”理论和观念。

（作者为复旦大学法学院院长）

提升行政审批制度改革的法治化水平

马怀德

简政放权既是法治政府建设的基本内容，也是政府依法全面履行职责的重要目标。十八大以来，从中央到地方不断推进行政审批制度改革，从效果上看，通过分批取消下放行政审批事项，形成了“简政放权、放管结合、优化服务协同推进，推动大众创业、万众创新，激发市场活力和市场创造力，充分发挥中央和地方两个积极性”等新思路、新理念，为进一步深化行政审批改革指明了目标与方向。各级政府不断推进行政审批制度改革，简政放权，取得了重要成果，但也必须看到，随着改革的深入，简政放权已越来越触及部门核心利益，改革难度逐渐加大，法治化程度依然不高。

行政审批制度改革是全面深化改革、行政体制改革和简政放权的重要组成部分，也是法治政府建设的重要内容，特别是政府依法全面履行行政职责的关键。做好行政审批制度改革要坚持问题导向、目标导向和成效导向，着力解决目前改革实践中存在的问题，把握改革的一般规律，创新行政审批体制机制，将改革纳入法治轨道，用法治思维和法治方式推动改革。

群众和企业是否满意，是检验简政放权成效的根本标准

行政审批制度改革成效如何，人民群众的感受最真最深。群众和企业是否满意，是检验简政放权成效的根本标准。改革进展与人民群众的期待有较大差距的根源在于未改变数量控制型的改革思路。用数量指标推动改革，就使得“含金量”不高、“不痛不痒”、细枝末节的项目被大量取消下放，而阻碍企业生产经营和百姓就业创业的审批事项依然存在，市场主体对简政放权的效果感受不明显。

因此，行政审批制度改革的效果不能仅从削减的数量上进行判断，关键要从质量上看群众和企业办事的程序是否更简便、成本是否更低廉。应坚持以群众需求为导向，从数量控制型改革转向质量提升型改革，最大限度减少对生产经营活动的许可，最大限度缩小投资项目审批、核准的范围，最大幅度减少对各类机构及其活动的认定。这样才能从根本上方便市场主体的投资、生产、经营，从关键处激发市场活力和市场创造力。总之，改革要向深水区涉进，向“硬骨头”动手。

并非取消下放的审批事项越多越好，
应树立“当减则减、当留则留”的理念

行政审批制度改革，并非取消下放的审批事项越多越好，应树立“当减则减、当留则留”的理念。目前，改革中究竟应该简哪些政、放哪些权、管哪些事，还不够明确，简政放权的类型化没有充分体现。以审批的功能与作用为标准，可将现行作为改革对象的行政审批分为以资源配置为目的的审批、以限制市场进入为目的的审批和以预防和控制有社会危害性的活动为目的的审批三大类。

资源配置类审批是计划经济的产物，国家垄断所有资源，然后以审批的形式配置给私人。这种方式忽视了对私人资源利益的尊重和保护，导致资源利用效率低下，并产生了严重的资源分配不均问题。国家应减少对资源的垄断和控制，用

市场主体公平竞争的方式取代审批许可的方式。

市场进入类审批是行政审批制度改革的突破口，是改革推动大众创业、万众创新，激发市场活力和市场创造力的重点领域，是简政放权、放管结合、优化服务、协同推进的关键环节。政府应充分发挥市场在资源配置中的决定性作用，降低进入门槛，打破进入壁垒，加强事中事后监管，做到凡市场机制能有效调节的经济活动一律取消审批。

危害控制类审批覆盖产品质量、安全生产、食品安全、环境保护、道路交通安全等众多社会活动领域。在涉及公共安全、人身健康、生命财产安全的领域，仅靠政府事后监管和市场调节，不足以防止危害发生，不能做到防患于未然。因此，对涉及公共安全、人身健康、生命财产安全的监管，重在事前控制，行政审批须发挥应有作用。

总之，行政审批制度改革不是一放了之，应以“当减则减、当留则留”为原则，坚持放管结合、优化服务。在简什么政、放什么权、管什么事上，应当确立“简市场规制之政，放过度集中之权，管健康安全之事”的理念。

审批事项“死灰复燃”的根源

实践中，一些部门和地方将审批事项进行“打包”或者“拆分”处理，或将审批“改头换面”为“核准”“备案”“指标”，使审批事项“死灰复燃”，其根源在于行政审批制度改革未能与政府机构改革和转变政府职能统筹进行、一体谋划。审批事项取消下放后，机构没有改革，职能没有转变，就为审批事项的“死灰复燃”留下了空间。

行政审批制度改革是逆水行舟，不进则退，甚至慢进也退。必须通过深化行政审批制度改革，创新行政审批体制机制，建立相对集中行使行政审批权和“一颗印章管审批”的体制机制。在审批事项取消下放的同时，撤销或调整相关机构和职能，将原审批机构的工作重心转向本行业发展战略、发展规划、相关政策和行业标准的制定和实施，组织推动事业发展，加强市场活动监管，有效提供公共服务。

怎样避免出现审批事项取消下放后的“空档期”

为实现立法与改革相衔接，重大改革于法有据，避免出现审批事项取消下放后的“空档期”，应实现政策主导型改革向法治主导型改革的转变，发挥法治对改革的引领和保障作用，在法治政府建设过程中推动行政审批制度改革。

在中央层面，除国务院及其所属部门通过规范性文件设定的行政审批事项，国务院可以规范性文件的方式调整或废止外，涉及法律设定的行政审批事项，国务院应当根据宪法与立法法规定的法律修改和废止程序，提请全国人大常委会予以修订或废止；涉及行政法规设定的行政审批事项，国务院应当通过修改或废止行政法规的程序取消或下放。在地方，凡涉及地方性法规、地方政府规章设定的行政审批事项的调整或取消，也必须遵循地方性法规、地方政府规章修订、废止程序的规定，通过修订、废止相应地方性立法的方式实现。

随着改革的深入，作为行政审批制度基础的行政许可法修改也应当提到议事日程上。应当总结几年来行政审批制度改革的经验，将比较成熟的改革举措及时上升为法律规范，检讨行政许可法实施中存在的问题，特别是针对行政审批制度改革中存在的制度障碍，提出修改意见，确保在法治的框架内推动改革，实现行政审批领域的重大改革于法有据。将行政审批制度改革全面纳入法治轨道，就是要以法治的方式推动改革，以刚性的制度管权限权，这样虽然会牺牲部分改革的效率，但是增加了改革的合法性与权威性，并从根本上解决了审批事项的法律依据问题，从长远看也才是真正有效的改革。

完善行政审批制度改革程序

通过完善程序，可以实现行政审批制度改革的法治化、科学化、民主化，提高改革质量，增强社会认同感，推进政府职能转变。要完善行政审批制度改革的程序就是建立信息公开、专家论证、风险评估和公众参与等程序机制。

首先，信息公开是专家论证、风险评估和公众参与的前提。各级政府在简政放权的过程中，应主动公开拟取消下放审批事项的项目名称、审批部门、设定依据、实施情况和取消下放的理由。同时，应公布专家论证、风险评估和公众参与的方式和程序。

其次，专家论证是对简政放权的内容进行科学、全面的论证，提出意见和建议，使改革更加科学、合理、可行，提高改革质量。各级政府应建立行政审批制度改革咨询论证专家库，并从专家库中抽取相关领域的专家参与改革的相关论证和讨论活动。

再次，对涉及公共安全、人身健康、生命财产安全等领域的行政审批制度改革，应进行风险评估。通过“风险确定”和“风险评价”来为决策提供风险判断，为决策提供最大限度防范风险发生或减少风险损害的帮助。

最后，民之所望，施政所向。人民群众对审批之弊感受最深，对简什么政、放什么权最有发言权。以目标和问题为导向的行政审批制度改革，应通过讨论会、座谈会、听证会、民意调查等形式，广泛听取利害关系方和群众的意见，让市场主体和社会管理对象充分参与到改革的过程中。

总之，只有经过充分公开信息，征求多方意见，专家参与论证，科学评估风险等程序，行政审批制度改革才能更加法治化、科学化、民主化，人民群众才能切实感受到行政审批制度改革和法治政府建设的成效。

（作者为中国政法大学副校长、教授、博士生导师）

让裁判文书都上网“晒”出公平正义

刘武俊

近年来，最高人民法院力推上网公开裁判文书，不断扩大裁判文书公开范围，让数以千万计的裁判文书上网“晒”出公平正义。截至11月2日，中国裁判文书网公开的裁判文书总量22497064篇，访问总量超33.8亿人次。中国裁判文书网已经成为全球体量最大、最有影响的裁判文书公开平台。

作为司法审判活动的“公共产品”，裁判文书是法院审判活动、裁判理由、裁判依据和裁判结果的重要书面载体，也是法官价值取向、法律素养、文字功底的集中反映。裁判文书是法院代表国家行使审判权对具体案件的实体或程序问题作出具有法律效力的权威性书面结论，包括各种判决书、裁定书、决定书、调解书等。

公布裁判文书就是将司法裁决这一“公共产品”置于阳光之下，接受社会各界的检阅和监督。是否公开裁判文书可以说是公开审判与秘密司法实质性的区别。法院依凭审判权这一公权力作出的司法裁决显然属于具有共享性的“公共物品”的范畴，公布裁判文书也是基于司法裁决这一“公共物品”的内在属性。另外，公布裁判文书还是尊重和满足公众的司法知情权的必然要求。公民作为为司法审判提供纳税支持的纳税人，有权利知晓、了解法院作出的司法裁决，也有权利对裁判文书进行品头论足。公民的司法知情权也是对司法活动进行舆论监督的前提条件。

裁判文书上网是司法公开的重要一环，也是推进司法公开的重要抓手。就法院而言，司法公开主要包括审判流程的公开、裁判文书的公开和执行信息的公开。除法律有特殊规定的以外，生效裁判文书应当全部上网。裁判文书上网是人民法院积极回应社会关切，主动接受社会监督，与国际司法接轨的重要举措，标志着人民法院的司法公开工作迈出了关键一步，是司法公开促司法公正的有力举措，既强化了司法公信，也彰显了司法自信。

裁判文书上网公布，对于提高办案法官的责任心和业务素质具有倒逼效应。裁判文书上网，意味着每一份裁判文书都将接受公众的检查和评论，法官必须更加负责谨慎地对待每一个案件的审判，积极提升裁判文书制作水平，不断强化裁判文书的说理性。

裁判文书上网公布，有助于促进全国法院法律适用和裁判尺度的统一。最高人民法院作出的裁判文书，对于统一法律适用标准和裁判尺度具有重要的指导意义和示范效应。将最高人民法院作出的裁判文书大量上网公布，不仅有助于大力推行案例指导制度，为典型案例储备资源，而且能够满足各级人民法院第一时间参阅、学习和借鉴的现实工作需要。

公布裁判文书可以成为一种法官职业团体潜在的激励机制，为专家型法官阶层的培育创造有利条件。裁判文书的公布往往关涉到有关审判人员的荣辱，一份出色的裁判文书往往会使人们自然而然对法理功底扎实的法官肃然起敬，法官本人也会有一种荣誉感和成就感；而制作马虎、论证空疏、说理乏力的裁判文书一旦公之于众，则很可能使法官蒙羞，从而有力鞭策法官下功夫钻研业务和提高理论素养。

裁判文书上网公布，也具有法治宣传的普法意义和提供法学研究素材、繁荣法学研究的积极意义。对于一些社会关注度高的重大案件，裁判文书上网公布有利于解疑释惑、积极回应社会关切，能够消除各方质疑，维护法院良好形象，切实提升司法公信力。

目前裁判文书公开也存在一些问题，一些法院存在裁判文书选择性上网现象，部分应当上网的裁判文书由于种种原因未上网公开。一些裁判文书过于简单，说理不充分，有的还暴露出裁判尺度不统一等问题。全国各地法院的司法公开程度参差不齐，部分法院特别是中西部地区基层法院信息化基础薄弱，软硬件设施达不到司法公开平台建设的要求。

司法公开应该避免选择性公开，裁判文书上网公布也要避免选择性公布。裁判文书上网原则上要覆盖所有案件，不得人为设置任何障碍。如果没有法律规定的特殊情形，一般均应上网公布，不允许根据案件类型、影响大小和文书质量高低进行取舍和选择性公开。只有最大范围地公开裁判文书，才能最大限度地保障公众的知情权和监督权。

裁判文书是法院的脸面，是司法领域的公共产品，承载着促进司法公正、统一法律适用、开展司法教育和普法宣传等多重功能。每一份上网的裁判文书都是接受网民检阅的司法考试答卷。裁判文书上网公布，让亿万网民“围观”和审视，其实是司法机关接受广大网民监督和拷问的开放性司法考试，也是对司法公正的考验和对司法能力的考核。

（作者为司法部《中国司法》杂志总编、研究员）

建构公平正义的网络空间治理规则体系

于志刚

网络将人类社会带入全新的纪元，而如何建构与新社会背景相适应的网络治理体系和治理规则，是国际社会共同关注的时代课题。在2015年12月16日举办的第二届世界互联网大会开幕式上，习近平总书记完整提出了推进全球互联网治理体系变革的四项原则和构建网络空间命运共同体的五项主张，其中对于网络空间治理明确指出“构建互联网治理体系，促进公平正义”的主张。在刚刚闭幕的第三届互联网大会上，习近平总书记通过视频发表讲话指出，要推进互联网治理朝着更加公正合理的方向迈进。尽快建立完整的网络空间法律规则体系，践行法治社会对公平正义的追求，应当成为立法者和理论研究者共同肩负的时代使命。

网络社会对传统法律规则和法学研究带来全面挑战，网络空间中出现了大量的法治“模糊地带”甚至“空白地带”

网络所带来的不仅仅是合法的利益增长，更有违法与失序的利益分配。随着人类社会网络化不断推进，网络空间中的违法犯罪也持续地增长、进化与变异，对于传统法律体系与规则形成了全方位的冲击，对于网络空间和整个社会公平正义的实现造成了严重阻碍。令人尴尬的客观事实是：一方面，网络技术的更新带动着网络空间违法犯罪的快速发展与持续变异，网络犯罪的发展速度似乎更为充分地体现了计算机技术发展上的“摩尔定律”，即每两年翻一番的规则；而另一方面，相应的法律规则却需要长时间的酝酿才会出台。也就是说，当立法者、理论研究者终于把握住网络中某一类型的违法犯罪特性并提出相应解决方案时，却发现它已经被新的犯罪样式所取代。由此导致的尴尬是，新的法律规则刚一生效即事实上宣告无效，新的理论研究成果刚一面世就面临着退市。

网络犯罪现象层出不穷，因此，网络空间中出现了大量的法治“模糊地带”甚至“空白地带”，而立法和刑法理论对之的回应却软弱无力，对于理论研究者来说，这一事实值得警醒。实际上，这一现象几乎存在于所有的法学学科之中。尽管近年来关于网络法的研究快速跟进，研究人员的数量快速增加，尤其是年轻一代的新生力量大批进入，研究成果也爆发式增长。但是，信息网络技术介入下社会形态变革给法律带来的挑战是全方位的，目前的法律规则和理论研究仍然是相对滞后的，立法工作者和理论研究人员的群体年龄结构、知识背景结构、与网络的结合紧密程度等“代沟”型问题，导致整个中国法律、中国法学因为无视网络空间而开始逐渐地与现实相脱节，而不是快速跟进。

十余年前，在计算机病毒和黑客刚刚进入公众视野的时候，网络犯罪的规则体系研究曾经有过一个小小的热潮。当研究网络犯罪的第一波热潮退去的时候，人们突然发现在沙滩上没有留下太多东西。记得在2009年一次刑法学学位论文答辩中，一位知名学者甚至当场指出：“如果十几年前研究网络犯罪还有点新意的话，到了现在，研究这个问题，还有实际意义吗？”到了今天，可能持上述观点的学者越来越少，但是，理论研究的“高处不胜寒”现象仍然存在，类似的观点在理论界依然有广泛的“市场”，例如，简单地把网络认定为单纯的违法犯罪工具，而无视网络对社会结构和行为模式的深刻改变。导致此种认识错误的最主要原因可能是技术障碍。网络空间和网络犯罪行为固有的技术因素，是刑法学理论研究的最大障碍，目前对于网络违法犯罪进行的多数研究仅仅属于现象描述，根本没有能够触及、窥测和洞悉隐藏在表面犯罪现象背后的本质性的东西。技术障碍导致的更为致命的一点是：许多法学学者没有认识到互联网的代际变化对于整个法学的颠覆性影响。

正视网络社会的代际演变，实现网络法律规则和法学研究的时代转型

过去近20年，互联网完成了深刻的代际转型。从物理架构来看，网络快速进入移动互联网和三网融合的阶段：从电视网、计算机互联网、移动通信网的“三网并存”到“三网融合”，从电视、电脑、手机的“三屏鼎立”到“三屏合一”，实现了互联网物理设备层面的“跨网发展”和“跨屏共享”，而物联网设备和可穿戴设备的迅速发展，则更进一步推动网络的物理结构嵌入人类生产、生活的各个领域；从运行机制来看，早期的互联网是以“联”为主，互联网空间的运行机制是将商业机构、政府部门、科研机构、门户网站等大型数据中心联结起来，普通网络用户借助互联网单向地访问、查询、接收上述大型数据中心的信息，而此类数据中心成为网络空间利益的集中代表。而当前的互联网则是“互”字当头，网络空间中每一个主体都是信息的生产者，也是信息的接收者，普通网络用户之间的互动，成为当前互联网空间的主导运行机制，而大型数据中心反过来开始大范围收集、分析普通用户数据；从社会属性来看，早期互联网单纯的信息媒介，迅速地实现了对现实空间的数据化虚拟，因而也引发了诸如数字版权、虚拟财产权等传统现实权利在网络空间中的映射，而当前网络则开始由“虚拟性”向“现实性”过渡，网络空间的各类权益不再仅是现实空间权益的“影子”，而是成为人类社会各种权益的必然存在场域。一方面几乎所有的传统现实权利，从个人利益到公共利益乃至国家利益都在网络空间中显著体现，另一方面，在云技术和大数据技术的催化下，个体的行为开始数据化，人的自然身份和数据身份高度重叠，网络空间衍生出以信息数据权为核心的一系列全新权益，成为人类社会最新的权益发展方向。

在互联网代际转型的宏观背景下，网络空间中的失序和违法犯罪不断更新，从最早期的“计算机违法犯罪”概念过渡到“网络违法犯罪”体现了对网络单纯工具主义的否定，之后，网络违法犯罪的发展先后经历了三个基本类型：网络作为“对象”的网络违法犯罪、网络作为“工具”的网络违法犯罪、网络作为“空

间”的网络违法犯罪，三者在现阶段属于共存的状态。以此为背景，立法思维和理论研究，也应逐步从保护传统物理空间直观形象的“软件、数据、系统”的局部、静态思维，跃升到保护新型社会结构有机组成的“网络行为、网络秩序、网络安全”的整体、动态“网络思维”。因此，无论是早期单纯将网络行为视为以网络为工具实施的行为的狭隘认识，还是当前立法机关和理论界极力寻找网络行为特性而割裂它与现实行为联系的误区，都已经无法再准确反映当前的社会现实，亟须立法思维和研究理念的转型。

明确未来网络立法的核心视角，建构公平正义的网络空间治理规则体系

互联网空间中公平正义的实现和维护，有一个前提，即必须优先解决网络空间中“有法可依”的问题。近年来，互联网领域立法进入“快车道”，然而，公平正义法治追求的实现不能仅仅体现在立法的数量和速度层面，更应当体现在立法的科学性层面。

因此，必须加强互联网领域立法的顶层设计，制定全局性的立法战略，把握以下几个核心视角，实现互联网立法体系化建构。

第一，网络空间治理规则中网络主权的维护。网络主权是随着网络时代发展，国家主权在网络空间的自然延伸，网络主权是网络社会国家发展和利益维护的基础。未来的网络治理规则建构中，必须始终坚持网络主权：一方面，必须立法保障我国具有独立的管理权，防止在网络空间管理层面受制于人；另一方面，确保在我国管理范围内网络空间秩序稳定和健康发展，网络整体运行秩序符合我国的整体利益和主流价值理念；同时，加强网络数据主权的维护。通过立法方式对在我国境内产生、流转、储存的数据进行管理，防控数据风险。

第二，网络空间治理规则中“无边界”特性的体现。网络空间与现实空间相比，脱离了时间和空间的禁锢，具有“无边界”的特性，是网络空间规则体系建构必须要正视的特性。具体包括：一方面，法律适用范围的“无边界”，未来的立法中必须重新审视法律的适用范围，诸如管辖、跨国行为的认定规则必然要经

历立法更新；另一方面，行为准入范围的“无边界”。网络社会使每一个社会个体高度紧密地联系在一起，网络空间中的大量现象实际上是由网络的“聚众效应”引起的，例如，“全媒体现象”“大数据聚集”“网络犯罪帮助行为的一对多”等，相应的互联网立法必须正确认识网络空间行为的准入范围“无边界特性”。

第三，网络空间治理规则中数据核心地位的明确。网络数据是当今社会信息的最重要载体，互联网本质就是庞大的信息数据的集合，任何网络行为都可以视为一种网络数据的变化。传统法律习惯仅考察特定性质的网络数据，如智慧财产数据、国家秘密数据、个人身份信息数据等，但在大数据时代，任何数据都紧密相连，呈现出整体价值，因此，未来的网络空间治理规则有必要将全部网络信息数据作为立法关注的核心。

面对互联网的代际差异，我们必须认识到：网络不再是一个与现实无关的纯粹虚拟空间，现实和网络不仅是并行的，而且是互为依托和相互交叉的，网络空间中需要完善的法律规则去实现公平正义，而产生于农业社会、成熟和完备于工业社会的现行法律体系，如何及时应对时代转型、实现自我调整以解决信息社会和网络空间中的新问题，必将是一个需要全社会长期共同致力解决的重大课题。

（作者为中国政法大学副校长）

信任不能代替监督

李永忠

新的《中国共产党党内监督条例》（以下简称《监督条例》）第一章总则的第一条明确提出，要“全面从严治党”，必须“强化党内监督”。第三条则进一步明确：“党内监督没有禁区、没有例外。信任不能代替监督。各级党组织应当把信任激励同严格监督结合起来，促使党的领导干部做到有权必有责、有责要担当，用权受监督、失责必追究。”

认真学习《监督条例》，可以深刻认识到：信任激励与严格监督就关系而言，它们既对立又统一；就性质来说，它们不能相互代替；就作用来讲，它们可以相互促进。从这个意义上讲，《监督条例》既是强化党内监督、严格党的政治纪律的党规；也是信任各级党组织能够从严管党治党，激励各级领导干部和广大党员能够全党抓、抓全党的行动指南。

对立统一的信任与监督

信任与监督，就关系而言，信任是激励的推动力，监督是约束的控制力。信任不能代替监督，是对立统一规律的实际体现。信任与监督各自以不同的对立面而处于一个共同的矛盾体之中。对立统一规律是唯物辩证法的根本规律。事物的运动、变化和发展，源于事物内矛盾双方的既统一，又斗争。信任与监督，既是相互对立的矛盾，又共同存在于相同的统一体之中。它们既统一，又斗争，推动着事物的运动、变化和发展。以汽车为例，每辆汽车都有动力系统和制动系统，这两个系统须科学合理地匹配。3.0动力系统的汽车，如果配上4.0的制动系统，司机虽不愿意开（因为太费油），但是还可以开；可是3.0动力系统的汽车，如果配上1.0的制动系统，司机就很可能不敢开（因为不安全）。信任激励是动力系统，严格监督是制动系统。没有信任激励，严格监督前提空置；没有严格监督，信任激励失去意义。汽车没有了动力系统，制动系统就失去了存在意义；汽车没有了制动系统，动力系统就成了马路杀手。

信任不能代替监督

信任有激励作用，监督有制约作用。错把信任当监督，如同错把油门当刹车，不是撞伤人，就是撞坏车；错把监督当信任，如同错把刹车当油门，车还没起步，机器就已熄火。用信任代替监督，信任就会因失控而变成放任；用监督代替信任，监督就会熄灭应有的动力。

信任不能代替监督，没有监督，信任会成放任。在大庆油田生活、学习、工作23年的苏树林，应该算是根红苗正。他37岁就当上了中国石油天然气股份有限公司副总裁兼大庆油田有限责任公司董事长、总经理、党委书记，大庆石油管理局党委副书记。他41岁时，四川开县发生了当时世界最严重的天然气井喷事故，他用23小时就赶到了事故地，并亲自带领抢险队员冒着生命危险，深入现场探险施救；44岁担任辽宁省委常委、组织部长；51岁成为十八大后的福建省省长。然而，失去监督的苏树林却经不起权力、金钱的诱惑，错将信任当放任，成为本届落马的最年轻的中央委员。

相互促进的信任与监督

信任与监督，就作用而言，虽然不能相互代替，却可以相互促进。信任于前，监督于后，信任就能有始有终，监督也能防微杜渐。以监督护信任，则信任存；以放任求信任，则信任亡。它们既相互制约，防止越界；又相互促进，取长补短。信任不能代替监督，但信任与监督的结合，却能相互促进。这一点在《监督条例》中得到很好的体现。

在建立健全党中央统一领导的党内监督体系中，从党委的全面监督，到纪委的专责监督，再到党的工作部门的职能监督、党的基层组织的日常监督和党员民主监督，在这五位一体的监督体系中，首先体现的是对上述党组织和党员的信任，相信各级党委能抓好管理中的监督，相信纪委能履行好监督专责，相信党的工作部门能搞好职能监督，相信党的基层组织能做好日常监督，相信广大党员能行使好民主监督的权利。

“党的领导干部应当强化自我约束”，是信任激励；“党委（党组）在党内监督中负主体责任”，是信任，也是激励；“书记是第一责任人”，是信任，更是激励。

“党内监督没有禁区、没有例外”，是严格监督；“信任不能代替监督”，是严格，也是监督；党的各级组织和各级领导干部“做到有权必有责、有责要担当，用权受监督、失责必追究”，是严格，更是监督。

中国共产党之所以伟大，并非因为其始终正确，而是敢于直面问题，敢于改正错误，“具有自我修复的能力”。基于认真汲取历史的经验教训，深刻正视当前的现实问题，我们明白，在一党长期执政条件下，最大的挑战，就是对“权力的有效监督”，“持续破解这一难题，党才能永葆先进性和纯洁性”。《监督条例》的制订，就是立足于“解决党自身存在的问题，根本要靠强化自我监督”。而把信任激励与严格监督紧密结合，就能实现其相互促进。

实践已经证明，有了信任，实施监督就会晓之以理，动之以情；接受监督就会发之于初心，思之于换位。实践同样还将证明，有了严格监督，给予信任激励就有了基于制度的保证；接受信任激励就有了来自坚强后盾的信心。全面从严治党，必须强化党内监督；强化党内监督，也离不开信任的激励。信任不能代替监督，严格监督也不能代替信任激励。从制度反腐，到制度治党，把信任激励同严格监督有机地结合起来，才能实现全面从严治党。

（作者为中国纪检监察学院原副院长）

世界网络空间治理要靠"协商民主"

张维为

建构网络空间命运共同体非常重要。我们知道，在抽象的意义上，网络空间好像是虚拟的、开放的、平等的，但在现实当中，网络世界却是不平等的。比如说根服务器的地理配置是不均衡的，全球互联网基础资源（IP地址）的配置，互联网治理的话语权等，也是不平等、不对称的。国际网络空间治理，在相当程度上，还是有些国家在搞单边主义，甚至要通过互联网把自己的政治模式强加于人。

今年"双十一"的时候，我正好在英国牛津大学谈中国模式，有听众问起了中国网络治理问题。我说，今天是中国的"双十一"，网上交易额是1207亿元，这是什么概念？中国"双十一"一天网上交易额超过印度2015年一年的网上交易额，这是中国民本主义网络发展模式成功的一个缩影，这也就是习近平主席所说的网络发展的目的是要更好地造福人民。背后是中国民本主义治国理念的成功：世界最多的互联网用户、世界最大的制造业产业链、世界一流的基础设施、世界上最大而且高效的物流系统，等等。

网络命运共同体的建设，其实这也符合西方自己的利益。我对英国学者说，西方不要老想通过网络颠覆别国的政权，请好好关注一下自己的事。经历了糟糕的公投脱欧，英国经济已遭受沉重打击。主张脱欧的民众大都不看英国精英媒体，不看《金融时报》，不读《经济学人》杂志，他们更多地从新社交媒体获得信息。很多人还没搞清楚什么是欧盟，就投票退出欧盟了。谷歌的报告显示，投票后大家一觉醒来，发现已经脱欧了，然后开始在网上拼命搜索“什么是欧盟”？英国要探索适合自己民情国情的互联网治理模式，否则的话，十年之后还有没有“大不列颠”都是个问题。如果一直公投下去，最后可能只剩下“小不列颠”了。

建设网络命运共同体，首要的是改善和改革现有的互联网治理体系，促进世界范围内互联网治理问题上的公平正义。随着经济全球化和互联网技术的发展，世界多数国家人民的生活都受到互联网发展的影响。互联网是把双刃剑，一方面，它极大地促进了各国经济、社会、政治等方方面面的发展，今天多数人的生活和工作已经离不开互联网了；但另一方面，这种依赖性也意味着各种风险的显著增加，民粹主义上升是一个大问题，网络攻击更是一个大问题，它可能导致一个国家经济和社会生活的整体瘫痪。

命运共同体意味着各方的命运都联系在一起，一荣俱荣，一损俱损。网络安全是今天整个世界面临的挑战，没有任何一个国家能够置身事外、独善其身。维护网络安全也因此而成为整个国际社会的共同责任。世界各国应该携手努力，共同遏制信息技术滥用，反对网络监听和网络攻击，更要反对网络空间军备竞赛。

我们需要改变网络领域的单边主义现状。世界的事要大家商量着办。中国人主张协商民主，在国内国外都提倡协商民主。协商民主模式是中国迅速崛起的一个重要原因。世界网络空间的治理需要协商民主才能真正做好，因为它涉及各方利益的调整。我那天对英国朋友也说过，像英国是否脱欧这样的事，如果借鉴中国的协商民主模式，效果会好得多。采用公投的方法，坦率地说，只会导致英国社会的撕裂乃至国家的解体。让我们共同努力把世界网络空间变成各国合作发展的新领域吧。

（作者为复旦大学特聘教授、中国研究院院长）

适时建立反腐败绩效考核评价体系

乔新生

反腐败是一个系统工程，反腐败的绩效考核评价体系非常重要，因为它不仅关系到反腐败的成败，还关系到一个国家的整体形象。在反腐败的过程中，只有时刻关注反腐败绩效考核评价体系的标准问题，才能使反腐败采取科学的手段和方法，才能使反腐败达到预期的效果。

要评价反腐败绩效，首先得对腐败状况有正确认识，这方面大体上有以下几种理论：一是寻租理论或者交易理论，通过调查一个国家交易的灰色成本，考察一个国家的腐败状况；二是竞争力理论，通过分析一个国家的市场竞争力，间接反映一个国家的腐败状况；三是印象指数理论，通过发放调查问卷，以科学统计分析为基础，了解一个国家的腐败状况；四是民主化理论，借助于民主政治选举评价标准，间接分析一个国家的腐败状况。

寻租理论或者交易理论大体上能反映一个国家商业领域的腐败状况，能对一个国家的微观市场腐败情况作出较为科学的判断，但由于腐败是一种政治现象，涉及非常复杂的社会文化体系，因此，单纯的寻租理论并不足以从整体上反映一个国家的腐败状况，当然也无法反映一个国家反腐败取得的成果。竞争力理论反映了一个国家的整体竞争能力，但是，影响一个国家整体竞争力的因素非常多，腐败只不过是诸多因素之一，这样的宏观评价标准不可能客观反映一个国家的腐败状况或者一个国家反腐败取得的成果。“透明国际”发布的指数实际上是在充分调查统计的基础之上得出的主观评价结论，虽然缺乏经济数据支撑，但是，它反映了国际社会对一个国家腐败的整体印象，因此，具有一定的客观性。不过，一个国家的腐败现象非常复杂，如果对一个国家缺乏必要的了解，在评价一个国家腐败现象的时候就会作出错误的判断。正因如此，“透明国际”关于世界各国腐败状况的排名虽然具有一定的合理性，但是，具体到一个国家而言，由于存在太多的变数，因此，很可能会出现刻舟求剑的效果。对于绝大多数国家而言，周期性的选举可以在一定程度上反映出本国人民对于政府工作的满意程度，但是，有些执政党之所以被选民抛弃，不是因为腐败，而是因为缺乏执政能力，或者执政的效果不佳。所以，借助于民主选举评价一个国家的腐败状况，可能会得出错误的结论。

出于以上考虑，我认为，应当建立独立科学的反腐败绩效考核评价体系。这样的评价体系至少应该包括以下几个方面的内容：

第一，反腐败绩效考核评价的主体。反腐败的过程必须充分听取人民的意见。只有这样，才能防止在反腐败绩效考核评价的过程中出现新的腐败现象。

第二，反腐败绩效考核的程序和方法。反腐败绩效考核必须具有科学性，必须借助于现代统计科学的方法，在广泛听取社会各界意见的基础上，运用数理统计分析的模型科学评估反腐败的工作。

政府在统计调查分析的过程中，必须坚持公开的原则，只有这样，才能防止出现弄虚作假的现象，才能使反腐败绩效考核评价结论得到人民的认可。

第三，反腐败绩效考核评价体系的各项指标分类必须科学。腐败是一个复杂的社会现象，反腐败绩效考核评价体系必须建立在科学统计指标分类基础之上，必须对社会上的各种腐败现象进行归纳整理，并在此基础上建立反腐败绩效考核评价指标分类体系。

反腐败绩效考核评价指标体系建立的基本假设是，国家存在着腐败现象。反腐败绩效考核评价体系的各项指标都是建立在人民是否满意基础之上的。既不能把反腐败绩效考核评价体系简化为人民群众是否满意这一主观标准，又不能在对反腐败绩效考核评价体系指标分解的过程中出现“统计陷阱”，不能把同一个体系的评价指标分解开来，从而进行叠加分析，也不能把不同体系的评价指标综合在一起，从而得出错误的结论。总而言之，反腐败绩效考核评价体系中的每一项指标，都应该能指向同一个目的。在对各项指标进行科学统计分析之后，能够对一个国家的腐败状况以及反腐败产生的效果作出整体评价。

建立这样的评价体系，一方面可以督促反腐败机关不断改善自己的工作，提高反腐败的效率，另一方面也可以反映人民对国家反腐败机关工作的满意程度，从而在反腐败的过程中不断地寻求共识、凝聚共识。期盼尽早建立我国的反腐败绩效考核评价体系。

（作者为中南财经政法大学教授）

以判决说理促司法公开公正公信

王利明

自古以来，中国人遇事都强调要有一个“说法”，也就是要有一个正当的解释理由。在现代法治社会的组织和生活方式中，司法裁判无疑是社会大众寻求公平正义的核心渠道。随着我国法治建设事业的不断深化和推进，司法裁判在解决社会争议、塑造社会秩序上的基础功能和重要使命日渐彰显，承载了人民群众对社会公平正义的殷切期待。裁判文书说理是判决结论合法化、正当化的重要载体，更是法律公平正义价值的具体体现。

司法的固有特性决定了
法院应该是最讲逻辑最讲道理的地方

俗话说：“有理走遍天下，无理寸步难行。”司法的固有特性决定了法院应该是最讲逻辑、最讲道理的地方。人民群众之所以将纠纷提交到法院，正是为了寻找说理的地方，求得一个有理的解决方案。司法是现代社会维护社会正义的最后一道防线，司法公正主要体现在司法裁判的说理之中，如果判决文书不讲道理，就意味着司法不讲道理，老百姓也就没有其他的地方可以说理了。这也正如法谚所云：“正义是从裁判中发声的。”司法的正义不是抽象的，而是具体的，它正是通过每一份判决书中的理由所彰显出来的。可以说，判决的说理性越强，其公正性越强，也就越容易被当事人所接受，从而发挥其案结事了和秩序塑造的作用。在实践中，一些判决虽然在结果上对各方当事人作出了公平合理的处理，但因为欠缺说理，导致一方或双方都不相信该判决是公正的，甚至出现无休止的缠讼、上访，并引发了一系列的社会问题，这也从整体上损害了司法的权威性和公信力。

其实，我国自古就有讲求判决说理的传统。古代裁判官并非不少人想象的那样专断专横，相反，自西周开始，历朝历代都不乏充分说理的判词。例如，早在西周晚期就出现了关于刑事案件的完整判词，较为详细地阐述了对犯罪事实的认定、定罪量刑的理由以及对判决执行的要求。从秦朝的比附援引、依律定罪到西汉时期的春秋决狱，从唐宋时期以事实为依据、援引律例制作判词，到清代判词中开始出现专门说理的段落，再到民国时期将判词分为主文、事实、理由三部分，许多朝代的判词都十分注重天理、国法和人情的结合，判词中经常引文用典，晓之以理，动之以情，明之以法。有的判词十分讲究推理，注重逻辑，甚至十分注重判词说理的文采。新中国成立后，我国高度重视司法判决的说理工作。最高人民法院第三任院长谢觉哉就曾强调："法院是评论道理的地方，犯罪分子怕他，因为他讲道理，没理的逃不过去……人民爱护法院，首先在于法院深通道理探明法律，站得住脚。"

司法审判重新走入社会组织和生活，并扮演着十分重要的角色

改革开放之后，我国重启法治建设。司法审判重新走入社会组织和生活，并扮演着十分重要的角色。司法审判已经成为我国当代国家治理能力和体系建设中的一个核心环节。经过几十年的建设，我国司法审判队伍的专业水平和职业道德已经发生了重大变化。大量司法判决能够做到辨法析理，通过摆事实、讲道理、依法判决，让当事人和社会大众感受到司法的公正和权威。尽管如此，法官队伍专业素质参差不齐、官本位意识思维惯性、工作激励机制不足等现实因素，也在

很大程度上制约了我国司法审理和判决说理的总体水平。审判不依程序、证据采信理由不详、事实认定武断、法律解释模糊、事实与法律脱节等现象还较为常见，影响了我国司法判决的公正性和权威性。

可以说，如何提高判决说理质量，以判决说理促进司法公开、公正和公信已经成为我国当前司法改革中的重点工程。党的十八届三中全会通过的《中共中央关于全面深化改革若干重大问题的决定》强调，要“增强法律文书说理性，推动公开法院生效裁判文书”。党的十八届四中全会通过的《中共中央关于全面推进依法治国若干重大问题的决定》进一步明确提出，“加强裁判文书说理，建立生效法律文书统一上网和公开查询制度”。最高人民法院于2015年公布的《人民法院第四个五年改革纲要（2014—2018）》也专门阐述了加强裁判文书说理性的改革目标和方案。全国各级法院近年来也在“以加强判决说理促进司法公开、公正和公信”方面作出了积极探索，并取得了一定的成效。

“以判决说理促司法公开公正公信”
是一项系统的司法改革工程

2013年，我与时任贵州省高级人民法院孙华璞院长、时任北京市大兴区人民法院马来客院长共同牵头承担了最高人民法院年度司法调研重大课题《关于深入推进司法公开、促进司法公正、公信问题的调研——以判决说理促司法公开、公正和公信》。课题组成员通力合作，围绕“以判决说理促司法公开、公正和公信”这一中心议题，展开了系统的实践调研和理论分析，并完成了《裁判文书如何说理》一书。我认为这是一件很有意义的工作。该书首先对裁判文书说理的概念与功能进行了系统论述，对裁判文书说理的域外经验、历史经验和现实状况进行了全面分析，然后以大量真实的案例和文书，系统说明了优秀裁判文书的说理结构和内容。该书结合审判实践经验，就我国当前司法审判在诉讼程序、证据采信、事实认定、法律解释与适用等各个领域的说理现状和改进方案作了详细阐述。该书还就制约法官判决说理的知识和体制障碍作了系统梳理，并提出了应对这些障碍的方案，包括实行判决文书个人签名制等实验性和创造性方案。最后，本课题组根据实践调研和理论研究编纂了《关于加强裁判文书说理提高司法公信力的若干意见（建议稿）》，以供改革决策参考。

“以判决说理促司法公开、公正和公信”是一项系统的司法改革工程，需要审判实践部门和法律学术界的共同努力与协作。希望本书能够为我国司法改革和学术研究提供有价值的参考。

（作者为中国人民大学副校长）